文化人生丛书

玉人何处教吹箫

韦明铧 著

南京师范大学出版社

目 录

我的扬州梦——代序	/001/
读人记	
两个李亚仙	/003/
风雅董尚书	/009/
清正张巡抚	/019/
忍看朋辈成新鬼	
——记持志大学学生、左联作家冯铿	/028/
佩弦与鲁迅	/036/
王少堂的扇子	/043/
百年王板哉	/047/
奇芳居论道	
——我与李信堂的一段交往	/054/
造山者说	/061/
读城记	
东关潮汐	/069/

文昌春秋 /078/
凭吊董子祠 /085/
梦回唐城 /092/
百尺梧桐阁及其主人 /101/
一宋一廛漫记 /109/
寻芳何公盛
　　——寻找老字号何公盛酱园 /117/
品味盐运司 /126/
冬荣园传奇 /134/
美人家住小芦萝 /148/
漫说扬州风 /156/

读书记

《石隐庐昆曲印谱》序 /167/
《扬州细节》序 /171/
从《倾听心灵》到《走向卓越》 /177/
我和《绿杨城郭》 /181/
《扬州十日记》三题 /187/
关于《孙烈士竹丹遗事》 /199/
扬州的方言 /204/
广陵藏书记 /213/
五十年往事　一百卷藏书
　　——我和扬州曲艺书 /220/

读河山记

运河纪行 /229/

江南走马 /244/

广陵派和虞山派 /258/

马可波罗之谜 /265/

别宝回子 /281/

王徵
——中德文化交流的先驱 /291/

近代日本人的扬州缘 /301/

外国人眼中的扬州运河 /308/

汉学家在扬州 /316/

我的扬州梦
—— 代序

"十年一觉扬州梦,赢得青楼薄倖名。"这是杜牧之的诗。

"我梦扬州,便想到扬州梦我。"这是郑板桥的词。

不同时代的人,总是做着不同的扬州梦。

我梦想扬州的经济有一个突破性的飞跃。扬州不仅要实现苏中第一,而且在全省、全国、全世界都要排名靠前。那时扬州人绝不会一谈起文化就眉飞色舞,一谈起经济就底气不足。

我梦想扬州至少有一处世界文化遗产。不管是古运河也好,蜀冈——瘦西湖也好,扬州汉唐明清古城也好,或者其他项目也好。世界遗产不仅给我们带来赫赫荣光,同时给我们带来滚滚财源。

我梦想扬州再次成为南北交通的枢纽。火车已经通车,大桥也已建成,这些旧梦都变成了现实。如果再建一个飞机场,扬州的大交通梦就将彻底圆满。那时候扬州人想去世界上任何城市,都能朝发夕至。

我梦想扬州能够重振文化的雄风。新时代的李太白、苏东坡、唐伯虎都以到扬州一游为荣,扬州学者创造出新的扬州学派,扬州画家创造出新的扬州画派。一切扬州历史上独树一帜的文化精粹都发扬光大,并且涌现一批超越古人和洋人的当代文化巨匠。

我梦想扬州在任何方面都同国际接轨。凡是世界上最优秀的东西,扬州都采取拿来主义,为我所用。非但如此,扬州还要像盛唐那样领天下风气之先,那时候的扬州时装将媲美巴黎,扬州电影将挑战好莱坞,扬州古邗沟将与埃及金字塔一样驰誉全球。

我梦想扬州完全融入世界大家庭——但我绝不希望扬州被世界所同化。我不希望扬州的街道看起来像东京和纽约,扬州的饭馆里卖的都是巴西烧烤和韩国料理,扬剧表演起来像莫斯科的话剧和维也纳的歌剧。我希望扬州永远是扬州。

我梦想中的扬州像明清时代那样——再次划分旧城和新城的两种功能。明清时代的扬州,旧城是文人雅集的地方,新城是商家聚居的地方。将来的扬州城也作明确的分工:旧城是完整保存扬州历史文化的博物馆,新城是充分展现中外人士创造才智的竞技场。一切高楼大厦、工厂企业、商场超市、机关部门都放在新城,一切玻璃幕墙、铝合金窗、高音喇叭、马赛克瓷砖都从旧城的景观中消失。

那时候,古城的风神将得到全面的重铸,人文的精华将得到全面的张扬。镌刻着城市发展史的老街古巷,将保持它们固有的格局,恢复它们精彩的神韵。百余处文物保护单位一一得到修缮,百年以上的民居全部划入保护范围。老字号重新拭亮它们的金字招牌,传统的产品抖落灰尘重新占领市场。"扬一益二"的古老谚语又传于民间,"绿杨城郭"的自然生态再造于淮左,"歌吹是扬州"的文化风情重现于江南,"园林多是宅"的城市特色复见于国中。

那时候，城市的历史文化将不仅写进书本，不仅成为口号，不仅是学者们开会时议而不决的话题，城市的历史文化将是我们每一个人看得见、摸得着的实实在在的东西。我们将不仅有个园、何园、瘦西湖，有古运河风光走廊、蜀冈西峰生态林、润扬大桥森林公园。每逢双休日和黄金周，我们会有更多休闲的去处，比如城里的朱草诗林、青溪旧屋、阮元家庙与故居；高邮的湖泊、仪征的青山、江都的农家乐园；扬州盐商不再是茶余饭后的谈资，现存的几十座盐商旧宅和会馆都将修缮开放，成为展示古代商贾生活和市民社交的标本。

那时候，世界上每一个从古代诗文中认识并仰慕扬州的游人，来到扬州后都不会感到失望。他们将看到扬州古城遗址保护得那么完好，看到东南西北四座城门遗址都建起了博物馆，看到东关街连绵的传统店铺、南河下成片的盐商住宅、古运河沿岸的枕河人家，看到全城星罗棋布的各种博物馆、纪念馆、陈列馆，展示着精美的漆器、玉雕、剪纸、绣品、灯彩和历代先贤的生平故事；他们将看到扬州人在新城拼命工作，在旧城尽情休憩，在接受现代化带来的快捷、高效和精密的同时，又享受着传统生活的安逸、从容和温情。

那时候，来自海内外的任何客人在扬州都可以找到他需要的东西。他除了能够吃到正宗的富春包子，还可以买到谢馥春的鸭蛋香粉、陈恒和的线装古籍、梁福盛的点罗漆器、云蓝阁的印花诗笺；他在苏唱街的梨园总局听六百年的水磨昆曲，在小秦淮边的大舞台看乡土味十足的地道扬剧，在教场的大光明观赏柳敬亭、王少堂嫡传的扬州说书；他在郊外打高尔夫球，在剧院欣赏非洲黑人的土风舞蹈，在国际会展中心观摩欧美高新科技的产品展览；他在扬州的老城和新区、大街与小巷，都会遇见热情、礼貌、开放、优雅的扬州人。

我梦想我们扬州人会毅然摒弃自身的懒散习惯和空谈作风,而把祖先留给我们的进取精神、敬业道德、高雅气质、审美情趣弘扬光大,把历史赋予我们的文化因子、艺术情结、经济意识、人文品格传之久远。那时候的扬州,处处都既现代化而又个性化,人人都既意气风发而又知书达理,一切都体现着人类和自然的和谐共处,古代文化和现代文明的交相辉映。那时候我们将不用费尽心思去申遗,联合国组织将主动邀请扬州加入世界文化遗产的行列。

我梦中的扬州,是一个诗意地栖居的家园,也是一个温故而知新的胜地,是一个适宜滋生梦想的乐土,也是一个实现人生抱负的业场。

在我重读这篇短文时,苏中江都机场已于2010年的春天奠基。我相信,我的扬州梦并不是梦。

读人记

两个李亚仙

历史上有两个苏小小,也有两个李亚仙吗?

扬州亚仙桥以及李亚仙的哀艳故事,在民间流传已久,但我一直存疑在心。问题的关键,在于"亚仙桥"所纪念的是明代扬州名妓李亚仙,还是那位人称"一枝花"的唐代长安名妓李亚仙?

亚仙桥原在扬州小东门南,东西跨小秦淮河。父老相传,桥畔曾有明代名妓李亚仙的梳妆楼,故名"亚仙桥";又因为桥栏作亚字形,又名"亚字桥"。在扬州乡土文献中,关于亚仙桥和李亚仙的记载很少。李斗《扬州画舫录》卷九只是在"弥勒庵桥口"下面有一行小注:"桥旁有李亚仙墓。"但也足以证明扬州真有李亚仙其人。比较详细的记载要算是王振世的《扬州览胜录》,其卷六载:"李亚仙为明代名妓。郡志载,亚仙墓在弥勒庵桥,石碣题'亚仙之墓',分书四字。清光绪间,在北河下流水桥王焱宅西墙阴掘出此碣,旋复埋故处。程青岳曾亲见之。并传,亚仙有梳妆楼,故址在小东门外亚字桥。"这一段文字又见《江都县续志》卷十五《亚仙之墓石碣》,不过《续志》里还有一句话:"亚字桥,今鲜知者。"《续志》系民国十四年(1925)编纂,可见此时亚仙桥之名湮没已久。此外,晚清桃潭旧主有一首《扬州竹枝词》吟道:"亚仙楼址渺无痕,流水桥边墓不存。昔日风流何处去,水声凄断月黄昏。"

亚仙桥早已不存,据说桥的确凿地点在小东门桥南面十步之遥,曾名兴隆桥,是因附近有兴隆巷而得名。王振强先生曾记扬州民间故事说:富家公子郑元和流连嫖院,床头金尽,流落街头,唱《莲花落》行乞为生。后来,郑元和病倒在梳妆楼前,李亚仙感念旧情,救他回家,待其病愈,又灯下劝读。其后,郑元和进京赶考,金榜题名,急往扬州与亚仙团聚。因途遇风雪,带病兼程,当元和来到梳妆楼前时,已气息奄奄。李亚仙一见,柔肠寸断,问他有何遗愿?郑元和说,只想听一段《莲花落》而已。亚仙正在迟疑,侍女春桃已含泪唱道:"打竹板,莲花残,老天昏暗露愁颜。"亚仙哭着接唱:"三年相思两行泪",元和悲伤地接道:"万里风雪一指寒。"歌未尽,而气已绝。为了纪念郑元和与李亚仙的这段悲情故事,扬州人便将兴隆桥改称"亚仙桥"。

然而,熟悉文学史的人都知道,郑元和与李亚仙的故事其实不是发生在明代的扬州,而是发生在唐代的长安。文学史上最早描写李亚仙故事的作品,是唐人白行简的传奇小说《李娃传》。白行简是诗人白居易之弟,他的《李娃传》是唐人传奇中最感人的作品之一。白行简字知退,元和二年(807)进士及第,累迁司门员外郎、主客郎中。《李娃传》一文见《太平广记》卷四八四,引自《异闻集》。李娃即李亚仙,在历史上似乎实有其人。元稹《酬翰林白学士代书一百韵》诗自注云"尝于新昌宅说'一枝花话'",所谓"一枝花话"就是讲述李娃故事的话本,可见李亚仙在唐代已经成为文学中的人物。

白行简的《李娃传》,主要写世家子荥阳郑生爱上了美丽的妓女李娃,结果受鸨母之骗,金尽囊空,又被父亲打死,弃尸街上。后来复苏获救,行乞街头,冻饿几死,恰遇李娃。李娃不顾一切，抚养郑生，为他治病，又助其读书，考上进士，得做高官，后终为其妻，并封为汧国夫人。《李娃传》的杰出成就，是塑造了一个美好善良的女性形象。当郑生沦落风尘时，她勇敢地拯救他；当郑生重获富贵时，她又决定离开他。作者对于唐代社会的门第等级，刻画得十分深刻。《李娃传》文笔缠绵，情节动人，对后世影响极大，多次被改编为话本、剧本等等。而郑元和唱《莲花落》行乞的故实，也常为后人提及。《板桥道情》的序里有"我先世元和公公，流落人间，教歌度曲"等语，正是用的郑元和唱曲典故。

自白行简的《李娃传》行世之后，李亚仙便成了历代文学中常见的题材。宋元间无名氏有《李亚仙》传奇，宋人罗烨《醉翁谈录》有《李亚仙》话本，《宝文堂书目》有《郑元和嫖遇李亚仙记》，元人石君宝有《李亚仙花酒曲江池》杂剧，高文秀复有《郑元和风雪打瓦罐》杂剧，明人徐霖有《绣襦记》传奇，本事都出自白行简的《李娃传》。这些作品的基本情节是：唐天宝中，常州刺史荥阳公郑弼之子郑元和，年始弱冠，赴长安应试。元和日游妓馆，倾慕名妓李亚仙，便放弃应试，终日与亚仙在一起。一年后，元和所携银两用尽，被老鸨厌弃，而亚仙与其感情益深。老鸨设计将元和逐出妓院，元和愤而得病，无以为生，病稍好转，便作佣于凶肆，为丧家唱挽歌。其父奉命进京述职，于长安市上遇见元和，怒其辱没家门，遂鞭笞元和，弃于道旁，不顾而去。元和苏醒后，乞食为生。亚仙自元和被逐后，拒不接客，一日雪中外出，路遇冻饿几死的郑元和。亚仙将元和救起，接回家中，又自赎其身，购宅与其同居。亚仙力劝元和攻读举业，三年后元和应试及第，授成都府参军。时其父荥阳公正任成都府尹，父子于是重新相认。李亚仙和郑元和的故事，流传颇广，如关汉卿散曲《双调·大德歌》云："郑元和，受寂寞，道是你无钱怎奈何。哥哥家缘破,谁着你摇铜铃唱挽歌。因打亚仙门前过,恰便是司马泪痕多。"李渔小说《无声戏》云:"公子道:'只要你肯做李亚仙,我就为你打《莲花落》也无怨。'"扬州民间故事其实与《李娃传》一脉相承,不过《李娃传》中并无一字提及扬州。

把李亚仙和郑元和的故事与扬州联系起来,始于明人徐霖的《绣襦记》。《绣襦记》是昆曲常演的剧目,其中提到扬州的一场是《教歌》,即原本第二十八出《教唱莲花》。这一场写书生郑元和被其父打至气绝,抛尸郊外,幸得扬州阿二收留,最后沦为乞丐。剧中主要写扬州阿二及其老大教郑元和如何作乞丐的过程,情节幽默,矛盾突出,充满了喜剧效果。其中的角色扬州阿二,必须说扬州话,这是白行简的《李娃传》中所没有的。

到了清代和民国,一些流行的戏剧和曲艺渐渐把李亚仙说成是扬州人。如川剧《绣襦记》,直接把李亚仙写成是扬州人。剧中演唐代宦门子弟郑元和上京赴考,行至扬州,与名妓李亚仙相爱,互定终身。郑元和钱财用尽后被鸨母逐出妓院,沦为乞丐。其父常州刺史郑北海路经扬州,怒其玷辱门风,将元和责打致死,弃尸江岸。郑元和被乞丐张三、李四救活后,靠唱莲花落乞讨度日。在此剧中,扬州成了故事的主要地理背景。

无独有偶的是广东曲艺"歌仔册",其曲目有《郑元和会三娇歌》,也是叙述明代扬州名妓李亚仙的故事。主要情节是说郑元和在上京赶考途中遇见三位女子,第一位是女扮男装的何云魁:"姓何云魁对着来,女扮男妆假秀才。"第二位是苏州女子吴小红:"吴府千金名小红,生成标致好花容。"第三位就是扬州名妓李亚仙:"且说元和一路行,登山越岭不住停。受风受雨真呆命,主仆来到扬州城。……院中妓女李亚仙,生成标致出人前。卖身至孝葬父亲,坠落烟花实可怜。"这位李亚仙,据称是

"人说勾兰烟花院,扬州第一好名妓","生做花容共玉貌,琴棋书画件件贤"。后来,"元和行到花楼前,看见楼中活美人。貌赛西施真出神,亲像仙女降凡尘。两目看来卜入神,可惜卖面不卖身。会得共娘困共枕,万金花了也甘心。"而李亚仙对于郑元和,也是一见钟情:"亚仙楼上看落来,看见楼下一秀才。貌赛潘安宋玉才,眉清目秀好人才。想卜共君结姻缘,终身大事订百年。"最后,郑元和中状元,与"三娇"大团圆。我们从"才貌双全真是妍,人人都号李亚仙"两句唱词,可以看出"李亚仙"的名字是别人对这位名妓的赞誉,并不是她的本名。

　　李亚仙与扬州的缘分,显然始于明代。在冯梦龙《警世通言》第三十一卷《赵春儿重旺曹家庄》中,已经将李亚仙故事同扬州相联系。书中先说:"有一个李亚仙,他是长安名妓,有郑元和公子嫖他,吊了稍,在悲田院做乞儿,大雪中唱《莲花落》。亚仙闻唱,知是郑郎之声,收留在家,绣襦裹体,剔目劝读,一举成名,中了状元,亚仙直封至一品夫人。"然后笔锋一转,"如今说一个妓家故事,虽比不得李亚仙、梁夫人恁般大才,却也在千辛百苦中熬炼过来,助夫成家",这就是扬州府的名妓赵春儿。书中写道:"话说扬州府城外有个地,名叫曹家庄。庄上曹大公是个大户之家。院君已故,止生一位小官人,名曹可成。那小官人人材出众,百事伶俐。……专一穿花街,串柳巷,吃风月酒,用脂粉钱,真个满面春风,挥金如土,人都唤他做'曹呆子'。""闲话休叙。却说本地有个名妓,叫做赵春儿,是赵大妈的女儿。真个花娇月艳,玉润珠明,专接富商巨室,赚大主钱财。曹可成一见,就看上了,一住整月,在他家撒漫使钱。"很明显,曹呆子就是郑元和的影子,而赵春儿就是李亚仙的化身。明代扬州的文化环境和社会素材,都具备了产生"郑李传奇"的可能性。

李亚仙分明是唐代长安名妓,何以会变成明代扬州名妓,在时代和地点上出现如此不可思议的大跨度的混同呢?我们只能说,这是因为文化的"移植"与"嫁接"所致。我推测,历史真相可能是这样的:明代扬州有一位名妓,因其才貌与经历与唐代李娃相似,所以世人以"李亚仙"称之,而她的原名反而湮没不彰。这种现象并不罕见,例如晚清上海四大名妓中就有一位"林黛玉",显然得名于《红楼梦》,但她与那位爱哭的女主人公并非同一人,而上海"林黛玉"的真名也已无人知晓。明代扬州的"李亚仙",很可能遇到过"郑元和"式的公子,并产生过一段《李娃传》似的哀艳故事,所以后人便把郑元和的故事加于其身,并把"郑李传奇"的地点移植到了扬州,以至于后人莫辨真假。

实际上,自唐代之后,直到元代,郑元和与李亚仙的故事都只有一个地理背景,即长安。从明代开始,这个故事才产生出另一个版本,故事情节与人物姓名完全相同,地点却在扬州。李亚仙与郑元和的故事不是在其他地方得到"复制",而是在扬州得到"复制",这和扬州的文化风情适合于李亚仙有关。在文学故事的传播史上,有过许多美丽的误会(例如梁祝),而误会的后面往往包含着合理的因素,李亚仙的故事要算是一个典型的例子。因此,我们不妨在亚仙桥遗址立一标志,让后人了解这一段著名的古代情缘,也让古城的文化传奇得到彰显。

风雅董尚书

光绪十八年（1892）闰六月十八日，一位屡次担任晚清朝廷尚书的扬州乡贤因病在邵伯故世，光绪皇帝钦赐祭文，称其："性行纯良，才能称职。"他就是曾任总理各国事务衙门全权大臣的董恂。

董恂这个名字，在我的心中萦绕了大约三十年之久。三十年前，我因为读到一部详载邵伯历史的《甘棠小志》，从而记住了董恂这个名字。

每次造访古镇邵伯，我都想瞻仰董恂的旧居，但总是失望。陪同我们参观的当地人，或者说"不知道"，或者说"没有了"，令人惶惑不解。最近，经过我们自己的亲自踏访，才终于找到这座清代尚书的岌岌可危的百年府邸，而它距离著名的邵伯大马头才数十步之遥。

据老街人说，府邸原先很大，其规模甚至比扬州吴道台宅第还要宏伟。但是，如今高耸的读书楼早被拆除，美丽的花园也已变成了瓦砾荒草，惟有临街的鸳鸯厅等三进建筑仍在。这些仅存的建筑，尽管已经倾斜斑驳，破损颓唐，但仍可以窥见当年梁柱的髹漆，卷棚的优美，隔扇的精致，和大堂的宽敞。院中有一口八角莲花缸，据说已经有三百年历史。

董恂，这位以风雅著称的晚清尚书，几乎被他的乡人遗忘了。

董恂的名字尽管已经不为人所知，而他在晚清也是个风云一时的人物。

董恂(1807—1892)，字忱甫，号韫卿，清嘉庆十二年(1807)生于扬州府甘泉县，今江都市邵伯镇。董恂初名醇，后来因为避同治帝的名讳载淳(醇淳同音)，所以改名为恂。道光二十年(1840)，鸦片战争硝烟方浓，这一年董恂考中进士并就此踏上仕途。直至光绪八年(1882)正月，董恂以七十六岁高龄致仕还乡，先后历道光、咸丰、同治、光绪四朝，历任户部主事、湖南储运道、直隶清河道、顺天府尹、都察院左都御史及兵、户两部侍郎、尚书。其中在户部尚书任上时间最长，自同治八年(1869)六月至光绪八年(1882)正月，长达十二三年之久。在此期间，董恂曾充殿试读卷、会试正副主考官，以及文宗、穆宗二帝实录馆总裁，又曾入总理各国事务衙门，作为全权大臣，奉命与英国、俄国、美国、比利时等国签订通商条约。在当时"弱国无外交"的国情下，他身居权力中枢，主办外务，竭力斡旋于列强之间，可谓难矣。然而董恂为维护国家利益，据理力争，不辱使命。同治十年(1871)，镇江关查获漏税洋船更名易主一案，董恂照会英使，指出："商船走私，有犯条约"，"严行驱逐，不准在口贸易"。义正词严，不容辩解，致使英使无话可说，只好照办。

晚清时代，虽然列强压境，但是中国有识之士仍然期盼以《万国公法》作为处理国际问题的依据。《万国公法》一书在中国多次印行。在各种版本中，惟一可以确定为初版正本的是北京大学图书馆收藏的一种刻本，系原燕京大学图书馆藏书。在这本书中，就有董恂所作的《万国公法序》。中文版权页注明"同治三年(1864)岁在甲子孟冬月镌"，英文版权页注明"1864

年出版于北京",董恂序注明写作时间为"同治三年(1864)岁次甲子冬十有二月"。时任总理衙门大臣的董恂在《万国公法》序中称:"今九州外之国林立矣,不有法以维之,其何以国?"他认为《万国公法》是处理国际问题的准则,这虽然在实际中难以做到,但其一番苦心世人可鉴。

董恂性爱读书,自幼家贫,而奋发求学不止。在官数十年间,公事之余,手不释卷。在京师时,他将书房名为"还读我书室",自号"还读我书室老人"。到耄耋之年,因臀破不能久坐,仍然坚持卧读不辍。董恂每任一职,每奉一差,都必然记载其事。他的著作有《楚漕江程》、《江北运程》、《甘棠小志》、《随轺载笔七种》、《荻芬书屋文诗稿》和《还读我书室老人手订年谱》等。其中的《甘棠小志》即邵伯镇志,为古今乡镇志书之翘楚。

董恂虽在京为官,但心系故里。康熙年间,淮河水灾,邵伯镇南更楼决堤,漕河总督张鹏翮迅速堵塞决口,又筑南北二坝。后来,朝廷在淮河下游至入江处共设置了十二只动物,即所谓"九牛二虎一只鸡",安放于水势要冲,以祈镇水。如今的邵伯铁牛,便是保存完好的一只。咸丰二年(1852),董恂奉命督运漕粮路过家乡邵伯,见邵伯铁犀保护完好,独无铭文,特补撰曰:"淮水北来何决决,长堤如虹固金汤。冶铁作犀镇甘棠,以坤制坎柔克刚。容民畜众保无疆,亿万千年颂平康。"

董恂在中西文化激烈冲突的时代,善于独立思考,长于随机应变。台湾作家高阳先生在所著《慈禧全传》中这样提到董恂:"曹毓瑛空下来的缺,恭王要给董恂。董恂字韫卿,扬州人,人极聪明,博览群籍,而在讲理学的人来看,他搞的是'杂学'。当然像他这样的人,必定自负,与人交接,傲慢不礼,所以有个外号叫做'董太师',是把他比做董卓。'董太师'以户部侍郎在总理通商衙门行走,有一套'正人君子'所不屑为的花样跟洋人打交道,颇受恭王的赏识,所以趁这机会拉他一把。"董恂在同列强的周旋中,既讲求礼仪而又不失原则,可谓"识时务者"。

高阳先生在《胡雪岩》一书中,写到红顶商人胡雪岩与一个名叫赫德的洋人有一场对话:"这番话说得很漂亮,但赫德是有名的老奸巨猾,对中国的人情世故,摸得透熟。"这时发生了一个插曲,侍者上菜,暂时打断了谈话。"这道菜是古应春发明的,名为'炸虾饼',外表看来像炸板鱼,上口才知味道大不相同,是用虾仁捣烂,和上鸡胸肉切碎的鸡绒,用豆腐衣包成长方块,沾了面包粉油炸,做法仿佛杭州菜中的'炸响铃',只是材料讲究得太多了。赫德的牙齿不太好,所以特别赞赏这道菜。这就有了个闲谈的话题。"

高阳写道:"赫德很坦率地说,他舍不得离开中国,口腹之欲是很大的一个原因。'董大人常常请我吃饭。'他不胜神往地说:'他家的厨子,在我看全世界第一!''董大人'是指户部尚书董恂,在总理衙门'当家';他是扬州人,善于应酬,用了两个出身于扬州'八大盐商'家的厨子,都有能做'全羊席'、'全鳝席'的本事。董恂应酬洋人,还有一套扬州盐商附庸风雅的花样,经常来个'投壶'、'射虎'的雅集。有时拿荷马、拜伦的诗,译成'古风'或'近体'。醉心中国文化的赫德,跟他特别投缘。"

赫德对胡雪岩引用了白居易在杭州做的两句诗,说:"'未能抛得杭州去,一半勾留为此湖。'我倒想改一改,'未能抛得中华去,一半勾留是此……'赫德有点抓瞎,搔着花白头发'此'了好一会,突然双眉一掀,'肴!一半勾留是此肴。'"胡雪岩是个商人,暗中惭愧,不知道他说的什么。古应春倒听懂了一半,便即问道:"听说赫大人常跟董大人一起做诗唱和,真是了不起!"

"唱和还谈不到,不过常在一起谈诗、谈词。"赫德又说:"小犬是从小读汉文,老师也是董大人荐来的;现在已经开手做八股了,将来想在科场里面讨个出身,董大人答应替我代奏,不知道能准不能准?"这番话,胡雪岩是听明白了。"洋娃娃读汉文、做八股已经是奇事;居然还想赴考,真是闻所未闻了。"

从这段闲笔,可以得知董恂不但善于与洋人周旋,而且也是一位美食家。

这使人想起德国同乡会网曾经登载过一篇《董尚书传略及董府宴》,说邵伯闻名的逸园茶社,在1855年成书的《甘棠小志》中已有详细的记载。赏云轩主江北川的"董府宴",就是根据《甘棠小志》、《荻芬书屋文诗稿》及相关资料挖掘整理而成的。此宴保持了维扬菜风味,又兼采各地方名肴,用料考究,注重品味,具有中国传统文化道法自然的无穷韵味。下面是"董府春宴"的菜单:

席前:龙井茶;
茶点:方酥、董糖、茶干、茶馓;
干果:银杏果、核桃仁、葡萄干、香榧子;
调味:乳瓜、姜片、腐乳、盐蒜;
冷碟:中堡醉蟹、金陵板鸭、盐味湖虾、五香乳鸽、酥脆鲚鱼、双黄咸蛋、樊川小肚、麻油海蜇、凉拌枸杞、虾籽冬笋;
热炒:蚬肉豆腐、蒜苗软兜、青椒黄片、虾仁蒲菜、皮丝蒿杆;
烧菜:三元鱼肚、火腿素鸡、白汁鮰鱼、豚蹄野鸭、干炸鳜鱼;
汤菜:莼菜虾圆汤、青菜皮子汤;
虎头鲨馄饨,野菜鸭羹,葱油荠饼,野菜春卷。

董府春宴(八人席)的原料及制作方法是：

器皿：宜选用粉彩瓷或蓝花瓷。

高汤：两年内的鸡、鸭及猪蹄各一只。

虎头鲨。原料：虎头鲨八条，肉馅小馄饨三十二只。制作：净鱼，控水。下葱姜油锅略煸，绍黄适量，下高汤，汤呈奶白时下小馄饨。馄饨浮起，即装入八只小碗，撒蒜花、白胡椒粉即可。

蚬肉豆腐。原料：蚬肉四两，盐卤点的豆腐两块，高邮咸鸭蛋一只。制作：蛋清搅碎，蛋黄压碎。豆腐焯水后，与蛋清、蛋黄拌匀，下油锅炒熟盛起。蚬肉下葱姜油锅炒，酱油、绍黄、糖适量。待熟后，下豆腐、川椒酱少许即可。

蒜苗软兜。原料：鳝鱼腹肉四两，嫩蒜苗、白胡椒粉少许。制作：蒜苗略煸待用，烤锅，下板油、葱姜末、鳝肉、绍黄、酱油翻炒。下蒜苗、点明油，装盆撒胡椒粉。

青椒黄片。原料：黄颡鱼(俗称昂刺鱼)肉四两，青椒、笋片少许。制作：黄片在四成油锅中焐片刻，控油待用。笋片在高汤中略煮。锅坐猛火，下板油、葱姜末、笋片、黄片，白糖爆炒。起锅时点一点醋即可。

虾仁蒲菜。原料：鲜蒲菜十根，虾仁二两。制作：蒲菜略烫，用高汤(点一点盐)煮熟，装盆。虾仁上浆过油，炒熟放在蒲菜上。

皮丝蒌杆。原料：水发皮棍二两，蒌蒿四两。皮棍切成与蒌杆粗细，下水锅煮片刻待用。锅放色拉油，下蒌蒿爆炒，下皮丝，盐适量即可。

野菜鸭羹。原料：熟鸭脯肉三两，野菜三两，虾米、熟火腿、香菇丁、笋丁、荸荠丁。制作：野菜焯水，切碎待用。余物下锅，加高汤适量，煮开片刻，下野菜末，勾芡装盆。

三元鱼肚。原料：鱼肚二两，熟鸡丝三两，脆鳝丝一两，虾鱼肉圆各数只，黑木耳、笋尖、菜心焯水待用。制作：鱼肚水发，洗净，也要焯水去油异味。锅放板油、葱段、姜块煸鱼肚，下绍酒，起锅，去葱姜，待用。锅加高汤，下三圆、黑木耳、笋尖煮开片刻，下鱼肚、鸡丝，点盐。下菜心、脆鳝丝。开后装盆。

火腿素鸡。原料：金华火腿二两（切薄片），滚刀块素鸡（豆腐皮用棉布捆紧，在豆浆锅中煮熟）六两，绿笋二两。制作：将火腿、绿笋用绍酒、葱姜、糖蒸熟。素鸡在高汤中煮透，点盐。装盆时，先素鸡，上盖绿笋，再覆蒸熟的火腿。

白汁鲴鱼。原料：两斤左右的鲴鱼一条，鲜笋块五两。制作：略。

豚蹄野鸭。原料：野鸭一只，咸猪爪两只，淡菜一两，笋片、香菇、菜心适量。制作：咸猪爪焯水，洗净后先煨三十分钟，再下整鸭、淡菜、笋片。待熟时，再下香菇、菜心。

干炸鳜鱼。原料：一斤半左右的鳜鱼，适量椒盐。制作：净鳜鱼，打花刀，在盐、葱姜、酒中浸片刻，上浆。油温七成左右时炸第一遍，片刻鱼离锅，锅不离火，待油温升高炸第二遍，待表面金黄，即起锅装盆。随鱼上花椒、胡椒粉拌成的熟盐。

葱油荞饼。原料：小香葱二两，荞麦面四两，糯米面二两。制作，将荞麦面、糯米面加点盐用水调成糊状，不放油，摊成薄饼，切成菱形。锅放色拉油二两，下葱末、荞饼爆炒，装盆即可。

由此可见董府宴的特色。

据钱钟书先生说，中国可考的最早的文学翻译者，是董恂。他于十九世纪六十年代所译的英国著名诗人朗弗罗的《人生颂》，先于梁启超译作《佳人奇遇》以及林纾的译作将近三十年。

钱钟书《七缀集》中收有一篇《汉译第一首英语诗〈人生颂〉及有关二三事》，谈到"《人生颂》是破天荒最早译成汉语的诗歌"。他说，1864年9月，英国人福开森拜访诗人朗费罗，看到他的书房里有各种语言的赠品，其中有中国人的赠品。而中国人的赠品与众不同，文字写成扇子形，上面是用汉文翻译的《人生颂》。翻译并书写《人生颂》的中国人是谁呢？从钱钟书的文章得知，这篇"破天荒最早译成汉语的英语诗歌"的译文写在一把扇子上，似乎是通过美国驻华公使蒲安臣赠送给了作者本人。郎费罗在日记中记载，此扇系一位"中华达官"所送。钱先生判断这位官员应为董恂，有关文献中所谓"Jung Tagen"（容大人）应为"Tung Tajen"（董大人）之误。钱钟书说："《人生颂》译文和那把'官老爷扇子'（mandarin fan）上面写的是一是二，有机会访问美国而又有兴趣去察看郎费罗的遗物的人很容易找到答案。"实际上，钱钟书是根据《蕉轩随录》等书考证，才得知译者乃是"甘泉尚书"，也就是扬州甘泉人董恂的。此时的董恂，"相当于外交部当家副部长"。

《人生颂》是诗人朗弗罗的名篇，全诗歌颂生命的珍贵和进取的精神，曾有美国少年因读此诗而打消自杀的念头。董恂译诗的开头几句是："莫将烦恼著诗篇，百岁原如一觉眠。梦短梦长同是梦,独留真气满乾坤。""无端忧乐日相循,天命斯人自有真。人法天行强不息,一时功业一时新。"其流畅而典雅的翻译风格,由此可见一斑。

令人感到惊喜的是,董恂书写的这把扇子,至今仍然藏在剑桥朗费罗故居。据贺卫方先生《〈人生颂〉诗扇亲见记》记述,作者于1996年前往哈佛法学院作为期半年的访问研究,偶然发现郎费罗故居正在哈佛大学所在的剑桥。郎费罗故居距哈佛广场约一公里,在著名的布拉托街(Brattle Street)105号,是一座具有殖民地时代早期风格的建筑。在二楼临窗南眺,隔着一片绿茵茵的草地,查尔斯河款款东去,风景颇佳。此房建于1759年,第一个主人是一位效忠于英国王室的富有军官。美国革命时期,华盛顿曾将此房作为司令部兼住宅。至于郎费罗,则先是从1837年起,在此房中赁屋而居。那时,他受哈佛大学之聘担任语言学教职。1843年,诗人与阿波顿小姐结婚,岳父索性将此房买下作为给这对新婚夫妇的礼物。诗人居于此宅,直到去世。现在,此房已列为"美国国家历史名胜",室中各种物品悉照主人生前情景布置,向公众开放。本来,访问者以为董恂书写的那把扇子肯定还像一百多年前英国人福开森来访时看到的那样,放置在诗人的书桌上。不料,各个房间均无扇子踪影。访问者于是询问导游,导游有些惊奇,说故居藏品中确有一把来自中国的扇子,但要看此物,须与馆长联系,择日再来。于是访问者又与馆长谢伊(James Shea)先生电话联系,确定日期,再次来到故居地下室,在藏品架底层一个大抽屉中一堆各式各样的扇子里翻检查看,终于找到了那把中国扇子。使人感到意外的是,这把扇子居然是该故居的新发现。据馆长介绍,多年来,偶尔有来自中国和日本的客人询问此扇,但馆中人员惟知曾有此物,究竟在何处与是否已经遗失,则茫然无所知。三年前,他们在清理地下室时,在一个柜子中才偶然发现这把来自中国的扇子。

据介绍,这是一把竹骨折扇,与人们今天常用的那种相比较稍大些。上面是董恂亲笔书写的译文,七言三十六行,计二百五十二字。扇骨上有极为精致的雕刻,其中一支靠近骨脚处已经折断,扇面为黄底纸饰以冷金。《人生颂》一诗不著标题,楷体书录。上款处盖一闲章,印文难以辨认。下款所署时间为"同治乙丑仲春之月",署名为"扬州董恂"。名下有印章二,白文印"董",朱文印为"恂"。书法法度精严,极具功力,那样如同雕版刻印似的小楷实在不多见。这一意外的发现,彻底解决了"容大人"或"董大人"之谜。

值得注意的是,在扇子背面的扇骨处,有一行铅笔书写的英文字:The "Psalm of Life" in Chinese by Tung Tajen。馆长以肯定的语气说,此乃郎费罗本人的笔迹。字迹相当清晰,人名第一个字母分明是"T","Tajen"中的"j"也很清楚,并非"g"。钱钟书先生的考证果然极为正确,诗扇的来由就是董恂"董大人",而不是另一位"容大人"。

对于这位在清代外交史、美食史和文学翻译史上都各有建树的扬州乡贤董恂,他在邵伯的故居现状,却时刻让人牵挂。也许在某一个风雨之夕,他住过的那座百年老屋会轰然坍塌,成为今人无法弥补的遗憾。在保护历史文化古镇日益成为我们共识的时候,董恂决不应该继续被人们遗忘,他在邵伯老街的故居已经到了亟待修复的时候了!

清正张巡抚

曾记得,去年有一部传承千年的家谱重现扬州,谱中的第四十代传人,乃是清代光绪年间的广西巡抚张联桂。

而今天,在皮市街拆迁中有一座清代老宅再次引起了人们的关注,它的主人又使人想起那位晚清大臣张巡抚。

张联桂(1838—1897),字丹叔,一字韬叔,扬州江都人。同治年间,在广西、广东任知县、知州、知府。光绪八年(1882)迁惠潮嘉道,调署粮道。因陈海防十二策,受清廷赏识,调任广西按察使、布政使,光绪十八年(1892)升授广西巡抚。

张联桂出生于江都浦头。浦头东邻泰县,南靠嘶马,再远即为浩浩长江。大江东去,浪淘尽千古风流人物,浦头人津津乐道的就是清朝出过一位进士,还有一座侍卫府。曾任巡抚的张联桂,就出生在浦头侍卫府内。张联桂的高祖做过清朝的侍卫,祖父当过千总,父亲只是一个小小的账房。张联桂从小聪明好学,以贡生入仕。因为他在任知县、知府期间颇有才干,深得大臣彭玉麟和张之洞的器重,逐步升迁按察使、布政使,直到广西巡抚。

广西地处边陲,晚清时正为西方列强所觊觎。当时在广西,发生过多次因教案、筑路、采矿等纷争引起的严重中外交涉。为处理这些涉外事务，清廷于光绪十四年(1888)设立广西洋务局，以按察使张联桂兼任总办，在他的直接领导下负责全省对外交涉事务。张联桂在这一位置上，可以说做到了不辱使命。中法战争后，两国会勘的广西与越南边界图经过御览，由总理各国事务大臣派员与法使议立界牌。时任广西封疆大吏的张联桂，仔细查阅法制图约后，发现其中"仅具大略，兼有舛错"。他于是派员驰赴瘴疠之地，披荆斩棘，实地勘察，掌握了丹桂山金龙洞等地的第一手资料。终于，在与法国代表谈判时，他据理力争，使《中法桂越条约》在广西龙州签订，为中国挽回了大片国土。

张联桂在仕途中，一直重视如何对付西方列强。光绪九年(1883)，时任惠潮嘉道道台的张联桂在潮州筹款建马屿、马尾两处炮台，并报请增拨大炮，派遣重兵防守。在张联桂的努力下，计有大炮十八尊安置于炮台，其中有五百斤前膛洋炮，射程八公里，并拨兵八十名防守。稍知中国近代史的人都知道，晚清是中华民族多灾多难之季，清廷无能，列强横行，张联桂苦心经营炮台表现了他的拳拳爱国之心。这一年四月，潮州发生德国商人洋行争地案，德国海军悍然示威内侵。张联桂查核后，按中国法例予以处理，结果洋行大班（德国人）理亏自杀，此事不了了之。

光绪二十年(1894)，清军在中日甲午战争中以失败告终，次年清廷被迫与日本签订《马关条约》。这是一个极其屈辱的条约，除规定中国承认朝鲜完全自主、割让辽东半岛、赔款二万万两、增开通商口岸和允许日本人在内地设厂制造之外，还规定中国将台湾全岛永远让与日本。条约签订的消息传出后，全国各界深感震惊，许多高层官员不顾仕途，愤然上书阻止。他们中间，除了礼部主事罗凤华、兵部主事何藻翔、宗室侍郎会章、礼科给事中丁立瀛、广西监察史高燮、湖北巡抚谭继洵、两江总督张之洞、福州将军庆裕、署理台湾巡抚唐景崧、河南候补道易顺鼎之外,还有广西巡抚张联桂。据清宫档案,张联桂为了表示坚决反对《马关条约》,至少两次上书。第一次是四月初六,张联桂致电朝廷云:"要盟难许……坚持定见,以不得不战之故布告天下。"该电于次日呈光绪帝和慈禧太后。第二次是四月初十,张联桂与两江总督湖广总督张之洞、闽浙总督边宝泉、湖广总督湖北巡抚谭继洵、江西巡抚德馨、山东巡抚李秉衡、台湾巡抚唐景崧等致电朝廷云:"力恳各国切商倭人,展限数旬,停战议约,以便详加斟酌。"该电亦于次日呈光绪帝和慈禧太后。身为巡抚的张联桂虽然力主与日本作持久之战,然而朝廷却屈膝求和,拒纳忠言。

张联桂因时局艰危,朝廷拒谏,忧心忡忡,触发肝疾,遂辞职返里。他在家养病时,仍关心国事,有"闻道蛮天烽火红,有人血战耻和戎","书生自愧奋空拳,感事忧时夜不眠"等诗句可见一斑。

光绪二十三年(1897)四月,张联桂病逝于扬州,终年六十岁。他的著作有《向心斋治学杂录》、《延秋吟馆诗抄》、《张中丞奏议》等,还编有《桂海文澜集》、《广西舆地全图》等。

张联桂是一个关心民生的官吏。

他任职广西时,由于财力、物力不足,当地不仅不能铸造银元,连铸造制钱也非常困难。1894年,张联桂奏称:"自咸丰年间即已停铸,三十年来迄未开铸。核计铜价运脚工本过巨,折耗太多,俟经费充裕再行鼓铸。"但是他却非常重视修治官道,方便民生。广西的白霞街曾是清代巡检所的所在,紧靠思勤河,人员往来都要摆渡过河。光绪十八年(1892),巡抚张联桂命令总兵马进祥开通平乐府至梧州府的官道,并在思勤河畔设官渡,现在河西码头还保存有一段保存完整的古道石板路面。平乐县位于广西东北、桂林市南,今平乐镇新安街后山壁留有当年所刻《修平梧陆路记》,为巡抚张联桂修治平乐至苍梧官道的纪录。

他为官潮州时,禁止民间戏班虐待童伶。旧时潮州戏班,主要角色像小生、乌衫、花旦、闺门旦和其他杂角,都由孩子充当。这些孩子大多出身寒家,八九岁时由家长与戏班班主签下契约,卖身学艺,期满之后才恢复自由之身。班主为了让童伶尽快掌握技艺,登台演出,常常采取严酷的手段,稍出差错,鞭笞交下。戏班中有种种私刑,例如用小刀割开股沟,再撒上食盐之类,令人不忍听闻。时任潮州知府和惠潮嘉道台的张联桂对此深为关切,他在《问心斋学治杂录续集》中记道:"本道访闻潮郡各属城乡地方,每遇神诞令节,往往招集戏班,同在一处,分台并唱,连日连宵,无少休歇,名曰'斗戏'。……本地戏班均系十二岁以上、十六岁以下幼童充当戏子,身不自主。一遇'斗戏',饥不得食,困不得眠,演唱偶误,打骂交加。每逢盛暑炎天,包头扎脚,预备登场,不使稍有宽息,劳乏过甚,病即随之。审上年夏秋之间,因唱斗戏丧生者,约有数百人。"张联桂因而下令,禁止这种陋俗。

同时,他又对压榨童伶、非法牟利的戏班课以重税。戏班向政府纳税,艺人称为"戏厘"。政府何时开始向戏班收厘金,未见史料记载。据王定镐《鳄渚摭谈》记载:"作戏爹(班主)者,非胥差兵弁,即劣绅恶棍,否也倚文武衙门。张中丞联桂守潮州时,有禀请抽厘者,张批以为不意绅衿愿作诸伶领袖。不逾年,张自行之。盖其时潮之演戏,半出方氏,陋规不肯缴府,故张禀上司抽戏厘,遂为厘金一巨款。"由此可知,当时戏班多为豪强所有,他们依仗权势,搜刮钱财,所以张联桂才开始向戏班征税,且"遂为厘金一巨款"。

据《海阳县志》记载,光绪十年(1884),张联桂将蓬州新港田三百五十亩,以每年租银二百四十四两拨给养济院,按日匀给孤贫。这些举措,都可见他对民生的关切。

张联桂又是一个重视文化的官吏。

他曾经主持编撰广西现存最早的一部经实测编绘的省级地图集《广西舆地全图》。清末,资本主义在中国有了发展,办工厂、开矿山、建新军等洋务兴起。迫于形势需要,清廷决定详细测绘全国地图和各省地图。光绪十二年(1886),在北京成立会典馆。光绪十五年(1889),通知各省限期把省、府、厅、州、县各图送到会典馆。光绪十七年(1891),下达编制地图的技术要求。光绪二十年(1894),各省陆续向朝廷进呈地图,《广西舆地全图》就是其中之一。《广西舆地全图》由北洋机器总局图算学堂编制,张联桂审验并题签,光绪二十一年(1895)单色印本。全书有图百余幅,内有省及各府、州、厅、县图各一幅。图首页有凡例,可知其编绘体例、绘制方法、各地自然社会要素的分布位置等内容。全部图幅采用画方计里方法编绘,各图详细表示出山地、道路、河流、村落等分布,并用符号绘出山脉与水系,显示地势之高低。全图采用符号二十种,分别表示各种地理要素,内容详尽而清晰。《广西舆地全图》是广西现存最早的一部经实测编绘的省级地图集,为后人编制广西地图打下了良好基础,同时也为研究中国地图发展史提供了珍贵史料。

他热心修志。光绪七年(1881),潮州知府张联桂倡修府志,请海阳翁兰主持此事,草拟凡例。后因张联桂调任广东督粮道,继任者朱丙寿感到修志经费难筹,又以为要修府志必须先修县志,取征才有依据,故通知各县先编修县志稿。

他喜欢戏曲。友人黄泾祥撰有戏剧《珍珠曲》,张联桂观后作《题黄琴川太守泾祥珍珠曲后》一诗咏道："青陵台畔怅遗芳，一曲筜篌泪数行。怨海泣珠忆鲛女，情天补石让娲皇。啼残鹃血春难再，抽尽蕉心句亦香。多少闲愁对明月，平湖三十六鸳鸯。"从诗来看，《珍珠曲》是一出描写爱情的悲剧。

他擅长诗词。钱钟书《容安馆札记》曾经提及张联桂的《延秋吟馆诗钞》，批评"丹叔自丞尉存陟开府而诗格轻滑，始终未脱随园以后风气"。所举的例子是卷二里的《七夕》绝句："洞里仙人方七日，千年已过几多时。若将此意窥牛女，天上曾无片刻离。"诗人说，如果神仙的"七日"等于人间的"千年"的话，那么牛郎织女一年相会一日，也就相当于人间朝夕厮守了。这样的诗，本是调侃，谓之"诗格轻滑"未免求之过深。

他爱好碑帖。桂林独秀峰的"王府秘拓"，相传源于明代。"王府秘拓"有五种拓法，最珍贵的是"王府七彩套色秘拓"，制作一幅七彩拓片，需要一个月的时间。慈禧太后六十大寿时，时任广西巡抚的张联桂特地寻访王府拓师后人，为其精心制作拓片，自己也留下一份秘拓。据说正是因为这份拓片，保佑了他连升三级，成为广西官员仕途最顺利的一位。2000年在英国的一场拍卖会上，有一幅清朝拓片拍到二百七十万英镑的高价，据收藏者说系当年八国联军火烧圆明园时带到英国的。经专家鉴别，正是当年张联桂送给慈禧的寿礼。

他又钟情山水。他在广西做官时常常流连名胜，在隐山、虞山、叠彩山、伏波山、独秀峰等处留下了题刻，并写诗讴歌大好河山——

漓江秀水，如带似练，历代文人留下了无数文赋。韩愈诗曰："江作青罗带，山如碧玉簪。"是为千古名句。而张联桂的一首《望桂林阳朔沿江诸山放歌》，几乎写尽了桂林山水之美："桂林山势天下雄，阳朔一境多奇峰。开窗仰视皆突兀，壁立千仞摩苍穹。马驼狮象不一状，如瓶如塔如金钟。云鬟雾帔降神女，虬髯驼背疑仙翁。起伏倚立各逞态，或断或续江西东。嵌空巨洞忽变幻，上逗日月光玲珑。樵牧路绝石圆滑，巉嵯巧峭谁磨砻？五丁开凿不到此，疑是鬼斧矜奇功。旁缘苔藓翠欲滴，雷雨骤至云濛濛。倏然岌嶪俱不见，时露鳞甲游群龙。须臾雨过云亦散，依旧万朵青芙蓉。树头飞瀑垂匹练，跳珠戛玉鸣琤琮。左右应接殊不暇，山阴仿佛追行踪。惜哉唐宋迁谪地，名贤纵到嗟途穷。何心游赏勤题咏，致使晦迹峦烟中。欲移拳石置园囿，举世智巧无愚公。西川王宰如再出，未知五日摹能工。重来放眼叹奇绝，终愧行色殊匆匆。"此诗被称为桂林山水的绝唱。

桂林的栖霞禅寺，为高僧昙迁开山于隋代。唐时最盛，鉴真大和尚跨海东渡日本期间，曾滞留桂林，在寺中讲法。千余年来，古寺迭经兴废，直至清初，经浑融和尚三十年苦志募化，才得以恢复昔年规模。浑融俗名张本符，少时任侠仗义，行走江湖，逢清军入关，山河惨变，伤时痛心，断然出家。然终挂记国事，出世不久，旋即入世，单身负剑，入幕桂林明臣张同敞帐下参赞军事，军中号曰"秃参军"。桂林城破前夕，见事不可为，遂归隐于七星岩普陀山下寿佛庵，国事既不可为，乃为佛事，决志重张栖霞旧观。未几，桂林失陷于清军之手，明朝留守大臣瞿式耜、张同敞被俘，浑融不计个人安危，多次前往探视。二公尽节后，冒死收殓，并藏瞿、张二人狱中诗作于栖霞，后整理为《浩气吟》，流传后世。浑融之举不仅在当时为人们称道，到光绪年间，还令广西巡抚张联桂感怀不已，并出面集银一千五百多两，维新栖霞殿宇，纪念浑融高义。

桂林滨江胜境伏波山，景致奇特，岩洞清幽，素有"伏波胜境"之称。而诗人张联桂《伏波山放歌》咏伏波山云："城边一峰拔地起,嵯峨俯瞰漓江水。江流到此忽一折,百道滩声咽舟底。"生动而形象地描绘了它的山水形势。伏波山与独秀峰对峙,虽不很高,但因平地拔起,孤峰矗立,身临其下,也颇有气势不凡之感。尤其是临江东面,石壁如削,大有千仞铁崖,直插江中之势。每当春夏之交,漓江水涨,波涛翻滚,汹涌而来,人们根据它遏澜回涛的特点,名之为"伏波山"。东汉马援之所以称为"伏波将军",或可在此找到答案。历代描述漓江波涛的诗文中,要数清代广西巡抚张联桂的《伏波山放歌》略胜一筹。他的"江流到此忽一折,百道滩声咽舟底",算是把漓江的澎湃与回荡刻画得淋漓尽致了。

今天在独秀峰的南壁上,可以看到有一个慈禧书写的五尺大小的"寿"字,字的上方还有"慈禧太后之宝"的印玺。原来这是光绪二十年(1894)十月十日慈禧太后六十大寿之日,慈禧亲自书写此字,送给广西巡抚张联桂的。张联桂在独秀峰南壁上,将此"寿"字镌刻下来,加上跋语,给独秀峰平添了一节掌故。

在古城潮州北面,有一座金山,岩壑嶙峋,林木幽清,绿草披道,山径逶迤,是昔日潮州府治之所依。山上有唐代刺潮名宦常衮、韩愈的遗迹,自古以来就是登高览胜之地。不过因年久失修,苔侵雨渍,文物多有佚失。张联桂在任潮州知府期间,曾加以修葺,并题写一联云:"明月共天涯,看云影波光,恍疑身在江南,话当年佛祖谈禅、诗仙留带;春风移岭表,趁蕉阴椰叶,偶尔步来城北,问何处韩公遗迹、常相残题?"上联借镇江金山之典故衬托潮州金山,仿佛镇江金山寺名僧佛印曾到潮州谈禅,又仿佛在镇江金山寺留下玉带的苏东坡也来到了潮州。下联描写潮州金山之景,春风岭表,蕉阴椰叶,最终把感情都倾注到对前贤韩愈、常衮的怀念之中。张联桂此联犹如天马行空,在时间上跨越千年,在空间上纵横南北,可谓联中佳构。

张联桂在扬州的故居,原在木香巷,巷中有一幢两层木楼和一口百年水井,相传是他的旧宅。张巡抚的侄孙张彭瑜与吴道台的孙女吴征珏,据说就在那里喜结连理的。嗣后,张联桂迁至左卫街,皮市街头的老屋也即是他晚年的起居之所。如今,老屋在拆迁中岌岌可危,它未来的命运正引起人们的关切和担忧。

忍看朋辈成新鬼
——记持志大学学生、左联作家冯铿

距今一百年前的1907年,一个姓冯的女婴在广东潮州出世,但这个生命在世界上只存活了短短二十四年。1931年初春的一个夜晚,龙华的一阵凄厉枪声,惊醒了睡梦中的上海市民。在枪声中倒下的五位左联作家中,冯铿是惟一的女性。

尖厉的枪声让伏案的鲁迅先生无法继续写作下去。两年后,他写下了著名的《为了忘却的纪念》,纪念牺牲的柔石、殷夫、冯铿、胡也频、李伟森。

而其中的冯铿,曾经是扬州何氏主办的持志大学学生。

"我从不把自己当女人"——冯铿

冯铿原名冯岭梅,生于潮州城南门云步村,祖籍杭州。父亲冯孝赓为潮汕名儒,因为一场官司使得家道败落,继而又中兴。

冯铿的原名岭梅,出于唐人樊晃的诗《南中感怀》:"四时不变江头草,十月先开岭上梅。"她在家里排行最小,自幼受到书香熏陶。但她生得浓眉巨眼,貌似男子,又不喜修饰,爱好辩论。她自己说过:"我从不把自己当女人。"

冯铿在中学期间开始发表文艺作品,曾在《岭东民国日报》刊载一年约百首题为《深意》的抒情诗。后赴潮安县新塘乡任小学教员,并为农会办夜校识字班。广州四一五反革命大屠杀后,她到澄海县当县立小学教员,因思想激进被解职。回汕头后从事读书与写作,创作的中篇小说《最后的出路》喊出了妇女争取自身解放的呼声。

中学时代的冯铿,早恋上了她父亲的学生许美勋。两人由谈文学、社会、人生进而互相爱慕,可是父母却要将女儿许配给有钱的人家。冯铿高中毕业考试结束那天晚上,兴高采烈地来到许美勋的住所,一进门便喊道:"从今天起我便可以冲出狭的笼飞出来了!"就这样,两个青年乘火车、坐小船,来到了许美勋的出生地潮州,开始了他们的自由生涯。然而不久,他们的生活陷入困境,为了谋生不得不找了个小学教员的工作。此后失业的日子,使冯铿精神上非常苦闷。

1929年元宵节,冯铿与许美勋从汕头乘海轮来到他们向往已久的上海。到上海的第一天,冯铿就去凭吊五卅血案的遗迹。那时,许美勋在南强书局当编辑,与王任叔等合办《白露》月刊;冯铿则进了扬州何家主办的持志大学英语系读书。冯铿在持志大学的情形,留下的材料不多。现在知道的仅仅是,她曾寄宿在大学宿舍里,在雨声中完成了速写体小说《无着落的心》,描写女大学生在学校宿舍的见闻和心情。后来冯铿转入复旦大学,终因经济困竭而辍学。

冯铿在上海的生活,除了读书,就是革命。她经常参加飞行集会,书写标语,散发传单。1929年5月,在革命者杜国庠的介绍下，冯铿加入中国共产党。次年3月，冯铿参加左翼作家联盟成立大会，并在左联工农工作部工作。5月，作为左联代表参加了在上海秘密召开的第一次全国苏维埃区域代表大会筹备会议。

在紧张的革命工作中，冯铿与左联五烈士的另一成员柔石结识了。冯铿非常钦佩柔石的文学才华，柔石也被冯铿火热的情感和坚毅的性格所吸引，两人感情与日俱增。但是，一个现实问题放在了他们面前：柔石此时已有结发妻子吴素瑛，冯铿也有同居几载的男友许美勋。此事应该怎样处理呢？

现在我们能够看到一封柔石1930年10月20日写给许美勋的信，大意是：

一月前，冯君给我一封信，我当时很踌躇了一下；继之，因我们互相多于见面的机会的关系，便互相爱上了。在我似于事业有帮助，但同时却不免有纠纷；这是事实告诉你我，使我难解而有烦恼的。你和冯君有数年的历史，我极衷心地希望人类的爱人，有永久维持的幸福。这或许冯君有所改变，但你却无用苦闷，我知道你爱冯君愈深，你也当愿冯君有幸福愈大；在我，我誓如此：如冯君与你仍能结合，仍有幸福，我定不再见冯君，我是相信理性主义的，我坦白向兄这样说。

不知道许美勋收到信后有何反应，但冯铿和柔石在1931年初公开同居了。可是幸福太过短暂。1931年1月17日，因叛徒告密，冯铿和柔石在上海汉口路东方旅社被捕。2月7日，他们被杀害于上海龙华。

冯铿的主要作品，有诗集《春宵》，随笔《一团肉》，短篇小说集《铁和火的新生》和中篇小说《重新起来》、《最后的出路》等。冯铿在《红的日记》中，借一个女红军之口说：一个"红"的女人，就应该"暂时把自己是女人这一回事忘掉干净"。

"今天我非常快乐,是你给我的"——柔石

冯铿生命中最重要的人是柔石。

柔石的发妻吴素瑛,年龄比柔石大两岁,婚姻是基于父母之命。据说他在上海接到家书得知自己做父亲时,产生的感觉竟是"眼前乐趣,立即飞散"。柔石在朋友眼中,是个孤傲、颓废、神经质的人,他讨厌经商、讨厌教书、讨厌做官,惟一的兴趣是像文坛名家那样写稿谋生。可是,他自费出版的第一部书即遭惨败,后来只好堆在家里咸货店的柜台下,拆开做卖咸鱼咸虾时的包装纸。

柔石的情感世界里有两个女人:一个是旧式女子吴素瑛,另一个是新潮女性冯铿。吴素瑛读过几天私塾,但夫妻之间的差距绝非识得几个字就能弥补的。婚后的柔石感觉不到幸福。他在日记里写他收到妻子来信后的感受是:"一读第一句,悲伤就涌到心上而起来。到末了,悲哀就满浃着周身,神经与血液、筋骨、骨骸、腑脏等都冷的慢蠕动。"由此可见,柔石与妻子之间没有爱。令人不解的是他回乡见到妻子的表现:"在伊到家进房的一刻,我十分的跳起欣美之心,一面就不由自主地伸出手紧握了一会。待放好东西,和伊共坐在床框时,我就向伊拥抱了。"柔石还说:"大概是被黑暗之气同化而同去了,同房异床计也破坏了,反而夜夜要求她——安慰的是温暖的柔身。"情爱与情欲,在柔石身上痛苦地斗争着。他对爱情感到失望,却又渴望妻子满足他的性欲。而吴素瑛却简单地认为,夫妻的差距仅仅是在读书多少上,因而要求自己多识字以接近丈夫。

当冯铿主动向柔石示爱,柔石渴望的爱情终于到来。有一封柔石给冯铿的短函写道:

晚上没得见你,而且空使你跑一趟,心一时颇不安;我就将这不安在你的纸条上吻了三次,不,四次。我想,"我们有明天,后天,永远的将来的晚上……"我的小鸟儿,祝你夜安!

其实,就长相而言,吴素瑛远比冯铿好看。但爱情是一种最私密的感情,其中况味只有当事人自己才能体味。柔石与冯铿在上海的同居,应该和新潮女性冯铿的大胆追求有关,也与柔石对女性气质的偏嗜有关。据说,吴素瑛在夜间并不拒绝柔石与之接吻,但柔石却希望她白天也这样做,这个要求对一名旧式女子显然过高。柔石曾让吴素瑛看《红楼梦》、《少年维特之烦恼》,甚至留下两份浪漫情书样本作为教材,希望她平时也能这么写信。但是,吴素瑛在信中只会说一些家里老母猪生了七口崽,或三表哥家的小儿子得麻疹死了之类的事情。

茅盾先生的侄女孔海珠在《左翼·上海》中说,冯铿与柔石因多次并肩作战,又互相欣赏,便情愫日深。尤其冯铿,对柔石的爱达到了"此情无计可消除"的境地。冯铿给柔石的一封信中说:"你把我的精神占领了去!坦白地告诉你:十天以来,不,自看了你的《二月》以后,一种神秘的、温馨的情绪萦绕着我,差不多每一件事,每一个时间、空间我的心里总是充塞了这样不可救药的情绪,弄得自己莫名其妙,好像完全转换了另一个人!这就是恋爱么?为什么?"而柔石给冯铿的信写道:"亲爱的:今天我非常快乐,真是二十九年来惟一的日子,是你给我的,是你给我的!"

冯铿与柔石同居后并不打算生育。左联机关报《前哨》记载道,冯铿"状貌如男子,浓眉巨眼,不喜修饰。平日虽与同志同居,但誓不生育,用各种方法避免怀孕,恐妨革命工作,这到她死为止,是成功了的"。

柔石对冯铿的爱可谓至死不渝。他在狱中给友人的第二封信写道:"在狱已半月,身上满生起虱来了。这里困苦不堪,饥寒交迫,冯妹脸带青肿,使我每见心酸。"鲁迅《为了忘却的记念》中说:"果然,第二封信就很不同,措辞非常惨苦,且说冯女士的面目都浮肿了,可惜我没有抄下这封信。"就指此事。

"她的体质是弱的,也并不美丽"——鲁迅

鲁迅的《为了忘却的记念》这样谈起冯铿:"他曾经带了一个朋友来访我,那就是冯铿女士。谈了一些天,我对于她终于很隔膜,我疑心她有点罗曼谛克,急于事功;我又疑心柔石的近来要做大部的小说,是发源于她的主张的。但我又疑心我自己,也许是柔石的先前的斩钉截铁的回答,正中了我那其实是偷懒的主张的伤疤,所以不自觉地迁怒到她身上去了。——我其实也并不比我所怕见的神经过敏而自尊的文学青年高明。""她的体质是弱的,也并不美丽。"

在《为了忘却的记念》中,鲁迅先生对柔石、白莽等人的评价都很好,惟独说冯铿"她的体质是弱的,也并不美丽",使人觉得他对烈士似乎有点刻薄。然而,其实鲁迅否定的是烈士外在的东西,肯定的是烈士内在的精神。"体质是弱的",反衬了意志的坚强;容貌的"并不美丽",反衬了品格的美好。同时,鲁迅的这句话,也确实是他对冯铿的真实印象。鲁迅与冯铿见面不多,了解也不多,他这样写冯铿是实话实说。

鲁迅谈到柔石创作的"转型"时说:"他终于决定地改变了,有一回,曾经明白的告诉我,此后应该转换作品的内容和形式。"对柔石的这个决定,鲁迅是明确反对的:"这怕难罢,譬如使惯了刀的,这回要他耍棍,怎么能行呢?"而"转型"的始倡者,鲁迅怀疑就是冯铿。

柔石早期的代表性作品,有短篇小说集《疯人》、长篇小说《旧时代之死》和中篇小说《三姊妹》等,这些作品都是描写青年的恋爱,抒发他们的苦闷和不满。与鲁迅交往之后,柔石受到现实主义思想的影响,开始关注自己熟悉的乡村生活,写出了他的代表作《二月》和《为奴隶的母亲》。《二月》是作者对中国知识分子道路思考的结晶,他以细腻的笔触叙述了"五四"退潮后的萧涧秋在芙蓉镇的经历,证明在强大的习惯势力面前,个人奋斗、人道主义必然碰壁。这时期柔石的小说创作,是基于生活的。但就在这个时候,柔石却准备"转换作品的内容和形式",要直接去表现革命风云。这意味着,他要放弃自己渐趋成熟的文学风格,去追随陌生的时代风潮。正如鲁迅所说:"一切文艺固是宣传,但一切宣传却并非全是文艺。"因此,他觉得柔石要走的这条路是注定要失败的。而鲁迅认为,冯铿和柔石的"转型"甚有关系。

对于柔石和冯铿等的死,鲁迅是非常沉痛的。他的《无题》诗云:"惯于长夜过春时,挈妇将雏鬓有丝。梦里依稀慈母泪,城头变幻大王旗。忍看朋辈成新鬼,怒向刀丛觅小诗。吟罢低眉无写处,月光如水照缁衣。"在鲁迅的"朋辈"之中,包括冯铿。

1950年4月,在当年淞沪警备司令部的龙华刑场挖掘出若干遗骸。有些骨殖上还套着手铐、脚镣。同时,还挖出一些铜元和银角子等烈士遗物。其中有一件尚未腐烂的毛线背心,经多方辨认,认定是冯铿的遗物。现在,这些遗骸、遗物分别安葬和陈列在上海烈士陵园,让后人藉以凭吊当年的那些热血青年。

惯于长夜过春时，挈妇将雏鬓有丝。梦里依稀慈母泪，城头变幻大王旗。忍看朋辈成新鬼，怒向刀丛觅小诗。吟罢低眉无写处，月光如水照缁衣。

鲁迅题诗手迹

佩弦与鲁迅

偶见报刊登载文章说,朱自清虽与鲁迅同时代,两人却未曾谋过面。其实这一说法不确。

作为同时代人,朱自清与鲁迅不但多次会面,彼此之间颇有交往,而且朱家和周家还有姻亲关系。

多年来,专门研究朱、周关系的人甚少,因此周家与朱家的一些故事甚至可以称之为秘闻。

"还有周先生处,也要一起去贺个年。"——朱自清母亲语

朱家和周家的籍贯都是绍兴。朱自清先生在《我是扬州人》中说过:"浙江绍兴是我的祖籍或原籍,我从进小学就填这个籍贯;直到现在,在学校里服务快三十年了,还是报的这个籍贯。不过绍兴我只去过两回,每回只住了一天;而我家里除先母外,没一个人会说绍兴话。"朱自清的母亲之所以会说绍兴话,就因为她出生于绍兴,而且是鲁迅的本家。朱自清只去过绍兴两回,其中一次就会见了鲁迅与朱安。据有关资料,若论辈分,朱安应是朱自清的远房姑母,那么鲁迅也就是朱自清的远房姑夫。

朱自清先生的家世是这样的。他的祖父朱则余,本来姓余,后

来承继朱氏,就改姓朱。他的父亲朱鸿钧,字小坡,娶妻周氏,与鲁迅同族。朱自清的外公叫周明甫,是绍兴有名的刑名师爷,曾在清朝以功受勋。因为周家和朱家门户相当,所以时有联姻。譬如,朱鸿钧娶了周家人做媳妇,这就是朱自清的母亲;周树人也娶了朱家人做媳妇,这就是鲁迅的原配夫人朱安。

朱自清的三弟朱国华在《难以忘怀的往事》中记载了朱自清从扬州赶往绍兴鲁迅家中拜年的佚事:上世纪二十年代中期的一年冬天,朱自清回扬州度寒假。除夕之夜,朱家上上下下忙着准备春联、蒸制年糕,好不热闹。直到敲过二更,朱自清兄弟才到母亲房中请安。娘有点倦了,见儿子们进来,愣了一下,才缓缓地说:"老家已有几年没有音信了,新年里你俩能代我去绍兴看看吗?"朱国华抢着回答:"娘,您怎么不早说,咱们明天一早就上舅舅家去,您放心吧。""好吧,还有周先生处,也要一起去贺个年。""这……"朱国华支支吾吾地退了出来。

朱母所说的"周先生处",就是指鲁迅和朱安那里。因为朱家在扬州早就听说鲁迅、朱安夫妇形同陌路,朱国华为朱氏族人受此冷落,愤愤不平,所以假托头痛,让大哥朱自清一人去了绍兴。

朱自清到绍兴探望了舅舅、舅母以后,就去周府拜年。他在周家门口递上名帖,其家人接过,大声呼喊:"舅少爷来了,舅少爷来了!"便引他来到书房,见到了鲁迅先生。朱自清向鲁迅请安,并问了朱安夫人好,接着两人就自然而然地谈了一些文学方面的问题。

后来,朱自清告诉三弟朱国华,他和鲁迅谈的主要是散文和散文诗。朱自清对鲁迅的大致印象,是博闻强记、论证精辟、引经据典、平易近人。朱国华事后也对大哥朱自清坦白,自己不去绍兴是因为不愿看到鲁迅。但朱自清意味深长地说:"周先生和朱安女士一样,都是封建婚姻的受害者呀!"语气之中充满了对鲁迅的同情和理解。

关于鲁迅与朱安的名义上的夫妻关系，鲁迅本人并不隐讳。如鲁迅对许寿裳说："这(指朱安)是母亲给我的一件礼物，我只能好好地供养它，爱情是我所不知道的。"日本朋友内山完造曾问鲁迅："你在北京不是有夫人吗？"鲁迅说："可那是妈妈的媳妇，而不是我的呀！"鲁迅还对另一位日本朋友增田涉说："因为是母亲娶来的，所以送给母亲了。"增田涉说："恺撒的东西还给恺撒。"鲁迅回答："对呀。"鲁迅对母亲这样说到朱安："和她谈话没味道，有时还要自作聪明。有一次，我告诉她，日本有一种东西很好吃，她说是的，是的，她也吃过的。其实这种东西不但绍兴没有，就是全中国也没有，她怎么能吃到？这样，说不下去了。谈话不是对手，没趣味，不如不谈。"据说有一回鲁迅回绍兴探亲，朱安在招待亲友的席上发难，编派鲁迅的种种不是，鲁迅惟有沉默了之。但鲁迅在北京搬家时，曾对朱安说："我决定搬到砖塔胡同暂住，你留在八道湾，还是回绍兴家？如果回绍兴，我将按月寄钱供应你的生活。"

　　1937年2月，上海千秋出版社出版过一册《鲁迅先生轶事》，收有朱自清写的《我和鲁迅》一文。文中谈到鲁迅曾对朱自清说："昨天同你见面的那位，是我的老婆，她告诉你，她是我的学生吧？"这却是指许广平，而非朱安。

　　1936年10月19日，鲁迅先生在上海逝世。20日，朱自清先生在北京访朱安女士表示吊慰。《朱自清日记》该日记道："昨日鲁迅先生逝世。吊慰鲁迅太太。"

"上午朱自清来，约赴清华讲演，即谢绝。"——鲁迅语

　　朱自清先生与鲁迅先生的交往，后来又有过多次。例如：

　　1926年夏天，朱自清南归度假。他回到浙江白马湖，看了妻子与儿女，心中很是喜悦。8月下旬，他将家事略作安排，只身北上。至上海时，到立达学园稍作逗留，与叶圣陶等友好会晤，并为

亡友白采写了《白采》一文。8月30日,当朱自清即将离沪北上时,忽然接到郑振铎发来的请柬,要他出陪欢迎鲁迅。原来,鲁迅因受厦门大学聘请,于8月26日从北京南下,29日到达上海。郑振铎闻讯,即于30日在消闲别墅设宴欢迎,《鲁迅日记》当天记道:"下午得郑振铎柬招饮,与三弟至中洋茶楼饮茗,晚至消闲别墅夜饭,座中有刘大白、夏丏尊、陈望道、沈雁冰、郑振铎、胡愈之、朱自清、叶圣陶、王伯祥、周予同、章雪村、刘勋宇、刘叔琴及三弟。"宴会后,朱自清即告别诸友,乘车北上。有的朱自清传记说,这是朱自清和鲁迅在上海初次见面,其实两人早在绍兴已经相识。

1932年11月,朱自清就任清华大学中文系主任。此后,朱自清两访鲁迅,请鲁迅去清华大学讲演,但均遭鲁迅谢绝。《鲁迅日记》本年11月24日写道:"上午朱自清来,约赴清华讲演,即谢绝。"同一天的《朱自清日记》则写道:"访鲁迅,请讲演,未允。"三天之后,《鲁迅日记》11月27日又写道:"下午,静农来,朱自清来。"同一天的《朱自清日记》则写道:"下午访鲁迅,请讲演,未允。"令人不解的是,鲁迅在两次拒绝朱自清邀请的日子,分别在女子文理学院、师范大学作了讲演。他拒绝到清华讲演的真实理由,究竟是由于清华方面的缘故,还是由于与朱家的微妙关系,就不得而知了。朱自清和鲁迅本人,从未对此作过说明。

1933年4月23日,朱自清、郑振铎等人应邀出席文学杂志社在北京北海公园举行的文艺茶话会。此后不久,鲁迅在《致王志之》信中说:"郑、朱皆合作,甚好。我以为我们的态度还是缓和些的好。其实有一些人,即使无大帮助,却并不怀着恶意,目前绝不是敌人。倘若疾声厉色,拒人于千里之外,倒是我们的损失。"信中的郑、朱,是指郑振铎和朱自清。从信中语气看,鲁迅是把朱自清看作是同路人的,但并没有引为同志。

鲁迅逝世后,朱自清所在的清华大学举行了追悼会。追悼会是在清华最早的礼堂——同方部举行的。据《中国近代建筑总览》记载,同方部与清华的一院、二院、三院、北院住宅及校医院等,均建成于宣统三年(1911)。关于"同方部"的涵义有不同的解释,一种说法是,因为当年清华学堂的留美预备生并无专业,故"同方部"就是"基础课部"之意。另一种说法则认为,"同方"两字源于《礼记·儒行》:"儒有合志同方,营道同术,并立则乐,相下不厌。"其中的"方"作"道义"、"法则"解,"同方部"也就是志同道合者相聚的地方。

鲁迅逝世后五日,也即 1936 年 10 月 24 日,清华中国文学会在同方部举行追悼会。朱自清发表讲演,强调了《狂人日记》中"救救孩子"的意义,认为这句话"在鲁迅不是一句空话,而是终生实行着的一句实话"。《清华周刊》后来报道了"朱自清在追悼会上的讲话",全文是:"朱先生说鲁迅先生近几年来的著作看得不多,不便发什么议论。于是就只说了几点印象(关于这一点朱先生已经写成一篇文章,将在《益世报·文化生活周刊》发表,此处不必罗索)。最后朱先生提到一点,那就是《狂人日记》中提到的一句话'救救孩子',这句话在鲁迅不是一句空话,而是终生实行着的一句实话。在他的一生中,他始终帮助青年人,所以在死后青年人也特别地哀悼他。"

"读《两地书》竟,觉无多意义。"——朱自清语

关于朱、周的关系,朱自清先生写过一篇《我和鲁迅》,但为《朱自清全集》失收。除此而外,朱自清还写过好几篇论鲁迅先生的文章。

如《鲁迅先生的杂感》,原来是朱自清给《燕京新闻》作的鲁迅逝世十一周年纪念论文。因为太简单,朱自清本来打算不收入《论雅俗共赏》一书,后来一位朋友说鲁迅先生好比大海,大海是不拒绝细流的,他劝朱自清留着,朱自清就收在《论雅俗共赏》一书里了。

又如《鲁迅先生的中国语文观》,文中综合引述鲁迅对中国语

文改革的看法,奇怪的是朱自清本人对这些观点未加任何评说。五四运动带来了白话文运动、国语运动、国语罗马字运动、简化字运动的持续高涨。这些运动所追求的是中国语文的现代化:即语言的共同化、文体的口语化、文字的简便化和注音的字母化。朱自清同鲁迅一样,一直在倡导与追随中国语文现代化运动的主流。

再如《鲁迅〈药〉指导大概》,是朱自清为中学国文教师写的教学参考资料。朱自清精辟地指出:"人血馒头的故事是本篇主要的故事,所以本篇用'药'作标题。这一个'药'字,含着'药''药?''药!'三层意思。"

朱自清执笔的《中国新文学大系·诗集》导言,曾谈到鲁迅的新诗:"给诗找一种新语言,决非容易,况且旧势力也太大。多数作者急切里无法甩掉旧诗词的调子;但是有死用、活用之别。胡适氏好容易造成自己的调子,变化可太少。康白情氏解放算彻底的,他能找出我们语言的一些好音节,《送客黄浦》便是;但集中名为诗而实是散文的却多。只有鲁迅氏兄弟全然摆脱了旧镣铐,周启明氏简直不大用韵。他们另走上欧化一路。走欧化一路的后来越过越多。"

谈到朱、周关系,不能不谈民国十五年(1926)的"三·一八惨案"。

1926年3月18日,北京各界群众十万人在天安门集会,反对日英等八国干涉国民革命,反对北洋军阀卖国行径。大会主席李大钊发表讲话,号召人们用"五四精神、五卅热血"与内外反动派斗争。会后游行队伍在执政府门前遭到野蛮屠杀,死四十余人,伤两百多人,即震惊中外的"三·一八"惨案。惨案发生后,中国知识分子表现出前所未有的社会良知,周作人、林语堂、蒋梦麟、王世杰、闻一多、梁启超等纷纷谴责段祺瑞政府。值得注意的是,朱、周二人分别对这一惨案表现了极大的愤恨。

鲁迅为之写了《无花的蔷薇之二》、《记念刘和珍君》,愤怒地称这一天为"民国以来最黑暗的一天"。并说:"惨象,已使我目不忍视了;流言,尤使我耳不忍闻。我还有什么话可说呢?我懂得衰亡民族之所以默无声息的缘由了。沉默呵,沉默呵!不在沉默中爆发,就在沉默中灭亡。"

朱自清为之写了《执政府大屠杀记》、《哀韦杰三君》,他怒斥道:"请大家看看这阴惨的二十世纪二十六年三月十八日的中国!"并说:"在首都的堂堂执政府之前,光天化日之下,屠杀之不足,继之以抢劫、剥尸!这种种兽行,段祺瑞等固可行之而不恤,但我们国民有此无脸的政府,又何以自容于世界!"

朱自清和鲁迅身为作家,在社会正义感上殊途同归,但在文学风格、人格理想方面上相去甚远。鲁迅对朱自清始终保持着距离,如他两次拒绝新任清华大学中文系主任朱自清的登门邀请,令人匪夷所思。同样,朱自清对鲁迅也一直敬而远之,《朱自清日记》1933年5月11日有一段重要的话:"读《两地书》竟,觉无多意义……鲁骂人甚多,朱老夫子、朱山根(顾颉刚)、田千顷(陈万里)、白果皆被骂及;连伏老也不免被损了若干次,更有长虹亦挨骂。"《两地书》是鲁迅的经意之作,朱自清的评价竟是如此!

关于朱自清和鲁迅两位先生,尚有一些有趣的谈资。如当代才女歌手戴佩妮在新专辑主打歌《一个人的行李》中,有一句歌词写道:"我要一个人的通宵看完鲁迅的背影。"这里她错将朱自清当成了鲁迅,因为《背影》的作者为朱自清而并非鲁迅。还有一位谜家制作的灯谜,将朱、周二人放在一起。一是"今日何日(打成语一)",谜底是"百年树人"。原来该日是鲁迅百年诞辰,鲁迅原名周树人,因此谜底就是"百年树人"。紧接着一条谜是"说与旁人浑不解(打近代诗人一)",谜底是"朱自清"。因为谜面上注明了制谜者为"朱某某",旁人不解,则只有朱某某自己清楚,因此谜底是"朱自清"。

王少堂的扇子

说书和唱戏不同。唱戏是一群人,说书是一个人。说书人只凭一张嘴,就能渲染出满台的风云。古时候赞美说书人,形容他艺术高超,常用这样一句话:"唯一桌、一椅、一扇、一木而已。"扇子,可谓说书人最重要的道具。

现在就有这样一把扇子,酱紫色的扇骨看似普通,带字画的扇面已经残破,但它是王少堂用过的扇子。它在王少堂的手中,或者舒展,或者收拢,或者轻轻两摇,或者重重一击。它惟有在王少堂的手中,方能时而是武松的哨棒,时而是石秀的朴刀,时而是梁山泊的旗杆,时而是潘金莲的叉棍。

这把扇子经过了怎样的辗转,才来到这里,是一个谜。但它现在就静静躺在这里,任人摩挲、打量、观察、端详。而它本来是有生命的。

扇子的正面,绘着一幅工笔国画。左边是四个人,三个老者,一个小童。三个老者的眼睛,都注视着右边,右边绘有一株盛开的桃花。小童手提酒壶,正为一个老者斟酒。这是一幅煮酒赏花图。画面布局精致,人物毫发毕现,衣着表情细腻传神。左上角题道:"玉壶携美酒,来醉上林春。己巳春三月,为煦和仁兄先生正之,文杰李昌灿。"

"己巳"为民国十八年,公元1929年。受赠人"煦和"与绘画人"李昌灿"是谁呢?到处查询,不得要领。谁知一个偶然的机会,才意外发现,"煦和"就是扬州评话艺术家王少堂。《扬州曲艺志》写道:"王少堂,扬州评话演员。祖籍江都宜陵,生于扬州,原名煦和。"煦和其实是王少堂的学名。扇子绘成的这一年,王少堂恰逢四十岁,在书坛上如日之升。

揆之情理,王少堂既已成名,为他绘制扇面的李昌灿当亦不会是无名之辈。可是到目前为止,在近代书画家名录中并未发现李昌灿多少材料。台湾商务印书馆出版的《民国书画家汇传》中,所收民国书画家并无李昌灿的名字。近年编撰的《扬州文化志》,也没有李昌灿的记载。李昌灿一时成了谜。经网络搜索,得知太平洋国际拍卖有限公司2006秋季艺术精品拍卖会曾经出现李昌灿作品,名为《寒日笼沙生暮空》,署名"文杰李昌灿",与王少堂扇子上的落款一模一样。这批拍卖的作品,总共十件,其款识是:一、桃源图,仿赵千里大意,炳然郑炘;二、邗上汉臣杨砚香画;三、丙午春二月,孙家祥;四、笠人;五、山脚冻僧归;六、栩栩然,翩翩然,似真似幻,变化万千,其为园之叟,抑亦罗浮之仙;七、己亥夏时,邗上瘦铁画于二分明月斋;八、泉洗江洲写;九、己亥小春月,张绍铸画;十、寒日笼沙生暮空,文杰李昌灿。十人当中,多有邗上字样,则李昌灿也可能是扬州人,或寓居于扬州。

扇子的背面,是王景琦书周石君集杜甫诗:"扁舟落吾手,云水照方塘。向晚波微绿,留门月复光。但惊飞熠耀,莫学野鸳鸯。客睡何曾著,心清闻妙香。""病渴身何去?佳人雪藕丝。江清心可莹,云在意俱迟。轻箠频(烦)相向,罗襦不复施。玉尊移晚兴,微笑索题诗。"落款:"煦和先生雅属,弟王景琦写,周石君集杜诗。"从"微笑索题诗"可知,这幅字是应王少堂之请求而写的。有意思的是,杜甫原诗中为"轻箠烦相向",王景琦误题为"频"字,这个美丽的错误颇值得玩味。

书法家王景琦是一个扬州人并不陌生的名流,冶春园石额即他所题。王景琦字容庵,号蓉湘,江都人,光绪二十八年(1902)举人,以知县分发广东。辛亥革命后为江苏省议员。喜吟咏,为扬州冶春后社成员。楷书工秀,晚年益道逸。

集句者周石君,亦是当时名士。据有关资料,周石君,名宗麟,清末民初大理人,字香石、石君,号瑞章,晚号疢存山人,光绪年间举人。历任陆良州学正、大理师范和中学校长。1911年11月与大理陆军军官等发动辛亥大理起义,组织迤西自治机关总部,任参事,主持机关事务,促进迤西各地光复。后任县议会会长,筹兴学校,倡办农业。著有《疢存斋文存诗存随笔》、《大理县乡土志》、《孔门学说》,参撰《大理县志稿》。周石君积极投身辛亥革命,筹办和组建了迤西自治机关总部。他在出任大理县议会议长期间,倡办农业、水利和地方公益事业。又筹建新式学校,出任大理师范、大理中学校长,为大理的文化教育事业作出重要贡献。他所编撰的《大理县志稿》,充满了爱国救民观念,至今仍可为鉴。现存《疢存斋自订年谱》,北京图书馆有藏,主要记载家事、科试和参与地方自治活动经历。李士涛《中国历代名人年谱目录》、来新夏《近三百年人物年谱知见录》、杭州大学图书馆《中国历代人物年谱集目》和《中国丛书综录》均有著录。

王少堂的这把扇子,先由周石君集诗,再由王景琦书写,亦可看出王、周二人关系之密切。但是,王景琦是扬州书法家,周石君是大理革命家,相隔万水千山,他们如何相识?后人不得而知。据悉,王景琦也曾参加同盟会,他逝世后黄炎培曾亲临吊唁,故王景琦与周石君因有共同的革命志向而结交,完全可能。周石君与晚清文人刘鹗也有来往,刘鹗有《题勺湖莲隐图应周石君刺史之属》诗:"勺湖深处最清幽,一片红莲好荡舟。闻道高人殊恋此,湘纫一幅画中收。""数间茅屋绕秋蒲,抛掷长征叹道迂。记取湖边好风景,归来岂让鹿门图。"刘鹗是《老残游记》作者,曾寓居于扬州。作为太谷学派传人,当代文化名流,不排除王景琦通过刘鹗与周石君结识的可能。

　　至于王少堂如何请革命元老周石君集诗,又如何向地方贤达王景琦索字,今人仅能推测。王少堂原籍江都,曾在仙女庙说书,而王景琦正是仙女庙人。很可能王景琦爱听王少堂之书,王少堂亦仰慕王景琦之名,于是向其索字。问题是,王景琦、周石君均是赞成共和的人物,偏偏王少堂在辛亥革命时期的思想和经历至今无人问津。《王少堂传》关于传主在辛亥这场翻天覆地大革命中的景况,只是一笔带过:"宣统皇帝的政权是短暂的,三年一晃,江山易主,王少堂在哀伤、忧愁、痛苦、惊恐中跨进了民国时代。"为什么辛亥革命会使王少堂感到哀伤、忧愁、痛苦、惊恐?这把扇子却见证了王少堂与王景琦、周石君、李昌灿等新旧人物之间的联系,隐约说明了王少堂的政治倾向。

　　正如一个朋友所说的那样,一把扇子涉及到四个名人,也带来了谜一样的传奇。这把扇子,在它的一挥之间,牵连着一位大师的人生,也裹夹着一个时代的风云。

百年王板哉

一百年前,王板哉先生出生于山东的一个无名乡村。一百年后,他的名字在齐鲁故土和江南大地已经无人不晓。

王板哉先生以自己的如椽健笔,为自己描绘出了艺术的一生。他的人品和画品,至今令人景仰。

在古老的扬州东关街上,有一座古宅逸圃,东邻个园。扬州的旧宅,园林多半建于住宅之后,唯有逸圃的园子是在住宅之东。逸圃的大门呈八角形,门额嵌有"逸圃"二字刻石。进入大门,即抵园林,有火巷一条,直通后院。巷西为住宅五进,巷东原有湖石假山贴壁而筑,委婉屈曲,壁岩森严。假山旁边,先前筑有牡丹台,花开时节,灿烂若锦。假山北头,原来倚墙作五边形半亭,亭下有花厅三间,装饰精美,游廊天花,皆施浅雕。著名画家王板哉先生,就曾设砚于此。

逸圃曾经是扬州国画院所在地,现为省级文物保护单位。在很长一段时间里,逸圃中常见一位身材高大的老画家出入于此,他就是王板哉。

王板哉(1906—1994),原名兆均,号语讷,又号半呆、半憨,生于山东日照涛雒镇北王家村。他从小寄养于外祖父郑松岩处,直至十二岁。郑松岩为当地名士,精于诗文书画,这对少年王板哉的成长无疑起了潜移默化的作用。

1933年,王板哉考入国立北平艺术专科学校,因其聪颖好学,深得齐白石喜爱,同时师事黄宾虹、闻一多诸先生。白石老人曾为王板哉制印"半憨",后因谐音"半呆",改名"板哉"。

1937年,王板哉从北平艺专毕业,在北平举办个人画展,展出八十多幅画作。其中六十幅有齐白石题跋,一时轰动故都。

从北平艺专毕业之后,王板哉为谋生计,曾经闯关东,去河南,也曾在郭沫若先生领导的三厅从事宣传工作,但终不得志。上世纪四十年代,他来到六朝旧都南京,在阴阳营一带以种菜为生,好似《儒林外史》中的卖菜翁。

1949年的一天,王板哉卖菜归来,恰遇表弟郑平。此时的郑平,已是中共苏北行署第一任组织部长。郑平与王板哉从小在一起长大,王板哉到北平上艺专时,郑平也在北平上大学,并且是学生运动领袖。郑平被追捕时,常躲在表兄王板哉处。郑平被捕后,关押在南京老虎桥,王板哉常去送衣送饭。此次的不期而遇,改变了王板哉的生活道路。在郑平的建议下,王板哉进入华东革命大学学习。

1950年,王板哉结束在革命大学的学习,来到扬州工作,历任《苏北文艺》编辑、苏北党校教员、省立扬州中学教师。1960年,扬州国画院成立。1962年,王板哉调入画院,从此走上了专业创作的道路,成为国家一级美术师。

王板哉先生擅长中国书画,作品多次在海内外展出或发表,被各博物馆、纪念馆收藏或勒石,出版过《王哉板画辑》。他是中国书法家协会会员、中国美术家协会会员,曾任江苏省花鸟研究会顾问、北京齐白石艺术开发中心副主席兼函授学院名誉教授、扬州市清代扬州画派研究会顾问、扬州市业余画院艺术顾问、日照市书画院名誉院长。其生平简历,被收录在《中国艺术家辞典》、《中国现代美术家名鉴》、《中国当代美术家名人大辞典》、《当代书法篆刻家辞典》、《中国当代画家大辞典》等书中。

1994年7月26日,王板哉先生病逝于扬州。

王板哉身材颀长,语言诙谐。我到现在还记得,有一年春节,我和父亲韦人先生一起到史公祠给国画院的几位老画家拜年。父亲当时是扬州文化界负责人之一。刚走进史公祠大门,我就看见一个身材高大的老者,身穿黑色的呢制大衣,早已伫立在门厅等候。他一见我们进来,便笑呵呵地迎上来,热情地和我们握手问候。父亲对我说:"这是王板哉先生。"我听见这个熟悉的名字,急忙上趋一步,握着他那双大手,说:"王老你好!"父亲当然也向王板哉介绍了我,说:"这是小儿明铧。"王板哉先生仔细端详了我一会儿,用一口山东腔说:"哈哈,真是翩翩佳公子啊!"当时"文革"尚未结束,他终于没有敢说我是"浊世佳公子"。

文化大革命后期,扬州的文化馆、图书馆、国画院、博物馆四家单位合并为"毛泽东思想宣传馆",父亲担任馆长。王板哉作为原国画院的画师,就在我父亲手下工作。父亲把他们安排在史公祠后面的四方厅里写字作画,这里四壁都是玻璃窗,明亮、宁静、安详,在那战斗的火红的岁月里也算是一处难得的"避风港"。王板哉等老画家在这里安心书画创作,倒也优哉游哉。他的许多传世作品,就是那时创作的。

也许为了感谢父亲对他的照应,他每次见我父亲,总是说要送画给我父亲。我父亲知道王板哉岁数大,也从不催促他。不久,王板哉先生遽尔去世,他终于没有实现他对父亲的许诺。

那时候文人之间互赠书画,完全是"秀才人情纸半张",不含任何经济目的或政治要求。到王板哉先生的晚年,扬州的书画市场才开始起步,他的画也可以进入市场了。听说其间也出现了一些不尽如人意的尴尬事。比如有一次,有人向王板哉订了六张花鸟画,画完后大家都觉得很好,可是买主嫌其"太清淡了",要退货。王板哉无奈,只好在画上这儿添上什么花,那儿添上什么虫。这样,买画的人笑了,画家的画也完了。因为画家的气韵、个性、风格,是体现在画家长期积淀的习惯性的空间分布之中的,多一笔、少一笔都不行。买画人所嫌弃的"清淡",其实正是中国的绘画精神之所在。

有一件事情,使我至今仍然感念王板哉先生。上世纪八十年代初,我和父亲写成《扬州曲艺史话》一书,交由中国曲艺出版社出版。出版前,需要请名家题写书名。当时许多人建议请李亚如先生题写,我父亲考虑到请李亚如写字的人太多,便想请王板哉先生题写。那天父亲到王家去,把想法同王板哉一说,他欣然应允。过了几天,他就把写好的书名送来,其字苍劲有力,一气呵成。《扬州曲艺史话》出版后,封面上便用的王板哉的字。后来,父亲把稿费一百元亲自送到王板哉先生的门上。

我手边藏有王板哉先生书写的一幅行草,上面抄录的是鲁迅先生的一段话:"古之师道,实在也太尊,我对此颇有反感。我以为师如荒谬,不妨叛之,但师如非罪而遭冤,却不可乘机下石,以图快敌人之意而自救。"这一段话见《鲁迅书信集·致曹聚仁》,接下来还有这样的话:"太炎先生曾教我小学,后来因为我主张白话,不敢再去见他了,后来他主张投壶,心窃非之,但当国民党要没收他的几间破屋,我实不能向当局作媚笑。"王板哉书写鲁迅先生的这段话时,正当文革时期,那时候出卖师友、出卖人格、出卖灵魂者大有人在,他书写此话显然别有寓意。

王板哉先生的书画风格,与扬州人文环境有极大关系。他的字主要得力于李北海和李复堂,而二李都是扬州人。李北海即李邕,是唐初开风气之先的大书法家,其书法有"奇崛生拗"、"银钩铁画"之称;李复堂即清代八怪中的李鱓,其用笔有"落笔如云起"、

"满纸淡水光"之誉。据行家说，王板哉在扬州四十年的艺术生涯大致可分为两个阶段，以二十世纪七十年代为分水岭。之前是艺术恢复期，之后是风格定型期，越老而越好。

王板哉在扬中任教期间，并未忘记艺术。他讲元人小令《秋思》时，先在黑板上勾勒出缠满枯藤的树干，又三笔两画地描出小桥及村落，接着迅疾地画一匹弱不经风的羸马，最后点缀出夕阳、群鸦，还有骑在马上的游子。画毕，才板书小令《秋思》。这幅集书、画、诗于一体的作品，总共用了不到五分钟。接着，他一边修饰，一边讲解："这二十八个字的元曲小令，字字是景，句句是情。同学们请看，暮霭沉沉，缠满枯藤的老树无声耸立……"顺着他的手指，学生边欣赏，边吟诵："枯藤老树昏鸦，小桥流水人家，古道西风瘦马，夕阳西下，断肠人在天涯。"这种教学方式，使得学生如临其境。

王板哉后期的作品，构图简约，水墨淋漓，出笔干练富有弹性，敷色恬淡底蕴深厚。他笔下的花草树木、草虫飞蝶，仿佛不是画出来的，往往让人产生错觉，好像走进了原野花丛。他晚期的作品，往往给人不经意而为之感。据说他作画时往往边画边自言自语，然而，细细品味，笔笔精到，一派大家气象，达到"无意于佳乃佳"、"无意于工乃工"的境界。无怪乎有人说，齐派传人甚多，能称得上大家者惟有二人，一是李苦禅，一是王板哉而已。李苦禅的画得白石老人的外张力，能于乱中取胜；而王板哉的画得力于白石老人的内敛力，能在简中见长。

为了欣赏到更多的王板哉作品，我特地来到大虹桥路的汇宝阁。

汇宝阁是一家民营艺术品商店，以收藏近代名人字画著称。我一走上二楼，便在明亮的陈列橱中看到王板哉的作品。一是《凌霄八哥图》，图中绘凌霄数枝，花色艳丽，上立八哥一只，羽毛沉着，整幅画生机勃勃，要而不繁。落款是："壬申春山左王板哉八十六作于扬州。"一是《芭蕉小鸡图》，图中以泼墨绘芭蕉数叶，荫下有雏鸡三只于绿茵上觅食。整个画面疏朗有致，芭蕉之苍老，雏鸡之稚拙，相映成趣。落款是："一九七三年国庆前一日王板哉。"一是《野池鱼趣图》，图上半部绘墨鱼两尾，酷似八怪李复堂风格，左下部绘残荷三五枝，墨色淋漓。引人注目的是题款并非王板哉本人，而是画家萧平："王板哉先生妙品。辛巳立秋，萧平识。"显然是画家绘完后没有落款，后来得画者请萧鉴定补题的。

在汇宝阁的仓库里，我又见到一副王板哉先生作品，内容甚为特别。上面画的是鱼、笋、蚬、蚌，还有几把女儿红萝卜，泥土气息扑面而来。画上题款云："盘飧有鱼味，只缘春意浓。一九六五年王板哉。"此时十年浩劫未到，在短暂的"春意"之后，便是漫长的"严冬"了。

王板哉的书法在各地都见踪影。高邮王氏纪念馆有王板哉题联云："父子鸿儒，中外宗仰；高邮琅玡，异代齐光。"杭州西湖有道潜撰句、王板哉题联云："萦云细路杳无尽；落石飞来静有声。"扬州港的前身是"卞港"，当年给人印象最深的不是港口的建筑，而是王板哉先生题写的"扬州港"三个大字。后来港口有了新题字，才把王板哉题字撤掉。

王板哉先生仙逝后，李圣和先生有挽王板哉联云："艺坛宗匠，白石传人，千古流传公不朽；画苑知交，平生故旧，连年凋谢我何堪。"可算是对王板哉先生艺术的定评。

王板哉《荷花莲蓬图》

奇芳居论道
——我与李信堂的一段交往

正如俗话说的那样:"光阴似箭,日月如梭。"不知不觉之间,扬州评话表演艺术家、国家级非物质文化遗产传承人李信堂先生已经从艺一个甲子。扬州评话有数百年历史,历代名家不胜枚举。但是我相信,李信堂会以他充满谐谑的说表和高度夸张的神韵,在扬州说书史上留下他的名字。

我和信堂先生认识近三十年。他给我最深的印象有两点,一是对说新书特别用力,二是在表演上追求谐趣。二十多年前,我和他有过一段密切的合作。那一段时间,我们几乎隔三差五甚至每天通宵达旦地研究话本。而在上海奇芳居切磋话本的那些日子,尤为难忘,我称之为"奇芳居论道"。

奇芳居位于上海虹口区天水路 157 号,创设于民国五年(1916)。原是茶楼,兼营书场。虹口本来有多家书场营业,南部的乍浦、吴淞以苏州评弹和绍剧清唱为主,适应苏南籍居民的需要;中部的新港、虹镇以扬州评话和苏北鼓书为主,适应苏北籍居民的需要；北部的江湾则以沪剧演唱和浦东说书为主,适应本地籍居民的需要。这些书场至1966年全部停止活动。"文化大革命"结束后,唯有奇芳居得到恢复,因此奇芳居实为扬州评话在上海的最重要的据点之一。

1982年初夏,因为年底要在镇江举行第二届广陵书荟的缘故,我和李信堂先生打算合作一篇新书,题材是长江游击队的故事。为此,我和信堂先生有了极为频繁的接触,从当年的日记可见一斑：

> 6月24日,晴。早去江都,与李信堂讨论《长江游击队》话本事。讨论结果：写一篇半小时长的话本(约五千字,因二万字是二小时),题材为游击队闹寿堂。相约一周至十日后再去江都碰头。
>
> 6月25日,晴。整日读评话资料,如《水浒》、《江心洲》。
>
> 7月23日,阴雨。开始起草评话《智取军火》。
>
> 7月24日,阴雨。下午在西门写评话稿。
>
> 7月26日,晴。午后去曲艺团会李信堂,约周四上午见面。
>
> 7月29日,晴。上午去曲艺团,与李信堂讨论《智取军火》。
>
> 7月30日,晴转阴。下午与李信堂谈《智取军火》故事。
>
> 8月1日,晴。上午去广陵路292号,与李信堂及父亲谈评话事。
>
> 8月3日,晴。上下午均去曲艺团,与李信堂谈评话《智取军火》。

8月4日,晴,极热。下午到曲艺团,为李信堂记录评话初稿毕。

8月5日,晴转暴雨转昙。修改《智取军火》评话稿。

8月6日,晴。上午在曲艺团,与李信堂通过评话稿。

8月7日,晴雨。下午去曲艺团李信堂处。

8月9日,晴。下午誊写并润饰《智取军火》。

8月10日,晴雨。上午誊写《智取军火》,下午找李信堂不值。

8月13日,晴雨。晚誊写《智取军火》。

8月14日,晴。上午誊毕《智取军火》。李信堂来饭店,将《智取军火》稿一份付之。

9月27日,雨转阴。上午父亲来告,李信堂明日午后约见。

9月29日,雨。下午在292号会李信堂,谈《智取军火》修改意见。

10月20日,晴。修改《智取军火》。

10月21日,晴。治李信堂信,寄上海奇芳居书场。

10月26日,晴。收上海李信堂信。购明早去镇江车票。

说老实话,我从未因一篇五千字的文章翻来覆去地讨论、修改,再讨论、再修改。这次由于是与李信堂先生初次合作,因而不得不告诫自己,必须要有如此耐性。对于信堂先生的执着,我开始时不很习惯。总觉得一篇故事,说得明白就成,何必反复折腾!但在不解之余,我也感觉到,话本每修改一次,生动性就增加一分,和听众的距离也更靠近一步。终于,因为李信堂去上海说书,我不能不从扬州赶到上海去,和他继续讨论评话本子的修改。

10月27日大早,我乘汽渡从扬州至镇江,再转155次火车赴沪。车到六圩时,天已下雨。抵沪时为下午一时半,雨大得没法走,只得花五块钱买一把伞,冒雨而行。好不容易找到奇芳居,才知道这家有着姣好名字的茶馆兼书场,是多么逼仄、蹩脚、寒碜。我在当天的日记里写道:"问武进路,乘14路车,辗转至天水路。至奇芳居书场,腌臜不可耐也。顷,李信堂夫妇由外归。晚,即宿书场下之一小房间中。"这个所谓的小房间,其实是堆放杂物的亭子间,四壁挂着各种郎当杂物,老鼠在床下来回跑马。我打量着这里的环境,直到下半夜才迷迷糊糊入睡。

正睡得香甜,忽听外面有鼎沸的人声,大惊。慌忙翻身,从门缝向外张看,原来乃是来饮茶之老茶客也。开灯看表,才凌晨四时,心中暗思此地风俗与扬州风俗之异。再细看茶客,面前仅茶壶一把而已,别无点心,颇觉诧异。

这天上午,我与李信堂、刘习堂夫妇同去老西门附近的西园书场,看扬州评话、扬州弹词的演出。中午回奇芳居吃饭时,便切入正题,谈起修改话本的事。午后,因为信堂先生要登台说书,我单独出去拜访上海戏剧学院陈汝衡教授。是晚,改住嘉兴旅社,乃地下室改造。原以为这里环境好些,不料夜来旅客络绎,吵闹不已,难以安睡。我无法想象,奇芳居的环境是这样糟糕,上海的环境是这样糟糕,而李信堂在这种地方说书,却安之若素。我甚至隐隐觉得,李信堂是把奇芳居当成他说书的天堂的。他多次向我流露,为扬州评话能在奇芳居立足感到幸运,同时又为无人接他的档感到焦虑。像奇芳居这样远离扬州的书场,确实只有一档接一档说下去,才能保持扬州评话的持续影响——而现在,扬州评话在上海的阵地终于失去了,我才体会到李信堂当年的忧虑是有道理的。

在上海的日子,我每天的工作,就是到奇芳居与李信堂研究话本。话本的标题，已经定为《闹寿堂》。我们每天的安排大抵是：上午共同讨论稿子；下午他在书场说书，我在房间改稿；晚上再一起讨论稿子，直到夜半。抄几则在上海的日记：

  10月29日，雨晴。上午，与张仲、张其礼、李信堂研究《闹寿堂》。晚，复与李信堂研究《闹寿堂》，至凌晨二时半。

  10月30日，晴。上午，李信堂根据昨晚研究，试说新稿，效果不错。晚，与李信堂研究《闹寿堂》，又至凌晨二时半。

  10月31日，晴转雨，复停。继续改稿。

  11月1日，晴。上午，与李信堂去曲协上海分会。夜，与李信堂修改后半部稿，至凌晨一时。

  11月2日，晴。一日誊稿。下午，与李信堂在嘉兴电影院看电影《小金鱼》。夜，复改《闹寿堂》稿，至夜一时。

  11月3日，晴。重誊修改稿一日。夜，又讨论、修改，至凌晨一时。

对于话本的修改，我和李信堂先生各抒己见，时有异同。讨论的具体内容，现在已不完全记得。但有两个细节，时过二十多年依然清晰。一是李信堂提出，话本中提到一种寿桃，可用"寿桃像花瓶大"来比喻。我不同意，认为寿桃是圆的，花瓶是长的，恐其不伦，因而提出用"寿桃像西瓜大"来比喻。李信堂坚持说，书面效果与书场效果不一样，"像西瓜大"固然不错，但是"像花瓶大"更能起到出其不意的书场效果。这既是他的艺术实践经验，我也就同意了。二是我提出，评话的开头要作改革，不落俗套。一般评话的开头,总要先交代一下时代、人物、背景。《闹寿堂》的开头,演员不妨一登台就扮演角色:"哈哈哈哈!欢迎诸位光临,今天是某人生日……"这样会给人以全新的感觉。当时正提倡出新,内容要出新,形式也要出新,信堂先生也觉得这样开头很新鲜,欣然接受了我的意见。由于彼此推心置腹,精诚合作,使得《闹寿堂》这篇话本越来越丰满,也越来越有趣。

我在上海的日程,安排得异常紧张,只在回扬州前一天才抽空看了看动物园和大世界。回到扬州后,又立即对话本作进一步修改,日记中的记载是:

> 11月10日。晴。修改《闹寿堂》。
>
> 11月13日,晴。早,携女儿艾佳去丁家湾曲艺团会李信堂。撰《闹寿堂》简介二百余字。下午,去曲艺团参加广陵书荟动员会。三时许,与李信堂去新华中学,李试说《闹寿堂》,效果尚好。
>
> 11月14日,阴雨。下午三时,去曲艺团会李信堂,谈修改意见。
>
> 11月15日,晴。在曲艺团观看曲艺节目。
>
> 11月16日,阴。在曲艺团观看曲艺节目。
>
> 11月17日,晴。一日在曲艺团,与李信堂琢磨《闹寿堂》。
>
> 18日,晴转雨。凌晨一时至四时半参加联防巡逻,故上午休息。午前,李信堂忽来,索《李信堂介绍》,广陵书荟用,急书付之。下午去曲艺团,继续琢磨《闹寿堂》。
>
> 11月19日,晴。上午在曲艺团。
>
> 11月20日,晴。午后二时半,乘车抵镇江,住河滨饭店,此第二届广陵书荟也。

11月22日，昙转雨。李信堂晚演《闹寿堂》，大受欢迎。

11月28日，雨。上午在京口饭店举行广陵书荟闭幕式。

随着广陵书荟的闭幕和《闹寿堂》的公演，我和李信堂先生的合作告一段落。直到今年，我们又合作了一次，在扬州图书馆的文化讲坛上搭档介绍扬州评话，彼此都极为默契。应该说，他的虚心和执着，同时给我留下了鲜明的印象。本来，虚心和执着是两种相反的品格，但这两种品格在信堂先生身上达成了高度的一致。他对于话本细节的永无止境的修改，对于谐谑效果的不遗余力的追求，让我记住了：任何人要在艺术上取得一点成功，都离不开虚心，也离不开执着。

据说上海奇芳居早已歇业。但在这家简陋的书场里，保存着我和李信堂先生切磋评话技艺的一段奇异而芬芳的记忆。

造山者说

我虽写过《说台》、《说厅》两本书，但对园林中的叠石造山之技，基本上一无所知。然而《扬州画舫录》中有一句名言："扬州以名园胜，名园以垒石胜。"扬州既然曾以叠石造山骄于世人，我因此也一直关心这门学问。

几年前，在天宁寺旧书摊偶然看见一本小册子，书名《叠石造山》，中国建筑工业出版社1994年出版。书很薄，翻开来一看，竟还是作者的签名本，是作者送给一个友人的。签名时间是2003年春，可见此书送出不久就沦落到书贩手中。我庆幸与此书有缘，当即买下，插于书架。时隔三年之后，偶然到许少飞先生家小坐，却见一位身高肤黑的汉子，也在许家书房里高谈阔论。经许先生介绍，才知道这位客人就是《叠石造山》一书的作者方惠。于是那天下午，我们便大谈假山，是凡假山的历史、假山的流派、假山的名工、假山的著述，乃至假山理论的缺失、假山常见的流弊等等，无不各抒己见，痛快淋漓。其间，方惠先生对于叠石造山的种种经历与心得，特别是对于现今学院派专家的激烈抨击和对于市井间石工的严厉批评，尤其口无遮拦，振聋发聩。

当我提起曾在书摊淘得《叠石造山》一书时，方惠觉得有些奇怪，他已经记不清那本书赠给的究竟是何许人也。我便与方惠约定,隔日仍在许家会面,届时我把《叠石造山》带来,请他再次签名,也算书林佳话。数日之后,我捎来此书,方惠看到他当年亲笔所签的名字时,还真的想不起来那位受赠者究竟是何人。我笑他当年明珠暗投,如今书到我手里才是宝剑遇烈士,红粉赠佳人,于是请他在书上写几个字以为留念。他正在踌躇之间,诗人童嘉通先生翩然来访,说:"就写'终遇知音'四个字吧!"方惠于是提笔,在扉页上写下"终遇知音"四个字。

翌日清晨,电话铃骤响,一接乃是方惠,说马上就到府上来访。他说,他想了一夜,觉得昨日所题四字不足以表达他的心意。我只得取出书来,恭候他的莅临。顷刻工夫,方惠敲门,甫坐定,等不及我倒茶,他便翻到扉页背面,挥笔写道:"可怜,你终遇知音,吾难觅明主。叹世事多戾,人不如书,苦苦苦。"这几句话,据方惠说,是他一夜未眠想出来的,其中的人生况味自然只有他才知道。单就这几句话的文采而言,看不出他是一个只有小学学历的人。我忽然想到明人有一首《禽言》诗:"布布谷,哺哺雏。雨,苦苦。去去乎?吾苦,苦。吾苦,苦。"这是咏斑鸠的一首拟声诗。"吾苦,苦。吾苦,苦。"读起来很像暮春时常听到的那种鹧鸪啼。我把这首诗从书架上找出来给方惠看,问他是否读过,有所借鉴,他说从来没有看过。可是,两者对于"苦"字的用法,却很相近。于是我忽有所悟,古今人心有时候是相通的,即便是遣词用字,也会相似如此。方惠的治学之苦,实出乎我的意料之外。他以小学之学历,当过农民,做过工人,既未深造,又无师承,却在叠石造山方面精研而冥思,创一家之言,立一家之说,钩玄挈要,著书立说,以"方氏叠石法"名闻当今高等学府,真乃当今扬州奇人也!

关于叠石造山,我二十年前在三联书店出版的《扬州文化谈片》里说过,造假山也是扬州文化的重要内容之一。"视小丘为峰峦,固容易滋长虚张声势的心理,而于平地叠山石,却可以砥砺精明务实的风尚——这也许能够解释曹聚仁先生在《广陵对》中提出的那个有趣的命题:为什么扬州人习于都市的浮夸,而扬学又以笃实宏通著称。"这是我当时对于扬州叠石的看法。在那本书里,我引用陈从周先生的意见,认为中国的叠石分为苏帮、宁帮、扬帮、金华帮、上海帮等流派。今天读方惠的书,才知道他是把叠石分为北派、苏派、扬派三派的。乍看起来,方惠比陈从周的分法简略了一些,但因为他增加了"北派",也即以北京皇家园林为代表的那种流派,整个分类也就显得更为宏观、全面和合理,而不是仅仅局促于江南一隅。

方惠认为,只有社会稳定、经济发达而又文化昌盛的地方,才能够产生造园艺术。对此,我将之简称为"盛世造园"。在我最近刚刚完成的一部书稿中,恰好谈到中国造园之成为一种社会时尚,是在明清江南。江南气候温和,山川秀丽,很早就成为园林发祥地之一。最早见于文献记载的江南私家园林,是东晋吴郡的顾辟疆园,稍后有会稽的谢灵运别业、王羲之兰亭,建康的茹法亮园,广陵的徐湛之风亭月观等。这些园林的出现,是当时士大夫崇尚清高、景慕自然的结果。到明清两代,江南建园之风势不可挡。凡是官僚富豪、文人士夫,无不葺旧园、筑新构,扬州、苏州、南京、杭州等江南城市,大小园林如雨后春笋,遍地开花。如果说,明中叶之前许多文人还认为建园是一项耗财丧志的奇技淫巧而已,入清后他们已不再持这一观点。李渔《闲情偶寄》就说,造园是一项独特的艺术,绝非一般工匠所能为:"变城市为山林,招飞来峰使居平地,自是神仙妙术,假手于人以示奇者也,不得以小技目之。"方惠对"不得以小技目之"一语倍加赞叹,我深会其意。明清江南造园家甚多,然而园林美学理论,远落后于艺术实践。到《园冶》、《长物志》、《闲情偶寄》等书出现,才使江南造园艺术得到详尽的论述与总结。

但是,什么才是中国园林的精魄所在?当代学者多认为是建筑,故凡谈园林之书,基本上都是谈建筑。方惠不同意这种观点。

他嘲笑那些留过洋的学者和学院派的专家,认为他们是用西洋造园学的理论来硬套中国造园的实际,因而把中国园林等同于厅堂建筑,从而忽视了中国园林的灵魂——山水。他赞赏明人邹迪光的看法。邹迪光曾在无锡惠山旁筑"愚公谷",俗称邹园。时人评邹园"亭榭最佳,树次之,山次之,水又次之",邹迪光却认为持这种看法的人是"不善窥园者"。他在《愚公谷乘》中写道:"园林之胜,惟是山与水二物。亡论二者俱无,即便有山无水或有水无山,俱不足胜。"方惠强调说,造园艺术的关键,不在亭台楼阁,不在花草树木,不在楹联匾额,而在于山水。水无所谓真假,惟山有真假之分。他说,砌房造屋可以无限复制,叠石造山却永远不可能重复。堆假山不可能事先绘出具体图纸再来施工,谁把假山图纸画得越具体谁就越外行。因为每块石头的形状都是独一无二的,堆起来的假山也必然是独一无二的。叠石家胸中惟一的"图纸",是他心中的诗情画意。方惠特别反对在假山顶上垒一块小石头,认为这不但是卖弄技巧的匠气,而且直是心胸狭窄的表现。

方惠的一些观点是鲜明甚至尖锐的。他提出,中国的叠石造山,经历了从远观山到近观山的过程。皇家园林囿于对称、等级等理念,因而限制了叠石艺术的自由发展,只有在远离京城的江南,叠石艺术才有可能得到长足进步。他认为在中国,惟有扬州的叠石技艺源远流长,并一脉相传至今。《扬州画舫录》中记载的王天于,就是王氏叠石的代表人物。如今扬州王氏叠石影响犹在,方惠本人就继承了扬州王氏叠石的衣钵,并且兀然超越前人。

即使完全不懂叠石的人也不难发现,江南园林几乎没有一座园子没有假山。《红楼梦》写贾政带众清客游大观园,他命人开门,只见迎门一带翠嶂挡在前面。众清客道:"好山!好山!"贾政道:"非此一山,一进来园中所有之景悉入目中,则有何趣?"众人道:"极是!非胸中大有丘壑,焉想及此。"我们无论怎样不懂得假山,也不能不同意假山对于园林的重要。但是,方惠现在遇到的难题是,如今堆叠假山工程是以使用石料的多少来计算报酬的。身为叠石家的方惠一天至多只能用一两吨石料,因为他要在每一块石头前左顾右盼,将它安放在最恰当的位置上,而普通石工一天可以堆码一百多吨石料,"艺术"在"吨位"面前处境尴尬,却又无可奈何。更令人难堪的是,如今假山的主顾往往是些发迹者或权势者,他们没有起码的艺术修养,却有权决定把假山工程给谁做和对叠石者说三道四,甚至要求假山的高度一定要五点一八米(谐音"我要发")之类。在这种荒唐可笑的环境中,叠石家要么屈从于经济利益而放弃艺术主见,要么坚守艺术品位而闭门谢客。方惠告诉我,他宁可在学校教几个小小蒙童,也毅然拒绝那些非艺术的所谓艺术工程。遗憾的是,在金钱至上的时风之下,平庸的石工们每天都在各处堆砌粗制滥造的假山,真正有见地的叠石家反倒身怀绝技而无用武之地。这岂但是艺术家的悲哀,也是全社会的困惑。叠石技艺也属于非物质文化遗产,理应受到社会的重视与保护。但什么是叠石艺术,什么是叠石精品,如何欣赏假山之美,怎样辨别假山之劣,社会尚需要必要的启蒙。

　　方惠说他读书不多。我因而向他推荐了谢国桢先生撰写的《张南垣父子事辑》一文,和陈从周、蒋启霆先生选编的《园综》一书,其中有大量罕见的叠石资料。方惠也许真的读书不多,但是他读的是另一种无字书。他是江苏扬州人,1952年生,1969年务农,同年进厂,当过操作工、电工、锻工、冷作工、吊装工等。1978年从事叠石造山,1980年调扬州古建公司为假山工,初攻扬派之法,继取南北之长,曾参与扬州个园、史公祠、普哈丁墓,无锡荣毅仁故居、蠡园、友谊饭店,盐城人民公园、淮阴人民公园、泰县人民政府招待所、江都雄都饭店等假山工程的修复和新建。1990年后,挟技独闯江湖,尊古而不泥古,神似高于形似,其作品小至片石,大至峰峦,无不精心结构。举凡宾馆、饭店、学校、医院、机关、厂矿、街道、住宅、公园及私家园林,莫不有其踪迹。从1992年起,方惠除受邀到大学园艺系讲授叠石造山课程之外,又总结叠石造山实践,撰成《叠石造山》(中国建筑工业出版社1994年8月)、《叠石造山法》(与郑奇合作,江苏美术出版社1999年2月)、《叠石造山的理论与技法》(中国建筑工业出版社2005年11月)等书。

方惠的书现在已经成了大学教材和行业标准,但他没有任何职称。他是个自由职业者,一天不劳动便一天不得食。他常说他寂寞,因为他没有对话者。他自称是中国叠石造山界的第一人,原因是这个领域没有第二个人。这里有着许多发人深省的东西。我佩服他的是,他敢独自在平地上造出山来,而绝大多数人一辈子只能看山。现在他的新作《叠石造山的理论与技法(增订本)》即将出版问世,我借此机会写下对他的印象,以示祝贺。

方惠《叠石造山的理论与技法》书影

读城记

东关潮汐

许多古城都有东关。

城门是出入的通道,也是防守的关隘,所以东门常被称为东关。

但扬州的东关至少有三层含义。它可能是一个点,例如东关城门、东关渡口;它可能是一条线,例如东关大街,这是千百年来由东进入扬州城的主要干道;它又可能是一大片,即东关街道辖区,实际上包括了以东关街为核心的扬州古城的东北部。具体地说,凡在明清两淮都转盐运司衙门以东,京杭古运河东关渡口以西,盐阜东路以南,文昌中路以北,这一片扬州老城区均可谓之"东关"。

在扬州东关,有唐宋城址,有明清会馆,有古渡牌坊,有百年商号,有石板长街,有青砖小巷,有官衙门楼,有盐商园林,有文人逸事,有美女踪迹,有祖传秘方,有市井良俗。可以说,东关浓缩了扬州的千年历史与万种风情。

想当年,伫立在东关城头,东面是汤汤河水,西面是辚辚车马。运河的潮汐,就通过东关这个枢纽,掌控着古城的兴衰和荣辱。

说东关是扬州建城史的缩影,首先因为运河从东关街头蜿蜒流过。运河是邗沟的历史延伸,而邗沟与扬州城同龄。在东关码头北边不远处,就是春秋时代吴王夫差开凿的古邗沟。当今天的游人,漫步到东关码头,一定会听见河水拍岸的轻轻涛声,那是邗沟对我们的诉说。

东关的每一个看似寻常的地名,都能引起我们对历史的遥远记忆。譬如斗鸡场,位于东关街和东圈门之间。现在的斗鸡场仅仅是一个地名而已,既无鸡鸣,也无赌客,但它的渊源可以追溯到扬州建城者夫差。夫差曾在扬州城西北建造了最早的斗鸡台,又称吴王台。城外的斗鸡台早已湮灭,但东关的斗鸡场却承其遗风,在明清两代喧闹一时。清初王锦云《扬州忆》云:"法雨慈云驯象院,落花飞絮斗鸡场。"康乾间董耻夫《扬州竹枝词》云:"诸葛花园疏理道,弥陀寺巷斗鸡场。"表明了斗鸡风气在旧时扬州的盛行,和斗鸡场在当年古城的煊赫。而今,斗鸡场的鸡鸣与市声,力胜与智取,下注与静观,狂欢与沮丧,只有凭我们去想象了。

东关街的南侧有一座道观,现在名叫琼花观,当年称作后土祠,是大汉馈赠给东关的礼物。在汉人心目中,管理上天的是玉皇,主宰大地的是地母,而地母的俗名叫做后土娘娘。扬州人似乎相信,后土娘娘不但是大地之神,也是丰收之神、生育之神、平安之神。所以,在相当长的时期里,扬州地方官每年都要来后土祠祭祀后土之神。随着世事的变迁,后土祠变成了琼花观,但我们不要数典忘祖,在琼花仙子的绰约身姿后面,还有一位慈悲为怀的后土老母。

东门遗址是唐代扬州罗城的见证,有一种说法是罗城可能在隋炀帝时就有了轮廓。考古发现罗城东西均有三个门洞,属于帝都规格,可以佐证为隋代建制。如今站在东关码头,北望茱萸湾,南眺扬子津,那里还有隋宫的遗址。

在东关区域之内,有一处被遗忘了的隋文化遗迹,那就是二郎庙。庙在东关街北,但现已不存,只剩下一条二郎庙巷。当年的二郎庙也曾香火旺盛,可是它祭祀的神,并非一般人想象的是与孙悟空打仗的那位二郎神杨戬。《江都县志》云："二郎庙,在东关马草街,祀隋嘉州守赵昱。"隋代嘉州太守赵昱斩蛟定患,后又显灵平定水灾,人民感其德,奉为二郎神,亦称为灌口二郎。扬州人在东关街立庙祭祀他,是因为东关近水,请他多加保佑的缘故。说来也好笑,扬州二郎庙的出名倒不是因为庙大,而是因为扬州小儿学话,常将地名从一数到十,如一人巷、二郎庙、三祝庵、四望亭、五亭桥等,二郎庙因此家喻户晓,妇孺皆知。将近两百年前,学者阮元曾在二郎庙荒芜的菜园里,发现一块宋代残石,并将其小心翼翼地移至准提庵。一年后,阮元作《二郎庙蔬圃获石记》,这也是关于二郎庙的一个重要的掌故。

不过,东关成为真正的津渡和关卡,是在唐敬宗年间。当时城内官河淤塞,阻滞漕运,盐铁转运使王播开七里港河,绕扬州城东南而过,东关遂成为出入城门的通道。考古证实,东门城墙始建于唐代中期,五代时在城墙外侧加砌包砖,两宋时期一直沿用并多次修补。通过多次考古发掘,确定唐代扬州罗城的东界,就在东关街头。

唐代扬州的繁华,除了东西两京,号称天下第一。自唐代以来,东关街一直是贯通扬州城的东西主干道,而东门的位置在东关街头,始终未变。可以想象,千百年前,唐代的达官贵人、富商大贾、文士墨客、胡商夷使,都是从东关熙熙攘攘地涌入扬州城。有一个来华求法的日本僧人圆仁,在他的《入唐求法巡礼行记》里写道:"承和六年二月廿日……未时,出东郭水门。不久之间……诸船到禅智寺东边停住,便入寺巡礼。"圆仁在扬州大概住过半年,他所说的"东郭水门"应该就是扬州的东关城门。东关街在唐代已是中外交流的孔道,由此可见。

宋代文化在东关留下的痕迹,首数双忠祠。双忠祠是纪念南宋抗元名将李庭芝、姜才的。南宋末年,李庭芝任两淮制置使,姜才为都统。他们在元军围城、宋廷劝降之际，誓死抵抗，壮烈牺牲，《宋史》感叹他们"死之日，扬之民皆泣下"。此后，扬州人建双忠祠，以慰忠魂，实为宋文化在东关的鲁殿灵光。此外，东关还有一条芍药巷，也约略有些宋文化的气息。王观《扬州芍药谱》云，宋代扬州人以种植芍药相尚，以至广陵芍药与洛阳牡丹齐名，并产生出"四相簪花"的著名典故。芍药巷的名字，使人追想起宋人栽培和簪戴金带围的美好故事。

到了元代，扬州城池一片荒芜。元人以马上得天下，自然不会去修城，但东关码头总不至于荒废。想当年，旅行家马可·波罗奉大汗之命治理扬州城三年，剧作家关汉卿与一代名伶珠帘秀在扬州作历史性晤面，他们都应该是从东关码头登岸，然后沿着东关大街进城的。

东关城门重新屹立于扬州城东，是在明代嘉靖间。那时为了抵御倭寇，保护东关一带的商民，扬州府在旧城以东建筑新城，东关的城门名曰"利津门"。一时间，南北船舶、东西客商要到扬州，多从利津门进出。明代的东关，在元末的萧条之后，重现商旅云集、货物集散的繁华景象。

东关街的明代遗迹甚多，第一要算武当行宫。关于武当行宫的历史，《重修扬州府志》只有寥寥数行字："武当行宫，大东门外大街北。明宣德中，扬州知府陈真建。嘉靖中修，有王轨碑记。"据考，武当行宫原名叫做真武庙，后因有人在此立"武当行宫"石碣，故民间习称武当行宫。武当行宫供奉真武大帝，而真武大帝的道场在湖北武当山。古语云"非真武不足以当此山"，意为惟有真武大帝才能当得此山。将真武庙改名为武当行宫，等于说扬州为真武大帝准备了一座随时可以小住的行宫。真武大帝能够治水伏火，在东关街建武当行宫，自然是为了祈求真武大帝保佑扬州水道畅通，财源茂盛。相传真武大帝的诞辰日是农历三月初三,这一天武当行宫香火旺盛,人流如潮,扬州人把平安、富裕的美好愿望都寄托于此。

东关街另一处明代遗迹,是山陕会馆。明代中叶,朝廷施行新盐政,大批山陕商人来扬州投资盐业,他们把雪白的银子挣回老家,却把黯淡的背影留在了扬州,然而山陕会馆却是扬州盐运史的里程碑。当我们走近山陕会馆时,不由得想起山陕商人如何在扬州突然发迹,又为何在扬州突然淡出等等历史之谜。

不该忘记的是,东关街还有一处明代的遗迹,那是消失不久的田家巷。诗人吴梅村在《永和宫词》里歌咏的"扬州明月杜陵花",就绽放于此。这一朵鲜花不是别人,她是崇祯的贵妃田秀英。关于扬州美女田贵妃的多才多艺,正史与野史的记载令人眼花缭乱。教人感动的是她在宫中特别思念故乡,她曾派专人到扬州,采买家具,运回北京,安置在宫中使用。当她朝夕与扬式家具相伴时,大概觉得自己还是起居在扬州田家巷,并能听得见东关街上清脆的卖花声。

东关的清代文物古迹最多,而最重要的都与盐有关。梁章钜《浪迹丛谈》说,清代的扬州盐商有三个通人,即江春、汪懋麟和马氏兄弟。其中,除了江家住在康山之外,"汪、马之旧迹,皆在东关大街"。

如今,且不说林妹妹的老爸林如海做过盐运使的衙门仍在东圈门对面,单是在东关一带至今保存完好的盐商家园就为数不少。马氏的街南书屋,在康乾年间曾经名闻天下,今天还剩一点遗迹。街南书屋对面的个园,是当今中国名园之一。关于它的主人黄氏,《梵天庐丛录》说是"武林黄氏",《两淮盐商轶闻录》说是"晋人也",《黄个园家传》说是"甘泉县人",《扬州画苑录》则说是"本浙人,后移入甘泉籍"。那么,个园究竟是怎样的园林?黄氏究竟是何许人也?充满了疑问。东圈门的壶园,是咸丰年间由仕而商的何氏的家园。何氏因罢官而成为盐商,这在历史上十分罕见,而野史笔记多渲染他仕途之曲折,绝少谈到他商海之沉浮,也可见儒生们的迂腐。东圈门里还有一座清末民初的汪氏小苑,它的精致小巧为扬州盐商的盛衰史画上了圆满的句号。小苑真的很小,它让我感到惊讶的是在各种中国传统建筑元素之外,大胆采用了一些西方建筑元素,例如拉门、瓷砖、浴缸等等。这让我知道,在清末民初的时代,扬州经济虽然全面陷入低谷,但仍有少数商界精英和文化精英在支撑着整个城市的运转,并且在有意无意地吸收着来自西方的先进文化与先进技术。

在近代,扬州东关除了出过一批商界精英,还出过一批文化精英。

例如在东关街与东圈门之间,有一条寂寞的观巷,大学问家包世臣的故居即在巷中。包世臣不同于一般儒生的地方是,他不但工辞章,而且喜军事,擅经济。只要翻翻《包世臣全集》,就会深感作者的襟怀与同时代的学者相比是个异数。他的《齐民四术》谈农、谈兵、谈经济,都是传统学者绝少问津的。有意思的是,《齐民四术》里还有这样一句话:"嘉庆丙寅六月,予寓扬州观巷大顺园。"也就是说,他的许多著述是在观巷完成的。此外,在东圈门北面有一户人家,自称青溪旧屋,乃是大经学家刘文淇数代之居所。在东关街南面又有一户人家,号称一宋一廛,乃是联圣方尔谦兄弟的老宅。在某种意义上,我们可以说,包世臣、刘文淇、方尔谦等人,都是他们各自领域里的巨人。

不仅如此,东关街还出过两个中外关系史上不可忘却的人物。

一个是韩国人安岐。东关街中段有一条安家巷,它的得名是因为康乾年间随高丽贡使入京而留在中国的韩国人安岐曾住于此。安岐和他的父亲安尚义都是清代权相明珠的家臣,后来在天津、扬州两地业盐,成为富甲天下的盐商。安氏与山西巨富亢氏齐名,史称"北安西亢"。安岐以其精明的经商才干、深厚的文化修养、奢华的生活方式,典型地代表了清代扬州盐商的作派。实际上,安岐本人就是两淮盐商的总商之一。今天重提安岐其人,对于深入研究中韩友好交往史和扬州盐商经济史,都不无特殊的意义。

另一个是扬州人张玉良。东关街西头有一条广储门街,从这里曾走出过一个令世界瞩目的女画家张玉良。当电视剧《画魂》在全国热播的时候,当新版书《画魂潘玉良》在各处畅销的时候,人们仿佛根本没有在意,少女张玉良就出生于扬州东关广储门一家毡货店里。她从孤儿到妓女、从小妾到画家、从广储门到卢浮宫的传奇经历,使之成为中外画坛上的传奇人物。当她在巴黎和罗马学习美术时,雄壮的凯旋门、高耸的埃菲尔铁塔、香榭丽舍田园大街的林荫道和古罗马的宏伟建筑,以及文艺复兴时代的杰作给了她巨大的心灵震撼。但她流连最多的是卢浮宫,她最终实现了把自己的作品入藏卢浮宫的梦想。

有了高丽商人安岐,有了旅法画家张玉良,再加上从壶园走出去的出使俄国的晚清外交官何彦昇,我们完全可以说:东关街不仅是扬州城市历史的缩影,也是扬州连接世界的纽带。

东关街从来不是一条单纯的商业街,而是一条丰厚的文化街。东关街人的生活也许没有大起大落,但是绝对有声有色。东关街固然有面店,有茶馆,有戏园,有澡堂,但它所拥有的不仅仅是这些东西。

东关有各种宗教信仰的见证——安家巷的准提寺、东关街的武当行宫和马家巷的清真寺,它们分别闪耀着佛教、道教、伊斯兰教的圣光;

东关有各类文化名人的行踪——樊家园三凤堂的匾额出自《红楼梦》续作者高鹗的手笔,三祝庵的佛堂寄居过八怪长者金冬心,街南书屋留下了郑板桥的吟哦;

东关有大量的旧居供人们探访或凭吊——从冬荣园走出去的扬州美人陆英生下了著名的张元和、张允和、张兆和、张充和四姊妹,李长乐府邸的主人曾迫使太平军遵王赖文光丢盔弃甲,韦家井熊成基故居的辛亥悲歌至今震撼人心;

东关有太多的老字号吸引游客来观光和消费——谢馥春散发着扬州美女的脂粉香,富春花园里的鲜花与美食争奇斗艳,三和四美酱园的墙上依然有着"山珍海错名虽重,野蔌园蔬味亦奇"的字样……

东关也许还有更重要的东西值得我们炫耀,但有一段历史文献我不能不引,因为没有它就无法表明东关的历史价值所在。这就是李斗《扬州画舫录》卷九的一段话——

新城东关至大东门大街,三里。近东关者谓之东关大街,近大东门者谓之彩衣街。自东关始,路北为便益门大街(街东皆城脚无名小巷,街西为仁寿庵巷、草巷——一名张家桥、姚家巷、刘家巷,抵便益门。以上凡街西之巷,皆通二郎庙)、宗家店、二郎庙神道(庙东为兜兜巷、汪家祠堂,西通万家园)、哑官人巷、剪刀巷(通万家园)、疏理道(直路至准提庵,庵东为万家园,西为小关帝庙、昙花庵,庵后为光景好,皆通广储门大街。疏理道右折为后街,通安家巷)。过臣止马桥、广储门街口(街抵广储门,街东为安家巷、留佩对过巷,西为安家店巷、广涛巷,内为樊家园,通天宁门大街)、百岁坊(即弥陀寺巷)、天宁门街口(街通天宁门,街东小巷通弥陀巷,街西为磨坊巷,通姜家墩。墩下无名小巷,北至城脚,西至河边)、姜家墩,抵大东门钓桥。路南田家巷(河下街由此始,右折通琼花观巷)、古家巷、羊巷(通芍药巷,二巷相通处名银锭桥)、问亭巷(通财神庙小巷,出现巷,西通盐义仓)、观巷(直通罗湾,右折地官第,左折琼花观)、马监巷(通三祝庵,街西为礼拜寺巷)、施家巷(通三祝庵桥)、薛家巷、万家巷(通斗鸡场)、北圈门(即运司前)、北柳巷口(一名龙背)、董公祠、坡儿下,抵大东门钓桥,街竟于此。

　　读了这段话,我们不得不叹服:东关街虽然迭经潮汐,它的肌理还基本存在。

　　读了这段话,我们不能不反思:东关街已经历尽沧桑,它的文脉将如何延续?

文昌春秋

　　文昌阁所在的中心位置,在某种意义上使她成了扬州城的新城标。她的典雅、秀美与文静,在总体上代表了扬州人的禀性与风度。因文昌阁而产生的文昌路、文昌商业圈乃至文昌历史文化地域,事实上成了今日扬州城市交通、商业贸易和历史文化的核心区,成了当代扬州物质文明、精神文明和城市形象的晴雨表。在文昌阁的周边,散落着星罗棋布的古迹名胜,随着斗转星移、日积月累,共同编织成一部波澜壮阔的文昌春秋。

　　文昌阁地域的人文积淀,可以追溯到两千年前。如果要追寻唐代之前的历史遗踪,有两处不能不说,即董子祠和文选楼。

　　董子祠在北柳巷,纪念的是汉代江都相董仲舒。董仲舒是第一个提出"罢黜百家,独尊儒术"的西汉大儒,他不仅为西汉的集权统治,而且为整个中国封建统治奠定了基本纲领。汉武帝因为赏识他,委派他为江都相,辅佐江都王刘非,实际是让他教化江都。董仲舒在江都国提出的"正其谊不谋其利,明其道不计其功"的思想,是儒家的重要财富。除了董子祠,扬州还有贤良街、正谊巷、大儒坊、仪董轩……可见董仲舒的影响在扬州几乎无处不在。

　　文选楼在仁丰里旌忠寺,是纪念《文选》编者昭明太子和研究者曹宪、李善的地方。"文选烂,秀才半",这句古代熟语清楚不过地证明《文选》的极其重要。梁武帝萧衍的长子萧统,世称昭明太子,他把梁代以前的优秀文学作品汇编成《文选》,成为历代士人的必读书。而扬州乃是"文选学"产生的滥觞之地。据《大业拾遗记》记载,隋炀帝曾到过扬州旌忠寺的昭明文选楼,可见其历史之久。其实在扬州,除了旌忠寺文选楼之外,阮元家庙又有隋文选楼,同样在文昌一带。

文昌阁周围的唐代古迹丰富,而且几乎联系着中国文化史上最著名的典故,例如:

一是饭后钟,典出于木兰院,如今在文昌阁西有木兰院旧址。据《唐摭言》记载,书生王播小时候家穷,每天在木兰院蹭饭,钟声一响就随和尚就餐。时间一长,和尚讨厌他,有一天故意吃过饭才敲钟,等王播来时饭已吃完。王播在羞辱之余,向壁上题诗道:"上堂已了各东西,惭愧阇黎饭后钟。"不料二十年后,王播以淮南节度使身份重访故地,看到当年所题旧句已被碧纱笼罩,不禁感慨系之。于是他续题道:"二十年来尘扑面,如今始得碧纱笼。"

二是南柯梦,典出于槐古道院,今文昌阁北驼铃巷古槐仍在。据《南柯太守传》描写,游侠之士淳于棼,家住广陵郡东,宅南有古槐一株,常与朋辈豪饮槐下。一日大醉,昏然入睡,被大槐安国国王招为驸马,又拜为南柯郡太守。淳于棼守南柯郡二十载,政绩斐然。忽有檀萝国军来犯,淳于棼遣将迎敌,结果大败。不久,公主病死,淳于棼护丧回京。因为他喜欢交游,为国王所猜忌,被送归故里。淳于棼回到家里,忽然梦醒,只见夕阳还没有落山。再看古槐下面,有许多蚂蚁隐聚其中。

三是二十四桥,典出于杜牧《寄扬州韩绰判官》,其桥多分布在文昌阁南北。杜牧诗云:"青山隐隐水迢迢,秋尽江南草未凋。二十四桥明月夜,玉人何处教吹箫?"从此二十四桥成为唐诗最艳丽的意象之一。但二十四桥究竟何所指,历来有争议。据考,唐代扬州的确多水多桥,而二十四桥中几乎三分之一的桥,就在文昌阁下的唐代官河上,如阿师桥、小市桥、开明桥、通泗桥、太平桥、利国桥、万岁桥、青园桥等。唐代的官河在宋称市河,在明称汶河,民国间逐渐淤塞,建国后填平筑路,名为汶河路。现在汶河路南端的南门遗址公园正在建设中,被掩埋多年的汶河南段也在洒金桥下重现碧波。也许将来有一天,唐朝官河和二十四桥的美景会重现人间。

文昌阁周边的宋代遗迹也有好几处,而且都是古代文化、军事和对外交往的重要见证:

一是三元巷,原在文昌阁东,今并入文昌路。三元巷是纪念宋代扬州三位状元的,他们分别是真宗朝的吕溱、徽宗朝的王昂、高宗朝的李易。旧时三元巷口,树有汉白玉牌坊,上书擘窠楷书"连中三元"四字。高中状元是历代父母对儿子的最高期望,所以扬州人家每有婚嫁喜事,花轿常常要从三元巷和多子街招摇过市,意在讨个吉利口彩。

二是四望亭,位于文昌阁之北,原在县学街东首。据志书记载,四望亭始筑年代在南宋嘉定年间。原名文奎楼,后名魁星阁,是江都县学的组成部分。亭为砖木结构,八面三层,攒尖式瓦顶。底层四面皆有拱门,与十字街道相通,故扬州人称其过街亭。登梯而上,临窗四眺,周围景色一览无余。太平军攻占扬州时,曾用于瞭望清军动静,故又称四望亭。

三是仙鹤寺,位于文昌阁之南的南门街,又名礼拜寺、清白流芳大寺,与杭州凤凰寺、广州狮子寺、泉州麒麟寺并称中国东南四大清真寺。仙鹤寺是扬州现存最早的清真寺。相传宋德祐元年(1275),伊斯兰教创始人穆罕默德十六世裔孙普哈丁在扬州传教,募款兴建此寺。明清年间,叠经修缮。这是中国人和阿拉伯人友好往来的古老见证。

文昌阁附近还有一处珍贵的元代遗迹,意义不同寻常,这就是紫藤园。

紫藤园在文昌阁西南,紫藤相传为元代来华的威尼斯人马可波罗手植。《马可波罗游记》是古代东方三大游记之一,但马可波罗有没有到过中国?有没有在扬州做官?一直有争议。一些学者断言,除了文献上找不到马可波罗的任何记载外,扬州本地也没有留下马可波罗的历史遗迹和民间传说。这种说法是不对的。马可波罗在扬州的有关历史遗迹和民间传说,至少有三。除了美国记者埃德加·斯诺在扬州亲眼看到马可波罗的石像,和扬州美汉中学校长、美国人韩忭明曾经购买到雕刻有马可波罗像的砚台之外,据扬州民间传说,扬州紫藤园的紫藤系马可波罗手植。正因为有了意大利旅行家马可波罗种植的紫藤,饭店才名为紫藤园。

文昌阁左近的明代历史遗迹,就更多了,略举数例:

一是文昌阁,俗称文昌楼,位于今文昌路与汶河路的交叉处。始建于明代万历年间,因原是扬州府学的魁星楼,故名文昌阁。旧时阁上悬有"邗上文枢"匾额。扬州府学的建筑,多已圮毁,现在仅余文昌阁,矗立于广场中心。文昌阁为八角三层砖木结构,与北京天坛祈年殿极为相似,但更为清秀。阁底四面,辟有拱门,与街道相通。二三两层,四周皆窗,可以四眺。每当入夜,文昌阁彩灯辉耀,为盛世点缀太平。

二是小秦淮,在文昌阁之东。原系明代扬州旧城的护城河,后为明清扬州新旧两城之间的夹河。明末时,小秦淮已经呈现画舫荡漾、歌楼比肩的升平景象。到乾隆间,小秦淮更成了人间天堂。沿河十里,城墙高峙,绿水低流,两岸有别墅,有美园,有崇阁,有华堂,有水榭,有山亭,有茶肆,有酒馆,有古寺,有宝塔,粉红黛绿,暮鼓晨钟。小秦淮就这样成了扬州城里的销金之窟。

三是梅花岭,一称史公祠,在文昌阁东北。梅花岭本是浚河积土成丘,丘上遍植梅花,故名。明代末年,清兵攻破扬州,史可法以身殉国,后人葬其衣冠于此。据全祖望《梅花岭记》所记,顺治二年(1645)四月,扬州城被清兵围困,情势危急。以宰相身份在扬州督师的史可法知道局势已不可挽救,就召集众将领,对他们说:"我已立誓与这座城共存亡!"二十五日,城被攻陷,史公壮烈而死。当初,史可法曾有遗嘱:"我死当葬梅花岭上。"梅花的傲霜怒放,冰清玉洁,正好象征着史可法的气节。

文昌阁四周的清代名胜不可胜数,这里也酌举二三:

一是皇宫,在文昌阁东北。这里原是两淮盐政院署所在,康熙曹寅任两淮巡盐监察御史,就驻在此地。署内原有桃花泉,曹寅日与宾客觞咏其间。《红楼梦》与扬州关系非常密切,其中最直接的关系就是曹雪芹的祖父曹寅在扬州做过官,曹雪芹有可能在扬州获得《红楼梦》的若干重要素材。因院署内曾经藏有贡银,或者御物,故民间俗称为皇宫。今已成为商业服务中心。

二是阮元家庙,在文昌阁东南的毓贤街,近年正在整修。阮元任浙江巡抚后,阮家曾在公道桥建阮氏宗祠,今已不存。嘉庆八年(1803),阮家在甘泉县辖小东门内兴仁街(今毓贤街)购买旧宅和废园,建立家庙。依照礼制,家庙应建在住宅之东,而阮氏住宅在东,家庙在西,于礼不合,故又将西边房屋买下,改建为宅。这样,家庙便夹在东西两宅之间,于礼制相合。家庙东原有谱研斋,匾额行书"谱研"二字为名书法家刘镛所题,为阮元藏砚之所。家庙前院原有射序巷,巷南置活动箭靶,供子孙射箭习武之用。庙旁还有隋文选楼,为阮元藏书之所。

三是小苎萝村,在文昌阁东边,护城河南岸,向以出美人闻名。据《扬州览胜录》记载:"小苎萝村故址,在香影廊茶肆对岸。闻诸故老云:清乾隆间,其地生长美人,姿容绝世,时人比之西施,故称其地为小苎萝村。"小苎萝村紧依北护城河,其地多出船娘。这些年轻女子犹如出水芙蓉,素面朝天,粗头乱发,不施脂粉,不加修饰。扬州人把她们比成浣纱的西施,她们所住之地也就成了小苎萝村。

文昌阁四周的近代名园,有萃园、珍园、怡庐、匏庐等等。现稍举一二,以略窥文昌地域在近代的概貌。

萃园位于文昌阁正东,今仍可见城市山林遗意。大门上"萃园"两字匾额,擘窠隶书,凝重古朴,乃是已故书家魏之祯所题。从大门进入,往东拐,有路通向一个幽静的小院。门上有石额,书"逸池"二字,字体在行、隶之间,仍是魏先生手笔,却在遒劲之外,别具灵动之意。院中有一方水池,池边为人之居所。人能居此院,也可谓有福。但这还不是萃园的主体。萃园的主体,在小院之南。出小院,南面有土阜如山,山形隆起,遍植草木,即使是冬日也郁郁葱葱。山上有草如韭,细长、深绿而繁茂,像美人的青丝,或许就是文人所谓"书带草"吧。山下有人工小溪,蜿蜒环绕,虽然是止水,但是有此碧波,园中便有了生气。水边随处是山石,或俯或立,或仰或卧。溪上架小桥,以汉白玉石料琢成,雕工精致,造型秀丽,完全是扬州风格。过了小桥,有曲径直通山顶。山顶有亭一座,翼然欲飞。人在亭中,全园风景一目了然。从小山的另一面下来,路旁也时有假山。有一座假山,貌似小屋,上镌"杏坞"二字,令人遐想。萃园系民国年间扬州盐商集资修建。《扬州览胜录》记云:"萃园在旧城七、八巷间。园门面南,'萃园'二字额,方转运硕辅题。园基为潮音庵故址。清宣统末年,丹徒包黎先筑大同歌楼于此。未几,毁于火。民国七、八年间(1918—1919),鹾商醵资改建是园。四周竹树纷披,饶有城市山林之致。园之中部,仿北郊五亭桥式,筑有草亭五座,为宴游之所。当时裙屐琴樽,几无虚日。"民国十年(1921),日本人高洲太助主事两淮稽核所,借寓园中,从此园门常关,游踪罕至。此后园渐荒废,现已辟为城市酒店。

珍园在萃园的对面,现在是新建的商业街。珍园虽在闹市之中,但还有一部分基本上保持旧样。从大门进去,一直往前走,西侧有一园门,额书篆字"珍园"二字。珍园的主人李锡珍,是清末民初扬州盐商,珍园即其家园。入得园门,在甚嚣尘上的文昌闹市区便忽然来到了一个清凉世界。左边有一间小小水榭,紧紧依墙而建。榭下有水,蜿蜒向前淌去。水上有小石桥,通向假山中的暗道。过桥缘暗道而行,可盘旋上山顶。山虽不高,但是登临俯瞰,也有险峻之意。下山漫步西行,有短廊遮蔽风雨,通往一个满月形的洞门。洞门的东面无额,进了门回首一看,西面却有一额,上书"退思"二字。细辨之,落款仿佛是"让之",也许就是近代扬州书家吴让之吧。看了"退思"二字,脚步就不由得慢了下来,心里的浮躁也好像顿时减少了许多。再抬头望望北面,假山上有亭一座,亭中有桌有凳,似乎是给三五好友品茗、对弈的。继续向前,有壶形小门,门上也有一额,曰"柘庵"。字体古朴敦厚,似曾相识。于是停下来,凝神细看,原来上首写着"嘉庆十年(1805)腊月"六字,下首却署着大名鼎鼎的"伊秉绶"三字。伊秉绶者,清代扬州太守,著名书法家也。民国文人有《过李氏珍园诗》咏道:"别业在城市,名园当画图。小桥穿曲水,仙客聚方壶。四面楼窗启,秋晴月可呼。百城书坐拥,疑是小琅环。"珍园的价值,就在于她是城市山林。今天的珍园,规模已不如当年。但她依然存在,没有被建设浪潮泯灭,这是值得我们庆幸的!

纵观文昌两千年历史春秋,文化、宗教、经济、风俗,人文古迹,遍地皆是。漫步在文昌阁下,犹如读一部城市历史,仿佛听一堂文化讲座。正襟危坐的大儒,风流倜傥的诗人,金榜题名的状元,慷慨赴死的忠烈,在文昌阁下轮流登场;普哈丁的阿拉伯教理,马可波罗的威尼斯情调,乾嘉学派的深刻,扬州美女的柔情,在文昌阁下璀璨生辉。猛回头,却看见金鹰的华贵、万家福的流行、麦当劳的美味、肯德基的浓香——古今交融,中外汇合。

文昌文昌,有文乃昌!

凭吊董子祠

北柳巷中的董子祠,现在已经修缮一新,它可以说是汉代扬州历史一个坐标。王振世先生《扬州览胜录》卷六《董子祠》云:

> 董子祠在北柳巷,祀汉江都王相董仲舒。汉孝景徙汝南王非王江都,董子为汉代大儒,相王多所匡正。精《春秋》之学,著有《春秋繁露》。祠旧在运署公堂后,运署地址为董子相江都王时故宅。明弘治间,运使毕亨另建祠于此。清康熙时,赐"正谊明道"额。历任运使,屡有兴修。西南大殿三楹,中供董子像,朱袍象笏,冕疏俨然。今小学校附设祠内。

扬州人对于董仲舒怀有特殊的敬意,是因为他曾经做过汉代江都王之相。

儒家思想在中国历史上一直占据着统治地位。形成这种局面的原因是多方面的。但在儒家思想逐渐成为中国社会的统治思想的过程中,有三位思想家的作用是举世公认的,这就是孔丘、董仲舒、朱熹,他们后来分别被尊称为孔子、董子、朱子。西汉时代的董仲舒提出"罢黜百家,独尊儒术",使孔子创立的儒学从诸子百家中跃居独尊地位，为儒学成为中华民族传统精神的主干开辟了道路，奠定了基础。从儒家思想发展史来看，董仲舒的确起了至为关键的作用。

董仲舒"罢黜百家，独尊儒术"的思想，使得儒家之外的一切学说都遭到贬抑。胡适先生认为，独尊儒术的精神实质同李斯的焚书坑儒建议很相像，他们的目的都是要把人们的思想定于一尊。我对儒家思想并无好感。尤其是儒家极力提倡的秩序、忠孝、中庸等等，我以为无一不与鲜活的创造意识相对立，在现代化的进程中愈加显得迂阔和保守。但从另一面看，我不得不承认统一的儒学思想实际上成了中华民族的独特精神支柱。这种精神具有强大的凝聚力，当国家面临分裂危险的时候，它维护统一、阻止分裂；当国家受到外来侵略的时候，它鼓励抗敌、保卫家国。正是由于这种统一的民族精神，中国在两千年中虽曾遭受过千灾万劫，却能保持相对的完整。而这一切，不能不让人想到董仲舒的大一统学说所起的作用。

董仲舒出生于广川，即今河北景县。董仲舒喜欢研究《公羊春秋》，他专心治学，三年目不窥园，在士林中传为佳话。在家时靠教授生徒来养活自己。

汉武帝元光元年（前 134），董仲舒已年届花甲。武帝刘彻于这年夏天诏贤良对策，全国各地都推举贤良之士到京城参加对策，计有百余人之多。董仲舒也是其中的一个。武帝提出许多重大的问题让贤良们回答，例如国家兴亡的原因、任用贤人的办法、天人古今的关系等等。董仲舒在回答这些问题时，显得胸有成竹，游刃有余。董仲舒的主要观点是，人是受命于天的，所以比万物高贵；天是不变的，所以道也不变；要让天下成为大一统，只有用孔子的儒家学术来统一人民的思想——这就是后来被称为"独尊儒术"的建议。

董仲舒在京城对策之后，就被汉武帝委任为江都相。

江都也即今天的扬州，西汉时是一个诸侯国。当时被封为江都易王的刘非，是汉武帝的哥哥。刘非是一个骄横而粗暴的人，很不好伺候。但是，董仲舒依据礼义来规劝易王，晓以利害，言语得体，易王倒也很敬重他，他们看起来相安无事。

董仲舒是元光元年（前134）到江都国任职的。到任之后，江都大旱，继而大雨，灾害不断。于是，应付自然灾害就成了董仲舒在江都首先考虑的大事。现在看来，董仲舒处理旱涝灾害的方法是很奇怪的。为了求雨，他要求人们"无伐名木，无斩山林"，这自然不错。但他又要求"丈夫欲藏匿，女子欲和而乐"，也就是让属阳的男人躲起来，属阴的女人走上街，以便阴盛阳衰，有利于行雨。止雨的办法则正好相反，"女子欲其藏而匿也，丈夫欲其和而乐也"，也就是让属阴的女人躲起来，属阳的男人走上街，以便阴衰阳盛，有利于转晴。这些完全属于巫术的东西，后来都被董仲舒堂而皇之地写进了他的《春秋繁露》。《全汉文》所载董仲舒《奏江都王求雨》的全文是：

> 求雨之方，损阳益阴。愿大王无收广陵女子为人祝者一月租，赐诸巫者。诸巫毋大小皆相聚于郭门，为小坛，以脯酒祭。女独择宽大便处移市，市使无内丈夫。丈夫无得相从饮食，令吏妻各往视其夫，皆到即起，雨注而已。

看了这些荒唐的疯话，难怪有的学者认为，董仲舒在江都的表现完全不像儒家，更像是巫师、神汉或者阴阳先生。在董仲舒求雨、止雨时，他大概彻底忘记了"子不语怪力乱神"的古训。须知，"阴阳灾异"绝不是儒家思想。

关于董仲舒的"天人感应"说，不能不说是一种迷信，至少看起来近乎迷信。当然，也有学者辩解说，以董仲舒之智慧，何尝不知道人自是人，天自是天？董仲舒之所以强调天之可畏，正如宋人赵彦卫在《云麓漫钞》中所说，不过是因为"人主无所畏，惟畏天、畏祖宗"，所以用天意、天灾、天怒等威慑皇帝，使得人主"庶有警悟"而已。在中国封建社会中，天下所有臣民都有所约束，唯有天子没有约束，"天人感应"说却多少能教天子有所恐惧，有所畏惮。从这一点看，董仲舒也真可谓用心良苦。

"夫仁人者，正其谊不谋其利，明其道不计其功"，这是董仲舒对江都王说过的一句话。这句话后来成为历代儒生自我修炼的最高标准与最高境界。扬州的正谊巷、正谊祠和正谊书院，都是来自董仲舒"正其谊不谋其利"这句名言。

但是，即使是像董仲舒这样的仁人，也不免受到命运的捉弄。他向武帝提出"罢黜百家，独尊儒术"的高见之后，本该受到重用，却只做了个远离京师的江都相，几近发配。他在任江都相时，一度被撤职，召回京城，贬为中大夫。董仲舒根据自己在江都的见闻，觉得汉朝的宗室与近臣骄奢淫逸，横行霸道，这一切若不引起皇帝的注意，汉朝就将重蹈亡秦的覆辙。恰好在建元六年（前135），辽东高庙和高园便殿相继发生火灾，董仲舒就打算用他的"天人感应"说把这些归结为上天的警示，向武帝上书进言。董仲舒认为，《春秋》中所记的鲁国火灾意味着鲁国国君重用了乱臣，应该去乱臣而用圣人才符合上天的旨意；如今大汉相继发生火灾，当然也是因为重用了乱臣的缘故，应该把首恶分子除掉才是秉承天意。

董仲舒把自己的想法写成文章。不料，文章尚未写好，被当时正在受宠的大臣主父偃发现，主父偃认为董仲舒在文章中说的乱臣就是自己。于是，他偷了董仲舒奏疏的草稿，密奏武帝。

一时间，朝廷上的新贵们都异口同声地猛烈抨击董仲舒，说董仲舒诽谤朝廷，妖言惑众。形势急转直下，董仲舒竟因此下狱，并定为死罪。

董仲舒的命运富有戏剧性色彩。正当他在狱中待死的时候，武帝忽念他当年对策出色，就下诏赦免了他，恢复了他的中大夫官职。第二年，又恢复了江都相的职务。直到元朔五年（前124），公孙弘任丞相，董仲舒向公孙弘上书时还自称"江都相"。不过，经过下狱之变，董仲舒从此便不再讲灾异了。

晚年的董仲舒著作颇丰，他写成了《春秋繁露》一书，还留下了《公羊董仲舒治狱》十六篇。董仲舒是一位名副其实的思想家，他的思想在儒学发展史上是一个重要的里程碑。无论同意不同意他的思想，我们都不能不承认他是一位重要的思想家。而当年陷害他的那些小人，不过是历史上匆匆的过客。

董仲舒史称"江都相"、"董江都"，因为他做过江都易王刘非的相。过去扬州江都县衙署前面有牌楼两座，东曰"绩传董相"，西曰"邑肇荆王"，就是纪念在广陵立国的荆王刘贾和江都相董仲舒的。

董仲舒做江都相的时间并不长，在扬州留下的遗迹却不少。清代的两淮盐运使司，相传是董子故宅。其中有井，人称董井。明代盐运使何士英曾在井上建亭，人称董亭。清代扬州盐运使方濬颐又在井旁筑室，名仪董轩。

董子祠在清代中叶，成了市井沦落文人的寄居之处。董伟业《扬州竹枝词》云：

> 董子祠下泪沾巾，刘丈生前得句新。
> 入夜管弦归醉客，侵晨鼓吹送丧人。

在董子祠的旁边,是评话艺人说书的书场。李斗《扬州画舫录》云:

> 大东门书场在董子祠坡儿下厕房旁。四面团座,中设书台,门悬书招,上三字横写,为评话人姓名;下四字直写,曰开讲书词。屋主与评话以单双日相替敛钱,钱至一千者为名工。各门街巷皆有之。

董井在扬州人的心目中,无疑是一处具有象征性的圣迹。扬州历代绵绵不绝的文风,说起来可以追溯到董井,是董井中汲之不尽的甘泉滋润着扬州读书人的心田。历代的扬州旧志,不厌其烦地记载着董井。但到清初,这一汉儒遗迹却被圈进了八旗的军营,任由铁蹄践踏。当时的布衣诗人吴嘉纪有《董井》诗云:"一泓汉家水,苔深汲者寡。当时供大儒,今日饮战马。"诗人以质朴的语言,抒写了对儒家圣迹被胡马玷污的不满与遗恨。

董井不知湮没于何时。同治年间,还有盐运使在井旁竖立"正谊成仁"石碑,取董仲舒"正其谊不谋其利,明其道不计其功"之意。到民国间,董井已不知所在。据《芜城怀旧录》说:"两淮运司署本为董子故宅,相传旧有井,曰董井。"董井,只能存在于父老相传之中了。

董井虽已湮没,董子祠仍在,它的掌故仍为乡人乐道。董玉书《芜城怀旧录》卷二载:

> 北柳巷董子祠,门榜三分书,为戴南枝高士手笔。高士名易,刘念台先生弟子。曾售字积资,为徐俟斋孝廉营葬,至隆冬衣葛者。光绪年间,重修祠宇,匾额髹漆,已易某都转名,惜哉!辛亥祠堂复毁于火,后重修葺,内设小学。

现在的董子祠,还是为小学所用。

当扬州人路过北柳巷时,或许会对这座古老的祠堂投以不经意的一瞥,然后想起两千多年前在扬州做官的董老先生。

董仲舒——这位只讲礼义、不讲功利的汉儒,在今天的市场经济大潮中看来已非常不合时宜,但仍不失其天真可爱。

江都相董仲舒

梦回唐城

东渡的孤帆虽然远行千载,我只觉得涛声依旧;
南柯的美梦尽管惊醒百回,我却宁愿酣睡其间。
扬州作为九州之一闻名,真正使她流光溢彩是在唐代;
唐代拥有三百六十州府,欲问是谁富甲天下唯有扬州……

"十里长街市井连,月明桥上看神仙。"
——张祜《纵游淮南》

唐城对于大多数扬州人来说,既熟悉而又陌生。熟悉是因为经常提起它,陌生是因为很少有人说得清它究竟在哪儿。

当我们游览瘦西湖、登临平山堂、朝拜观音山时,会遥遥看到蜀冈上有一座仿唐城阙。它就是扬州的唐城吗?

对于游人来说,那就是唐城,但它远非唐代扬州城的全貌。唐代扬州城的规模,要比现在开放的唐城遗址公园大得多。究竟多大,学术界尚有争论。不过可以先简单地说,唐代扬州有两重城:蜀冈上面为子城或者牙城,蜀冈下面为罗城或者大城。

诗人杜牧《扬州》咏道:"街垂千步柳,霞映两重城。天碧台阁丽,风凉歌管清。"正是唐代扬州两重城的写照。市廛和树木相依,街衢和云天掩映,可以想见唐代扬州的环境优美和生态平衡。另一个文人于邺《扬州梦记》写道:"扬州,胜地也,每重城向夕,娼楼之上,街中珠翠填咽,邈若仙境。"也是对唐代扬州两重城的印象。那里灯红酒绿,珠光宝气,简直是天上人间。

唐代扬州有无数值得今人自豪的东西:

"扬一益二"是唐代流传的谚语;

"二十四桥"是唐代留下的胜迹;

"鉴真东渡"是唐代出现的壮举;

"南柯一梦"是唐代创作的传奇……

唐代对于中国人是个难以忘怀的伟大时代,对于扬州人更是一个值得追忆的黄金时代。

唐代扬州的辉煌,根本原因取决于交通的天赋条件。长江和运河在扬州城市发展史上的作用,怎样评价也不过分。有了江河,扬州人才走出家园、融入世界,外地人才奔赴扬州、创立家业,扬州城才得以成为东西南北的交通咽喉。我因而不能不想到唐代扬州的驿站——史称扬州驿、扬子驿或广陵驿。这些驿站既是码头,也是邮亭,又是宾馆,它们是联结扬州与天下的真正的节点。

唐代扬州驿站留下了好多动人的诗文与掌故。白居易《梦苏州水阁寄冯侍御》云:"扬州驿里梦苏州,梦到花桥水阁头。"这是诗人在扬州驿里对江南朋友的思念。丁仙芝《渡扬子江》云:"林开扬子驿,山出润州城。"这是诗人在扬子驿前对江南山水的眺望。

唐代的扬子驿是一个繁忙的码头,湖州刺史李季卿和茶圣陆羽就是在扬子驿晤面,纵论天下茶水优劣的。张又新《煎茶水记》记载了陆羽高超的辨水本领,说陆羽善于评茶和品水。就在扬子驿,陆羽亲品扬子江水,纵论天下名泉,对四海之水作出了惊世骇俗的评判,认为天下宜茶之水分为二十个等次。这一段历史上著名的辨水故事,就出自扬子驿。

南朝文人鲍照的一篇名赋,给了扬州一个最具沧桑感的别称——"芜城"。但芜城到了唐代，已经完全换了新颜。尽管唐代诗人刘长卿在《送子婿崔真甫李穆往扬州》诗中仍然称扬州为"芜城"，但他眼中的扬州早已一派欣欣向荣："渡口发梅花，山中动泉脉。芜城春草生，君作扬州客。半逻莺满树，新年人独还。落花逐流水，共到茱萸湾。"这是一首送别诗，但在惜别之外，我们感受到的是扬州城的草木青青、春意融融。

唐人歌咏扬州的诗篇很多，个中要数张祜的《纵游淮南》最别开生面。他认为人生不但要在扬州度过，死后也应葬在扬州：

十里长街市井连，月明桥上看神仙。
人生只合扬州死，禅智山光好墓田。

至今，在汪氏小苑里还有一方不为人注意的石额，上面镌刻着"居易"二字，那就是唐朝的余韵。

"见说西川景物繁，维扬景物胜西川。"
——杜荀鹤《送蜀客游维扬》

唐时最繁华的城市，公认为扬州第一，成都第二，故有"扬一益二"之谚。"扬一益二"最早见于司马光的《资治通鉴》："扬州富庶甲天下，时人称'扬一益二'。"这首先是从经济上着眼的，认为扬州、益州两地，物产丰富，工商繁荣，甲于天下。其次也是从政治和军事上考虑的，因为扬州、益州是唐代首屈一指的强藩大镇，除了东西二京，便数此两地。"扬一益二"四字虽见于宋人笔下，但唐人已有定评。唐人卢求在《成都记序》中说："大凡今之推名镇为天下第一者，曰'扬益'。以扬为首，盖声势也。"另一唐人杜荀鹤也有《送蜀客游维扬》诗云："见说西川景物繁，维扬景物胜西川。"

扬州地处东南,北接淮河,南临长江。江淮平原,雨水丰沛,阳光充足,物产丰盛。自唐代起,扬州渐成各种农副产品与手工业品的集散中心。随着盐业与漕运的兴起,扬州的各种手工业如煮盐、造船、熬糖、铸铜、缫丝、制药、印刷、工艺等,无不出类拔萃,名闻遐迩。例如:

扬州造船业发达。扬州位于江河交汇处,自古来是水上运输要冲。早在汉代就设有"广陵船官",隋代在此造"水殿龙舟"。史载,洛水端午竞渡的龙船在扬州订造,鉴真东渡日本的海船也是在扬州新河湾制作的。唐德宗时,转运使刘晏在扬子置十场造船。当时从仪征泗源沟到瓜洲渡口一线,都是官办造船工场,举目都是工匠抬木挥斧,锯板锤钉。扬州造的船,大者载粮千石,小者装米五百,使用水密隔舱结构,世界上绝无先例。

扬州熬糖业先进。唐代对糖的需求量大增,原来的日晒方式不敷需求。太宗时派遣使者至摩揭它国求取熬糖良法,然后诏令扬州以当地甘蔗进行试生产。结果,扬州所制成品的色味均远胜于摩揭它国,时人誉为"霜糖"。摩揭它(Magadha)为古印度时代的奴隶制城邦,在今印度比哈尔邦南部,曾一度统领印度全境,其蔗糖生产方式相对先进。扬州生产的蔗糖被冠以"霜",是因为其色雪白,因此学者认为当时扬州人已经掌握了最先进的蔗糖提纯和脱色工艺。

扬州铜镜业名动京师。李肇《国补史》说:"扬州旧贡江心镜,五月五日扬子江中所铸也。"扬州铜器在唐代占有重要地位,铜器中又以铜镜最为出色,制作精细,纹饰优美,既是贡品,又供外销。扬州的铜镜纹饰摆脱了传统纹饰的拘谨,呈现出自由新颖的风格。镜子的式样除了圆形、方形,还大量出现了方亚形、葵花形、菱花形等,具有高度的艺术性和观赏性。天宝年间,全国货物在京城长安广运潭上接受玄宗检阅,潭上第一条船就是扬州的货船,一时长安妇女传唱"潭里车船闹,扬州铜器多"之歌。

扬州毡帽业引领时尚。李廓《长安少年行》云:"划戴扬州帽,重熏异国香。垂鞭踏青草,来去杏园芳。"极言当年长安少年的风流倜傥。长安是丝绸之路的端点,时髦的京城少年们用西域香料来熏染衣衫不足为奇,但他们为什么全都戴着扬州出产的帽子呢?略检旧籍,知道唐代扬州曾以盛产毡帽名闻天下,并且在京城名重一时。名宦裴度因为头戴扬州毡帽,被贼将挥刀砍中,却幸免于死。书生李敏求困居在京城旅店,竟然梦见鬼神对他说:"这里很难得到扬州毡帽,回去后请你送给我一顶。"可见当时扬州毡帽声誉之一斑。

"商胡离别下扬州,忆上西陵故驿楼。"
——杜甫《解闷》

中国和西方的交往,在先秦时代就已开始。在中国早期的典籍如《国语》、《左传》、《史记》里,都有周穆王见西王母的记载,学者认为西王母可能是古代中亚、西亚某国女王。两汉时期,丝绸之路把东西方联系了起来。隋唐时期,西域文化空前地进入长安、扬州等中国内地。那时,波斯的商船遵循着中国帆船西航的路程,来到中国沿海各省。据伊本·郭大贝《省道志》记载,唐代的中国海港从南到北有四处,即龙景(今越南北景)、广府(今广州)、越府(今宁波)、江都(今扬州)。凡是到中国经商的阿拉伯商人,一般都在广州登岸,然后北上扬州,因为扬州是南、北、东、西的水运枢纽,从扬州可以北上京都,也可以西去巴蜀。

唐代的扬州,在中西交流史上占据重要地位。这突出表现在扬州有大量的"商胡"在经营买卖。杜甫《解闷》诗云:"商胡离别下扬州,忆上西陵故驿楼。为问淮南米贵贱,老夫乘兴欲东游。"因为看到商胡们纷纷东下扬州,以致诗人杜甫也有了到扬州一游的雅兴。

　　唐人对于胡人的称呼，涵义十分宽泛。总的来说，"商胡"主要指来自中亚、西亚的商人，有时候也指中国北方和西南的少数民族商人。他们的来源，包括波斯、大食、西域、南越等地。胡人来华的目的，一是为了仰慕中华文明，二是为了贸易经商，三是为了躲避战乱。他们从事的行业，主要是珠宝买卖、药材贸易、钱庄金融等等。扬州是唐代商业名城，所以外国商人很多。据《旧唐书》称，田神功在扬州城内杀人放火，"商胡大食、波斯等商旅死者数千人"。足见扬州城里外国商人之多。

　　在唐五代小说中，有关胡人在扬州活动的内容丰富多彩。仅以《太平广记》为例——《守船者》中说苏州华亭有个守船人，在雨夜发现庙门口有一粒巨大的珠宝，结果到扬州卖给胡人，获得数千缗之价。《李勉》中说司徒李勉做官满任后，沿汴河将游扬州，途中有个波斯老人请求乘他的便船前往，李勉欣然答应。《任顼》中说有人从草丛中得到一粒大珠，周围人都不认识是什么宝贝，任顼携带珠宝到扬州大街上叫卖，有胡人用数千万买去。《玉清三宝》中说杜陵人韦弇东游广陵，把他的宝贝陈列在扬州街市上，有胡人用数千万购买，韦弇从此成为巨富。《句容佐史》中说句容县佐史好吃鱼，后来吐出一样东西，状如麻鞋底，当地名医都未见过，县令命小吏带着此物前往扬州，有胡人说是"销鱼精"，能消腹中肿块，以重金买一半而去。这些故事出于古代传奇，未必真实，但是它们却折射了唐代扬州确有许多外国人从事珠宝、药材买卖的社会背景，唐代扬州不愧是中西交流的最重要的城市之一。现在扬州人还把那些识宝的人称为"别宝回子"，把那些献宝的人称为"波斯献宝"，甚至江都还有一个"波斯庄"，高邮还有一个"菱塘回族乡"，这同历史上的中西文化交流有着密切的关系。

　　唐代扬州城对外开放的传统，在外国人笔下也有丰富的记载。

日本和尚真人元开的《唐大和上东征传》记载了鉴真东渡的壮举。另一个日本僧人圆仁的《入唐求法巡礼行记》记录了他在扬州的见闻。来自朝鲜半岛的崔致远在《桂苑笔耕集》中多处记述了扬州的风物与交游。

扬州出土的唐人墓志与曲颈琵琶，还反映了古代扬州粟特人的情况。而过去我们只知道，扬州曾经侨居过大量的波斯人、大食人。

"霜落寒空月上楼，月中歌唱满扬州。"
——陈羽《广陵秋月对月即事》

唐代的扬州是一个诗歌之城，音乐之城，不夜之城。

提到唐代扬州，首先应该想到箫声。台湾诗人余光中先生说过，他有一个未圆的心愿，就是希望能在月圆之夜，在二十四桥旁，静听箫声，印证杜牧的诗意。扬州的箫史，始于杜牧《寄扬州韩绰判官》一诗："二十四桥明月夜，玉人何处教吹箫。"包何在《同诸公寻李芳值不遇》中也说："闻说到扬州，吹箫有旧游。"据说扬州的二十四桥，就是因为有二十四个美人吹箫于此才得名的。自从杜牧之后，在扬州吹箫或者听箫，就成了历代骚客向往的意境。苏东坡《金山梦中作》有句："夜半潮来风又烈，卧吹箫管到扬州。"

与箫相类的，是笛。扬州笛子的掌故，最出名的是《唐国史补》的一段记载。唐人李舟，生性好事，曾在乡下发现一截竹子，坚如铁石，便制成笛子，送给李牟。李牟吹笛，当时号称天下第一。他于月夜江上吹奏此笛，其音嘹亮，上彻云表。"李牟秋夜吹笛于瓜洲，舟楫甚隘。初发调，群动皆息。及数奏，微风飒然而至。又俄顷，舟人贾客，皆怨叹悲泣之声。"有一次，客人请李牟把笛子给他吹奏，其声精壮，山河可裂，等吹到高潮时，笛子应声粉碎，客人也不知所之,时人疑其为蛟龙。

扬州古代最著名的琴人,要数唐代薛满。据五代人冯贽《云仙杂记》记载,唐代大音乐家李龟年曾至岐王宅作客,听到有人在幕后弹琴,说:"这是秦声。"过后又说:"这是楚声。"主人到幕后探个究竟,才知道先弹的是陇西沈妍,后弹的是扬州薛满。薛满和沈妍都是王府艺高技绝的女伶,对李龟年的艺术修养深为叹服。宴会将散,岐王以"破红绡"、"蟾酥纱"馈赠李龟年,然而李龟年不屑一顾。李龟年能够听出薛满弹奏的是"楚声",表明唐代扬州琴艺已经形成了自己的风格。

与琴相类的,是筝。现在扬州古筝业方兴未艾,其实唐代扬州筝艺就已出名,被称为"教坊第一筝手"的薛琼琼就是唐代扬州人。关于薛琼琼的故事有两个版本。一说薛琼琼是唐玄宗时人。据宋人张君房《丽情集》载,薛琼琼为开元中第一筝手。玄宗下旨让宫娥出东门赏春踏青,薛琼琼因而邂逅书生崔怀宝,两情相悦,终成眷属。另一说薛琼琼是唐僖宗时人。连州秀才黄损游扬州,结识了当时第一筝手薛琼琼,经过一番周折,最后终于团聚于长安。两说都以筝艺为依托,敷衍了一段香艳曲折的故事。

唐代扬州又多琵琶高手。徐铉长诗《月真歌》写一位名叫月真的扬州美人:"扬州胜地多丽人,其间丽者名月真。月真初年十四五,能弹琵琶善歌舞。"月真长得很美,"风前弱柳一枝春,花里娇莺百般语"。她弹的曲子大抵是抒写爱情的,"垂帘偶坐唯月真,调弄琵琶郎为拍"。五代时南唐后主李煜的大周后,更是一位正史记载的琵琶能手,史载其父周宗是广陵人。扬州五代墓中,曾出土曲颈琵琶,为古代扬州琵琶流行史提供了珍贵的实物。

至于扬州的歌手就更多了。杜牧《扬州》诗云:"谁家唱《水调》,明月满扬州。"历史上以唱《水调》出名的歌手,首推唐代宫廷美女永新。因为玄宗的赏识,"永新善歌"之美名,著于朝野。安史之乱时,永新从长安逃难到扬州。据《乐府杂录》记载,将军韦青雅好音乐,渔阳之乱后,"韦青避地广陵,因月夜凭栏于小河之上,忽闻舟中奏《水调》者,曰:'此永新歌也!'乃登舟,与永新对泣久之"。关于韦青和永新在扬州的这一段乱世因缘,后来明代戏曲家汪廷讷曾撰杂剧《广陵月》,加以敷演。

至今梦回唐城,我依然对千百年前的情事怦然心动。我已和朋友相约,选择一个梦幻般的日子,一起到唐城遗址去寻梦。

百尺梧桐阁及其主人

康山风景小有恢复,街南书屋正拟重建,唯有百尺梧桐阁仍然沉睡未醒。而百尺梧桐阁关系着清代扬州另一位最著名的盐商——汪懋麟。

清人梁章钜在《浪迹丛谈》中说过,康乾年间的扬州盐商有三位"通人",即江春、汪懋麟和马曰琯。所谓"通人",在当时来说,应该是指经济、学问、才情皆通之人。江春、汪懋麟和马曰琯都是扬州盐商,也都各有名园。江家在南河下,称为"康山草堂",其余两家则是"汪蛟门之百尺梧桐阁、马半槎之小玲珑山馆,后先媲美,鼎峙而三"。时至今日,汪、马、江三家园林都已不复存在,只剩下些许旧迹可寻。近几年来,康山和街南书屋已经或正在恢复旧观,只有百尺梧桐阁少有人提起。

百尺梧桐阁在东关街哑官人巷,今称雅官人巷。出身于盐商之家、曾任内阁中书与刑部主事的汪懋麟就住在此巷之内。园内旧有百尺梧桐、千年枸杞,并有十二砚斋一座、朱砂井一眼、墨池一泓。据说郑板桥曾题其所居云:"百尺梧桐阁;千年枸杞根。"又题云:"百尺高梧,撑得起一轮月色;数椽矮屋,锁不住五夜书声。"园中的百尺梧桐,当是此园最显眼的标志,园以此得名。园东南有十二砚斋,据说因汪懋麟曾梦见十二砚入怀,故名。朱砂井又名胭脂井,相传每逢五月五日午时,水色嫣红有类胭脂,故名。汪懋麟显然非常爱其家园,所以他的诗文集就叫《百尺梧桐阁集》。

汪懋麟字季用,号蛟门,晚年号觉堂,扬州人。父亲汪如江,字观澜,号觉非居士,以德行称誉乡里。汪懋麟生于明崇祯十三年(1640),卒于清康熙二十七年(1688),享年四十九岁。他于顺治末年在扬州结识诗坛领袖人物王士禛,颇受赏识。汪懋麟于康熙初年成进士,授官内阁中书。继而被举荐参加"博学鸿词科",以丁父忧未与试。因徐乾学推荐,以刑部主事入史馆充任纂修官,参与修撰《明史》。他所撰写的《明史》传记,因记述清晰,裁剪精当,受到时人称许。汪懋麟在京做官期间,与诗人宋荦、田雯、曹禾、丁澎、吉封、颜光敏、王又旦、谢重辉、曹贞吉并称"金台十子"。"金台十子"在京城以诗词唱和,抒写怀抱,或清淡闲适,或悲歌慷慨,名重一时。王士禛编有《十子诗略》传世。至康熙中叶,汪懋麟因故而遭到康熙帝"好生事"之恶评,罢官归乡。从此闭门读书,昼治经而夜读史,锐意成一家言。惜乎三四年后,即得病辞世。汪懋麟著有《百尺梧桐阁集》,系汪氏于康熙十七年(1678)自编。又有《百尺梧桐阁遗稿》,系其死后由侄子汪荃编成。据汪荃说,汪懋麟的著作尚有《明史拟稿》、《通志闲稿》、《琉球国纪事》、《四声叶古录》等,均已不传。

汪懋麟与汪楫都是清初扬州名诗人,一时瑜亮,时称"二汪"。关于"二汪",《清史稿·列传》有载:

汪楫,字舟次,江都人……有《悔斋集》、《观海集》。同里汪懋麟,字季用,并有诗名,时称"二汪"。康熙六年进士,授内阁中书。举鸿博,持服不与试。服阕,复用徐乾学荐,以刑部主事入史馆为纂修官。懋麟绩学有干才。为中书时,楚人朱方旦挟邪说动公卿,懋麟作《辨道论》诋之。熊赐履见其文,与定交。及居刑曹,勤于职事。有武某乘车宿董之贵家,之贵利其赀,杀之。车载而弃于道,鞭马使驰。武父得车马刘氏之门,讼刘杀其子。懋麟曰:"杀人而置其车马于门,非理也。"乃微行,纵其马,马至之贵门,骇跃悲鸣。因收之贵,一讯得实,置于法。其发奸擿伏多类此。懋麟从王士禛学诗,而才气横逸,视士禛为别格。有《百尺梧桐阁集》。

汪懋麟自视甚高,性喜辩论,评品人物,略无顾忌,是一个名士加才子型的风流人物。

关于他的这种倜傥性格,前人多有记述。如王士禛《居易录》说,萧山诗人毛大可生平不喜苏东坡诗,他在京师的时候,汪懋麟特向他举出苏东坡的绝句:"竹外桃花三两枝,春江水暖鸭先知。蒌蒿满地芦芽短,正是河豚欲上时。"并责问毛大可:"像这样的诗,难道还不好吗?"毛大可一时语塞,只好强词夺理地说:"鹅也先知的,怎么只说鸭?"众人为之捧腹。田雯《古欢堂杂著》说,有客人问汪懋麟:"诗如果要学宋人,怎么办呢?"汪懋麟回答说:"你哪里见过宋人的诗,只见得'云淡风轻'一首罢了!"说得客人无言以对。郑方坤《国朝诗钞小传》说,汪懋麟对于自己的诗,特别自信。有一次京中名士集会于祝氏园,酒过三巡,汪懋麟纵谈古人,声言唐人只佩服杜甫,其余不足道。昆山徐乾学与其抗争,两人针锋相对,互不妥协,声浪之高,致使"林鸟皆拍拍惊起,输攻墨守,未审谁雌雄也"。其倜傥性格,跃然纸上。

关于康熙对汪懋麟的"好生事"之恶评,至今仍是一个谜。汪懋麟究竟做了什么事情,使得康熙对他有此评语呢?

据徐乾学为汪懋麟写的《墓志铭》说,汪懋麟入史馆后,众人都说他不日将升任皇帝的文学侍从。忽然有人以流言蜚语陷害汪懋麟,康熙下旨追查,众官惊诧万分,以为汪懋麟必将遭不测。结果,"幸天子宽仁,诏下夺官而已"。有人认为,汪懋麟的得祸,可能与南北党争有关。但归根结底,当与他的鲠直性情有关。这种鲠直,甚至使他多次触及清室忌讳的"扬州十日"惨案。如他在《董姬传》中云:"当乙酉破城时……万马屠城,城中火起,照锋刃如雪。天大雨淙淙,与戈甲声乱,杀人塞坊市。"这样对清兵暴行的白描式的揭露,几乎等同于抗议。"扬州十日"发生时,汪懋麟已经六岁,因此对屠城中"荡家破产,万死一生"以及"二兄就戮"(《祭先考文》)的家庭悲剧铭刻在心。这种巨大的家难,实际上无论是谁也忘记不了的,问题在于汪懋麟比同时代人更为大胆地呐喊了出来。如《哀诗十首》云:

扬州乙酉乱,杀人无遗黎。城中火夜起,新鬼啾啾啼。

再如《题宗副使灯船图兼寄定九》云:

甲申遭丧乱,怨雨愁冥冥。烧原鬼火黑,啄肉乌鸢腥。魂惊北楼角,铁碗发雷霆。

又如《秦淮灯船歌同雪客、叔定家兄作》云:

此时灯船知最奇,此时兵戈已交错。天心杀运不可回,三十年来莽萧索。余年童稚不及逢,白头老人说如昨。

汪懋麟几乎不假掩饰地记录了"扬州十日"惨案,这很可能是导致他仕途遭挫的原因。

学者认为,汪懋麟才气过人,在史学之外,诗、文、词、书俱佳。其诗出入唐宋,兼取众长,自成一格。古文由王安石而达于韩愈,以气势浑厚见长。

汪懋麟有二女,一适程文正,一适胡期恒。程文正之子,也即汪懋麟的外孙程梦星,字午桥,也是一位名诗人,号称筱园主人。

王士禛在《比部汪蛟门传》中,写汪懋麟在临死之前,以自己特有的方式对自己短暂的一生作了了结:

> (蛟门)得疾弥留,令洗砚磨墨,嗅之;复令烹佳茗以进,自谓香沁心骨。口占二绝句云:"噩梦虚名久未闲,孤云倦鸟乍还山。半生心事无多字,只在儒臣法吏间。""小住游仙五十年,大冠长剑亦翛然。文章勋业都无是,敢与何刘一例传。"大笑呼奇绝而逝。时康熙二十七年四月十一日也。

他在弥留之际想到的两件事,竟是闻墨和饮茶,可谓奇崛之至。他对于墨和茶的生死之恋,应当具有不同流俗的象征意义。"文章勋业都无是,敢与何刘一例传"是他对于自己的定评。"何刘"是南朝梁文学家何逊与刘孝绰的并称。《南史·文学传》云:"初,逊文章与刘孝绰并见重于世,世谓之'何刘'。"可见他对文章事业的自重。而他在死前的"大笑",也许是对于自己一生的自嘲。汪懋麟以这种方式告别人世,表现了一种少有的通脱的人生观。

汪懋麟实际上是一个富于趣味的性情中人。他写过一篇《钱氏传》，用寓言小说体，把金钱拟人化，叙述"钱氏"的出身、家世和形制的变化，指出不同的人对金钱有不同的态度。他形容金钱王国说："以巨钱为门，人垒钱以登，乃得入其国。以钱纪官，贵贱皆以钱为冠。其俗骄悍，多智略，好斗，能杀人，而取贵宠凭势力者必赖焉，故人以为神。"寓讽刺于语意之中。他还写过一篇《郭猫儿传》，记述一个民间口技艺人的事迹。扬州民间技艺繁多，凡口技、杂技、魔术、木偶，无奇不有。康熙初，扬州有郭惟秀，擅长口技，虎啸猿啼，鸟啼雀鸣，莫不酷似，尤善仿效猫叫，人称"郭猫儿"。扬州城里每逢节日或宴会，都要请郭猫儿登堂表演，否则举座为之不欢。凡有王公富商经过扬州，也非听郭猫儿的口技不可。可惜其徒弟张眇早死，郭猫儿再无传人。后有京官要携郭猫儿进京，为郭猫儿谢绝，最后终老于故乡扬州。以汪懋麟这样的名宦兼巨商的身份，为一个市井卖艺人作传，也可见其性情之真率。

百尺梧桐阁是汪懋麟在扬州隐居的家园。王晫《今世说》说：

汪蛟门居百尺梧桐阁，隐囊麈尾，颂酒弹棋，兴致萧远，飘飘欲仙。汪名懋麟，字季用，江南江都人，丁未进士，官中书舍人。事亲孝，事兄恭，择人而友之，敬而能和，其立心澹荡而高明。

百尺梧桐阁虽是汪懋麟隐居之所，在当时文人中却名声远播。康熙状元王式丹《送汤逸林入都，即致汤西厓编修、刘后斋都谏》云：

名人畸士纷京华，出入马蹄觅俦伍。
百尺梧桐阁正开，万丈长虹气能吐。

诗中所言,即指王式丹与汪懋麟的密切交往。

百尺梧桐阁在道光时仍在。据《浪迹丛谈》说,园中原有百尺梧桐、千年枸杞,今枸杞尚存,而老梧已萎,所苫孙枝,无复曩时亭苕百尺矣。此园屡易其主,当时为运司房科孙姓所有。又据《扬州画苑录》说,东台画家马绍镛专工写照,用笔精敏,无一不肖,惜用色稍重。道光十四年(1834)至扬州,客百尺梧桐阁,逾年返东台,不数年卒。百尺梧桐阁之毁,约在咸丰兵火时。大约此园在汪氏之后,陆续归孙氏、严氏等。我曾两度去百尺梧桐阁旧址踏访,并与现在的主人小谈。旧址今多空地,略植花木,虽无当年的遗构,但依稀可以想见旧时的风光。如果要恢复,其实也是不难的。

"百尺梧桐阁"之名非自汪懋麟始。唐人杨巨源有诗《赠崔驸马》云:"百尺梧桐画阁齐,箫声落处翠云低。"则唐人已有"百尺梧桐阁"。元人赵孟頫曾绘《百尺梧桐轩图卷》,藏于上海博物馆,则元人亦有"百尺梧桐轩"。十八世纪的朝鲜人朴趾源,曾在自己的官衙中修建过"百尺梧桐阁",他在《百尺梧桐阁记》中说,在他的正堂西北数十步,有废馆十有二楹,经过大力整治,废馆焕然一新,因为"墙外有一树梧桐,高可百尺,浓阴暎槛,紫花飘香,时有白鹭翘翼停峙,虽非凤凰,足称嘉客,遂榜之曰'百尺梧桐阁'"。朴趾源曾在中国学习机械知识,回国后制作过风具、织机、龙尾、水转、轮碾等器具。他的"百尺梧桐阁",不知是否受到扬州汪懋麟的影响。据世居扬州雅官人巷的老人回忆,他们童年时还在胭脂井里打过水,后来井被圈入四美酱品厂,逐渐废弃。井旁有一株粗壮的枸杞,至今每到夏日,便结出累累红果。

值得一说的是,汪懋麟有遗像传世。《汪懋麟像》由扬州画家禹之鼎描写人物,武进画家恽寿平补绘背景。卷中云烟弥漫,汪氏席地而坐,臂枕图书,手持砚台,面前则是各种不同形制的砚台珍品。汪懋麟姿态闲适,神情澹定,显示出高雅的文人趣味。身后是高山,地上有青草,远处似有溪水潺潺,清音入耳。画家描绘了一个清幽宜人的隐居所在,烘托出像主心仪山林、寄情诗文的出尘心境。

《浪迹丛谈》说:"汪、马、江三公皆鹾商,而汪、马二公又皆应词科。"汪懋麟和江春、马曰琯、孙枝蔚、程梦星等盐商一样,具有商人和文士的双重身份。作为扬州盐商大家族中一个有突出的政治影响与文学成就的成员,在他的身上凝聚着丰富的历史文化信息。

汪懋麟像

一宋一廛漫记

"一宋一廛"是民国名士方尔谦先生的书斋。"一宋"是指什么书?"一廛"究竟在哪里?一直萦绕于心,最近算是略知端倪。

大约去年暮春的一天,一位老者突然来访。询问之下,竟是扬州乡贤、号称联圣的方尔谦先生的后人。他是因为看了前一天的《扬州晚报》上我的文章提到他的先人大方先生,辗转问到我的寓所,特来登门拜访的。据来访的方先生说,自从扬州施行文化名城解读工程后,他家的门口也钉上了一块牌匾,上面写着"方尔谦故居"字样。这一来,各地旅游造访者竟然络绎不绝,都想从这里得知方尔谦的些许生平掌故。然而,到了他这一辈,因为经历了太多的政治风云和岁月沧桑的缘故,对于乃祖方尔谦的事迹早已经不甚了了,甚至连一篇最简单的传略也难以提供。客人因此求助于我,希望我能够向他提供一份千把字的方尔谦小传,以便向游客介绍。

我自然一口答应。两天之后,我携着写好的方尔谦小传,并其相片与手迹的打印件,按事先留下的地址,回访方先生。

方家老宅在扬州古城东关街上,距离我的寓所充其量只有一刻钟路程。我二十年前就想探访大方故居,但一直不知道具体地点。这一回我才知道,方尔谦当年在诗中所咏的"空锁扬州十间屋",就在东关街的西端,有名的逸圃对面,坐南朝北。从东关街进入方家,是临街的一座二层简易小楼,进门就是客厅,客厅南边有一方天井,再南边是厨房、杂屋,更南边则是他姓的居所,而当年却是方家的老屋。据方先生介绍,现存的方家的房子,已不是方尔谦时代的旧构,而是抗日战争后重造的。但我心里一直在想,这就是"扬州十间屋"的所在了。方尔谦先生《藏书》诗云:"空锁扬州十间屋,渡江能得几连舻。"董玉书先生《芜城怀旧录》记云:"东关街方氏书塾,地山、泽山昆仲读书处也。"也即是此屋了。

我给方先生写的《联圣方地山》极为简略,不过是聊供方家后人对访客作最基本的介绍而已。文为:

> 方尔谦(1871—1936),字地山,江苏扬州人,光绪十五年(1889)举人。工书,善诗词,尤擅古文辞。精鉴赏,富收藏,室名"一宋一廛"。因工于撰联,故有"联圣"之誉。1915年赴天津,为《津报》主撰社论,词意精整。后被袁世凯延入家馆,教授袁克文等。所撰联语,学养深厚,且包含掌故甚多。方地山将女儿方庆根许给袁克文之子为媳,订婚时两家互换一枚古钱为聘礼,方地山为此撰写了一副对联云:"两小无猜,一个古泉先下定;万方多难,三杯淡酒便成婚。"一时传为佳话。曾任北京女子高等师范学校校长、海关监署,后一直在天津做寓公。方地山性情豪爽,乐于交友。后人评价:"书法挺峭,有山林气。"对于他人所求对联,方地山不论雅俗,有求必应,青楼中也多有他的手书,足见老先生之性情。

大半个世纪以来,各种书报刊登的有关方尔谦逸事的文章不绝如缕,但称得上研究的绝少。只有当代一北一南两位学者,可说是对方氏作了真正意义上的研究。一是北京大学的周一良先生，他收在《郊叟曝言》一书中的《大方先生联语集》，是集方尔谦联语之大成的珍贵史料。一是南京大学的卞孝萱先生，他发表在《历史文献研究》上的《〈光宣诗坛点将录〉"大小方"考》，搜罗方尔谦、方尔咸兄弟资料之全，堪称是关于方尔谦研究的扛鼎之作。但在文献记载之外，方家人也仍有一些未见记载的口碑资料。我访东关街方家时，承方氏后人将一张手抄的方氏谱系简表赠我。此表披露了方氏五代人的世系和姓名，觉得颇为珍贵，故撮录如下，公之于世，愿与对扬州大方感兴趣的朋友共享：

第一代：方长淦，娶王氏。

第二代：生子方沛森（汝霖），娶徐氏、洪氏、朱氏。

第三代：生女方留姑，嫁陈延怡（纯之）；生长子方尔谦（地山、无隅），娶丁氏、仇氏；生次子方尔咸（泽山、无争），娶王氏、朱氏、蔡氏。

第四代：方尔谦生子方庆庞（贻安）、方庆龙（士云）、方庆凯（孝吾）、方庆还（七来），生女方庆欢、方庆泽、方庆根；方尔咸生子方庆庄（筱同）。

第五代甚多，其中方尔谦的孙辈有方松寿、方重寿、方申寿、方慈寿、方丽中、方连寿、方丽华等。

其中，第四代的方庆根字初观，嫁给袁克文之子袁家嘏。因发帖订婚时，两家以古钱为聘，大方先生才有了上文那副著名的联语。

扬州现在正在整治东关老街，我应约写过一篇《东关潮汐》，历数这条老街的前世今生。我认为，扬州东关街作为一条历史老街，不仅出过一批名闻遐迩的商界精英，还出过一批学贯古今的文化精英,方尔谦成为近代中国名士绝不是偶然的。例如,在东关街中段有街南书屋旧址,马曰琯、马曰璐兄弟在此藏书百橱。东关街南侧有一条寂寞的观巷,书法家包世臣的小倦游阁即在此中。东关街左近的东圈门有青溪旧屋,乃是经学家刘文淇数代之居所。方尔谦的老宅,就在这些文化名迹之间。在某种意义上,马曰琯、马曰璐、包世臣、刘文淇、方尔谦等人,都是他们各自领域里的巨人,谁能想到他们的居止竟然在咫尺之间呢。

但大多数人在谈方尔谦时,都说他是联圣,很少说他是藏书家。

关于藏书家的方尔谦,伦明《辛亥以来藏书纪事诗》咏道:

旧日豪华识地山,乱书堆呈拥红颜。
十载津门阻消息,白头乞食向人间。

注云:"扬州方地山尔谦,性豪侈,工诗,与袁寒云以师生而姻娅。其弟尔咸,辛亥后转运淮扬,故地山资甚雄,大购字画古书,蓄姬妾数辈。后移居津门,境渐窘,斥所有以济乏。余十年前识之于津门书店,旋访之其寓,尽出珍本相示,目不暇接。忆有《渔洋山人稿本》二种,一评其叔祖季木诗,中多抹句,谓染钟、谭习;一《南台故事》残稿,后来黄叔琳所辑当本之。比闻书已尽出,日惟以借小债度活。今年七十余矣。"惜并未提及"一宋一廛"。

明白提到方尔谦"一宋一廛"的,是王謇的《续补藏书纪事诗》:

世间有有必有无,蒙庄达观资楷模。
粥及借人真细事,恢弘大度非局隅。

注云:"方地山尔谦,号无隅,扬州人,好蓄书,而宋版乃仅得一部,戏号'一宋一廛'。尝有《咏海王村绝句》云：'十年厚价收书惯，列肆交称不似贫。渐觉盛名难副实，相逢温语逼闲人。'又有诗，序曰：'无隅有书百余簏。七、八年，国中不靖，叠罹干戈水火苦。移居，屋渐小，转病书多。忆易安《金石录后序》云，拉杂为书困。吾叔韬好古，同病相怜，喜其助余太息也。'诗云：'十年生聚五车书，有有须知必有无。粥及借人真细事，存亡敢说与身俱。''畀予犹有此区区，何日相逢还旧居。空锁扬州十间屋，渡江能得几连舻。'"其中"有有须知必有无"一句，体现了历来藏书家最为难得的豁达心态。我特别注意的是"空锁扬州十间屋"一句，我认为它应当就是"一宋一廛"之所在。

但"一宋一廛"究竟是指天津寓所，还是指扬州故家呢？在任继愈先生主编《中国藏书楼》里，有《方尔谦与一宋一廛》一节。说方氏少时家贫，无力收购古书，后业盐致富，方始广泛搜求。宣统年间，敦煌劫余经卷由甘肃运至北京，时任学部大臣的李盛铎，以职权之便，攫取其中精善者，与何震彝、方尔谦等私分之。方尔谦获唐人写经三百余卷，内以《莲花经》为多。在此期间，方尔谦还得有百衲本书十数部。辛亥革命后，方尔谦在淮扬之间，经营盐业，骤入二十万金，遂大购古书字画，丁福保说他"居沪数月，挥霍便罄，而所得珍籍、古玩，固累累然筐箧间矣"。《中国藏书楼》又写道：

> 方氏曾获宋刻本《舆地广记》三十八卷。是书原系丁雨生旧物，内有黄丕烈、顾广圻题跋，颇为名贵。方得之后，遂自称为"一廛一宋"。

但因疏于校对，行文将"一宋一廛"写成了"一廛一宋"，而且没有说明"一宋一廛"的地点。

最近读了卞孝萱先生的文章，才知道"一宋一廛"之名始见于

近人闵尔昌的《方地山传》:

> (方尔谦)喜聚书,嗜博览,名槧旧钞,高价购求,曾不少吝。尝得宋本《舆地广记》数帙,以黄绍武旧有"百宋一廛"之名,武进某氏人谓之"百廛一宋",乃曰:"吾今可称'一宋一廛'矣。"

据此,"一宋一廛"之名,实为戏称而已,不一定是真正的书斋名字。关于方尔谦获得敦煌石室唐人写经一事,卞孝萱先生引罗振玉的推测,何震彝邀请方尔谦助其遴选精品有可能,事后赠送一些石室写经也有可能,但数量不会很多。

"一宋一廛"的灵感,显然来自清代藏书家黄丕烈的"百宋一廛"。黄丕烈字绍武,号荛圃,又号佞宋主人,苏州人。生平爱藏书,尤喜宋本。因藏宋本二百余种,因自号书斋为"百宋一廛",也是以藏书丰富炫耀于人之意。黄丕烈的藏书目录,后称为《百宋一廛书录》,顾广圻著有《百宋一廛赋》以记其事,所言均限于宋本。然而,这些心爱的宋版书并不能永远保存在藏书家自己的手中。到黄丕烈晚年,因生计窘迫,图书流散,海源阁、皕宋楼、铁琴铜剑楼等均陆续收入了"百宋一廛"的旧藏。

在"一宋一廛"名字的背后,是中国传统藏书家对于宋版书的特别偏嗜。曾见李雪梅女士《中国近代藏书文化》对"嗜宋之风"做过分析,说藏书崇尚宋元版肇始于明代,经明末藏书家钱谦益、毛晋大力提倡,清初钱曾、季振宜、徐乾学继之,至乾嘉时蔚成风气,一直延续至近代。近代战乱频繁,且距宋代久远,宋元刻本日稀,加之宋本迭经名家收藏,宋版书已被藏书家视为镇库之宝。无论是陆心源的皕宋楼、黄丕烈的百宋一廛,还是袁克文的皕宋书藏、方尔谦的一宋一廛,明明白白折射出的都是中国藏书界的所谓"嗜宋之风"。这种"嗜宋之风"甚至发展到非理性的程度:"好古者重宋版书,不惜以千金、数百金购得一部,则什袭藏之,不轻示人,即自己亦不忍数翻阅也。"这是清人陈其元在《庸闲斋笔记》里的一段感慨。

但"一宋一廛"究竟在什么地方呢？徐雁先生在《沧桑书城》书中有一篇《话说"一宋一廛"》,实际上写的是中国藏书史上琳琅斗富的风尚。文中举例颇丰,真正涉及方氏的有两句:"我认为,在当时的藏书家中,最堪钦佩的可能要数扬州籍的天津藏书家方尔谦了。方氏长期客居天津,卒于二三十年代。在他的藏书生涯中,宋本仅仅得到过一部,于是便将自己的藏书处戏称为'一宋一廛'。"徐雁称方尔谦是"扬州籍的天津藏书家",但是方尔谦的"一宋一廛"到底是在天津还是在扬州呢,他并未说明。

也许"一宋一廛"的真正价值,主要在于"一宋",也即宋本《舆地广记》。《舆地广记》,宋欧阳忞撰,历史地理学著作。该书历述自古以来的郡县建制沿革,内容完整,体例明了,为后代编撰《一统志》之先河。此书在宋代刊行于世,但当时并未引起人们足够重视。与前代和同时的历史地理学著作相比,《舆地广记》在编撰体例上具有许多独到之处。清人朱彝尊称赞该书"其沿革有条有理,胜于乐史《太平寰宇记》实多"。可惜在大方去世以后,他的"一宋"落入谁人手中,不得而知。

至于"一廛",也许并不重要。"一廛"在古时泛指一块土地,或一处居宅。《孟子》云:"远方之人,闻君行仁政,愿受一廛而为氓。"柳宗元《柳长侍行状》云:"无一廛之土以处其子孙,无一亩之室以聚其族属。"方氏的"一廛",究竟在南在北,是虚是实,现在看来都无所谓了,因为"一宋"已经不复属于方家。我看到的方家老屋,大半已属于他姓,方氏后人所住的逼仄的房子里,并无几本书。我们只有凭借想象力,去感知当年"一宋一廛"的主人曾经坐拥书城,犹如美女环侍的情景了。

方尔谦先生有一方图章,文为"寡人好色"。他的喜欢女人,不下于喜欢古书。只要看看周一良先生搜集的《大方先生联语集》里,有那么多赠给风尘女子的联语,就什么都不用解释了。扬州的另一位名士李详先生在《方地山僦居嵩山路,悬金购书,率致精本,为赋此诗》中,这样形容方尔谦的生活:"地山好书如好色,猫姪娃娥日侍侧。白头历齿且屏之,矜说佳人难再得。"我们可以悬想,在大方那并不太奢华的房子里,一边是胭红粉白,一边是黄卷青灯;一边是莺声燕语,一边是啸傲苦吟;一边是巫山云雨,一边是玉轴琳琅——这就是"一宋一廛"的绝妙风光。

在本文草成之后,我决定再访一次"一宋一廛"的故址和新主。但等我走到那里时,想不到眼前竟然非复旧景,人去楼空。在方家孤独的小楼前,现在临街新砌了一座青砖二层店面房,是一家超市,店名承澜阁。我从左边小巷进去,叩开方家老屋的边门,开门的却是一个操外地口音的建筑民工,临时住在那里。我问他:"原来住在这里的方家人呢?"他说:"早就搬走了。"问他搬至何处,回答是不知道。我在一片茫然中,忽然忆起大方先生当年的诗句"空锁扬州十间屋",竟一语成谶。

在东关街修复整治工程中,像大方这样的名人故居,是否一定要让其后人悉数迁出?名人故居若没有名人后裔居住,是否近于买椟还珠?这是近来萦绕于心的新问题。

方尔谦墨迹

寻芳何公盛
——寻找老字号何公盛酱园

有朋友送给我一枚清末民初扬州何公盛酱园的商标,纸质彩印,品相之完好,色泽之鲜艳,令人爱不释手。以至于在把玩之余,我想循着它那隐隐约约的酱香,追溯何公盛酱园的前世今生。

何公盛的基本情况,其实在商标上已有简略的说明。商标最上面的一行字,从右到左是"扬州何公盛正记酱园",是为这家商号的正式名称。稍下绘一锅灶,据说当初何公盛店堂内设有酒灶,用于温酒,故以酒灶为记,旁边写有"酒灶商标"四字。商标的两侧各有一个圆形图案,左边写着"南洋劝业会奖章",右边写着"江苏物产会奖章",应该是何公盛酱园曾经获得的荣誉。商标最下面,在桃花映衬之中,有一个圆圈,圈中竖写着几行红字,乃是酱园的地址和经营的项目:"本号开设扬州钞关城内埂子大街。自造三伏秋油,各式罐头酱菜、香酸滴醋、特制腐乳,自运绍兴老酒、徐沛高粱。赐顾者请认明酒灶商标,庶不致误。分设:本城文昌楼、新浦东大街。"使人眼睛一亮的是"新浦东大街"!这是指"新浦"的"东大街"?还是"新"的"浦东大街"呢?

新浦旧属江苏东海县,而浦东今属上海。浦东的大规模开发,是当代引为自豪的伟大成就,但浦东的开发不是今天才开始的。早在清末民初,浦东已经小有市面,扬州何公盛酱园有可能把自己的分店开设到浦东。但是,如果说在浦东早期开发史上有扬州何公盛酱园的身影,可有什么依据吗?

打开《上海蔬菜商业志》,看到上面果真记载着:民国初年,上海酱菜业获得大发展,扬州、镇江的酱业商人蜂拥而入。接着,常州、南通的商人也进入上海,但整个上海酱菜业还是以扬帮为主。他们利用酿造酱油所剩的下脚酱,制作酱萝卜等,形成了专业与兼营的酱菜加工批发户,代表性的企业就是恒顺酱醋厂、何公盛酱园。直至若干年之后,上海人在编撰《上海蔬菜商业志》时,还记得当年位于江宁的扬州何公盛、位于提篮的扬州正泰、位于闸北的扬州维生等扬州旅沪酱业老字号。

何公盛本部所在的埂子大街,今称埂子街,明清以来一直是由钞关码头进入扬州城内的主要干道,商铺鳞次栉比,旅客车水马龙。埂子大街的两侧,曾经开设着无数著名的商铺,如伍少西毡帽、戴春林香粉、江所宜香干、体仁斋膏药、王万兴锅罐、杨文竹毛笔、长乐园客栈、丰乐园酒楼、小山园浴池等。其中何公盛酱园,据说创业于清嘉庆初年。

民国《江都县续志》卷六《实业考》记道:"糟酱业,以酱为主,兼售酒醋。郡城最大者,为何公盛、四美二家,徐恒大等次之。所制之酱,运销各地,酱油、酱菜尤著名,岁销银币约五十万。"这是官方对何公盛的记载。

另据程裕祥先生在《扬州埂子街之"最"》一文中介绍,何公盛酱园创办于清嘉庆元年(1796),由浙江绍兴何姓经营。何公盛酱园的具体地点,在埂子大街之西,太平码头之南。酱园为三开间二层砖木结构,前店后作,临街是门面,后面直至小秦淮河边是作坊。整个酱园占地三千平方米,常年雇工十六七名,季节工十余人。何公盛主要生产经营酱油、酱菜、食醋、麻油和白酒等商品,以自然发酵生产的三伏酱油和各种酱菜最为出名。因何公盛酱园选料严格,做工讲究,故近销扬州城乡,远销沪、宁、苏、锡、常等地。何公盛的酱品以批发为主,零售为辅,在大江南北称雄一时。直到1956年2月,何公盛、徐恒大等八家酱园合并为公私合营扬州三和酱品厂,何公盛的名字才渐渐淡出人们的记忆。从1796年到1956年,何公盛在世界上整整存在了一百六十年。好在如今埂子街121号仍完整保存着这家百年老店的旧址,成为当今扬州不可多见的老字号的遗迹。

何氏在中国近代实业史上有一定的地位。广州何济公制药、佛山何氏盲公饼、厦门何氏回春药店、扬州何公盛酱园等,都是何氏创办的。而扬州何公盛酱园主人的原籍,具体来说,应是浙江绍兴东边的余姚。

何家的酱业,实际上不仅有扬州的何公盛,还有上海的何寿康。今天当人们在讨论品牌和市场时,还提起已消失半个世纪的何寿康。林祖申先生《科技是品牌的源泉,品牌是企业的命根》说:"回顾旧社会私营企业的老板们视品牌为企业的生命,一个品牌世代相传,名闻海内外。如雷允上的六神丸、何庆余堂的阿胶、北京路万升的卫生酱油、老西门万和的白酱油、沪西鼎顺的香炉牌酱油、何寿康的虾子酱油,都各有特色,互不抄袭重复。"

何寿康酱园的地点,在上海小沙渡路,今西康路1419号,为当时沪西地区规模最大的一家酱园。主人何联第,名义上有五百多口酱缸,实际上多达两千口。据资料,何寿康以土法生产酱油,同时兼做黄酒。其中以"寿星"、"荷花"为商标的三优酱油、卫生酱油、虾子酱油等是其特色产品,远销东南亚各地。凡酱园都有一定数量的酱缸,以及相应的场地和库房。酱缸少则数十只,多则上千只,每只缸可装酱千斤,故缸的数量决定酱园的规模。上规模的酱园,号称"六作俱全",即既有酱作(生产酱油),兼有酒作(生产黄酒)、吊作(生产白酒)、醋作(生产香醋)、水作(生产乳腐)、酱菜作(生产酱菜)——何寿康即以酱油为主,兼营黄酒和酱菜。《新民晚报》曾载文介绍上海酱园业的变迁,告诉我们当年酱油生产的过程:"每年农历春分到夏至,为一年的投料生产期。利用三四个月梅雨季节开足马力,集中人力物力财力烧豆、蒸糕、做面酱,直到装满园场上的空缸。从原料投入到酱油产出,时间长达半年。发酵周期长,加上日晒夜露,产品色泽风味特好。冬季是一年中的销售旺季,素有'三春靠一冬'之说。"

何联第并不是何氏酱业的创始人。何氏酱业的创始人很可能是何联第的祖父何丹书。何丹书曾经花钱捐了个三品候补知府,后来有意于兴办教育和实业。何丹书有一张大约摄于1900年冬的官服照,虽然损毁严重,依然可见其精明的风采。何丹书的老家在浙江余姚一个叫回龙市的地方,其老宅至今还保留着。据说何丹书读书不多,从摆水果摊子起步,到买卖军火发家。发迹之后,捐资在回龙市办了个丹书学堂,即现在的回龙中学。他还买了两百亩田供养学校,以田租支付学校各项费用。何丹书去世后,葬在余姚祖茔,人民公社时期墓被平掉。

丹书学堂建成于1908年,开始时学费全免,由校田租金维持日常开支,同时,对何姓学生优先安排工作。到1936年左右,学堂开始收取学费,一般为两斗到四斗米一学期。学堂教育采取复式教育。丹书学堂大门朝东,门上悬一匾,书"丹书学堂"四字。进门厅堂有一屏风,旁立一牌,上写"民众问字处"五字,有先生在此专为当地民众读书写信,解难释疑。厅堂左右是教室,南面两间为"仁教室",北面两间为"智教室"。走过一根高大的木旗杆后,是室内操场。操场的南面是仓库和会场,仓库里面摆放的是校田收上来的租谷,会场正中悬挂着孙中山先生像和国民遗嘱。操场北面是老师办公室,有孔夫子像,并书"至圣先师"字样。操场正中是丹书堂,堂前一牌,上写"惠我青年"四字。丹书堂正中是何丹书本人的像,左右有对联:"诗书敦宿好;山水有清音。"每天清晨,学生上学,第一件事是在丹书堂拜何丹书像,然后在老师办公室拜孔夫子像,然后才回教室学习。丹书堂的北面还有两间是"勇教室",里面有一排木箱,存放童子军服装。"仁"、"智"、"勇"三字,概括地体现了何氏为人的道德与哲学,也显示了何氏办事的细致和务实。

　　有意思的是,至今在浙江余姚回龙市,还有老人记得,何家以前在扬州有产业,叫做"何公盛酱园"。说这话的老人叫吴禄田,他已经年过八旬。他说他的一个叔叔曾在扬州何公盛酱园做过活儿。不过现在无法肯定的是,何公盛的老板究竟是不是何丹书本人?何丹书死后这份产业是不是被何联第的弟弟何升第所承继?据说,当时扬州人都称何公盛酱园为"何半城"。"何半城"不是指何氏其人,而是指何家酱园之大。

　　何联第的孙子何培馨(Benson Ho),生于1946年,现居美国。据他回忆,他的祖父何联第对他讲过很多往事,说何家是书香子弟,上代在上海做官,原本并不是生意人。何家的酱油店是清代皇帝送的,因为不是所有人都能开酱油厂。通常皇帝只把酱业赐给自己的家人。何家其他的公司,都是人家叫何联第投资的。他自己只开了个银行。何家还投资报业,即著名的《新闻报》,但由别人打理,以至于1929年5月发生史量才并购《新闻报》的风波。何寿康酱油厂由何培馨的父亲何传龙打理。何联第是非常乐观的人,信仰"知足者常乐"的古训。他老人家长寿,晚年被红卫兵强迫游街,头顶戴着高帽子,颈里挂着儿媳的高跟皮鞋,身上写着"打倒刘少奇,打倒邓小平,打倒何联第"的标语。但回家他还很高兴,说:"真是不错,我能与他们齐名。"

扬州因得淮盐和菜蔬的丰盛之利,制酱业一直蜚声全国。在晚清民国之际,以何公盛、徐恒大、四美、裕森等为诸家酱园之首。到民初时节,又有元大、镇大、巽泰、天丰厚等数十爿酱园,如雨后春笋,遍布城乡。如今独霸江山的三和酱菜公司,创办于1927年,1930年正式开业。合股的三位老板,有两位是梁氏弟兄,还有一位是海安陈氏。据说,三和开业之后,就到何公盛、四美猎取人头,对那些资深技师许以高薪。三和以其精明的商业策略,从何公盛等处挖来了几个制酱能手,居然后来居上。

按照有人的说法,当时何公盛的市场以苏北里下河为主,徐恒大的市场以城乡近郊为主,三和便把目光投向苏南,投向上海,投向南京等外埠市场。三和的总店设在卸甲桥,这里距福运门码头不远,发货苏南便捷。此外又在扬州闹市口的教场街、埂子街、得胜桥、萃园桥、打铜巷开了五爿分店,皆独立核算。扬州的酱业,于是出现了群强争胜的局面。

何公盛酱园商标上写着"南洋劝业会奖章"、"江苏物产会奖章"字样,这是近代扬州民族工业的莫大光荣。

南洋劝业会是中国近代史上首次举办的大型物产博览会,时在宣统二年(1910),地点在南京丁家桥至三牌楼一带。这是晚清有识之士为了富国强民,唤醒人们发展实业的意识而兴办的,甚至连慈禧也深感兴趣。结果,在借鉴了美国圣路易斯万国博览会、比利时黎业博览会、意大利米兰博览会之后,举办了中国南洋劝业会。会场分工业、农业、教育、卫生、军火、美术、侨商产品等馆,除两江而外,东北、直隶、湖北、陕西、湖南、四川、河南、山东、云贵、安徽、江西纷纷设陈列馆,南洋群岛的爪哇、雅加达、新加坡、苏腊巴亚等也都前来参展。引人注目的是各地特产,如江宁的缎业、湖南的瓷业、山东的玻璃、江浙的水产、上海的洋布、湖北的鄂呢、北京的花纱、启新的水泥等,都集中登台。劝业会在百万件展品中,选出五千余件获奖展品,其中一等奖六十余件、二等奖两百件、三等奖四百件,分别颁发奖牌。这一年,鲁迅先生担任浙江两级师范学堂监学(教务主任)兼博物教员,因为他主张接触社会实际,曾组织师生赴南京参观南洋劝业会。何公盛生产的酱油、酱菜,就在南洋劝业会上荣获了"南洋劝业会奖章"。

江苏全省物产展览会是由江苏省建设厅主持举办的盛会。当时的中南银行行长胡笔江、镇江商会会长陆小波等要人,都是物产展览会筹备委员。在物产展览会上,江苏美食是展出的重要内容。展览会制定的评选原则有三:第一,须是"江苏省内各县众所咸知的名菜";第二,须是"江苏出产的原料,纯粹江苏的做法";第三,须要"充分表现出江苏独特的风味格调"。经过一个多月的调配遴选,终于在物产展览会大会开幕的那一天,在省府餐厅开出一桌大家精选的标准江苏菜。江苏第一次物产展览会是在陈果夫主政江苏时期举办的。此后,民国十年(1921)举办了江苏第二次物产展览会,民国十四年(1925)举办了江苏第三次物产展览会,在历史上具有重要意义。而扬州何公盛酱园,就是在江苏全省物产展览会上荣获了"江苏物产会奖章"。

在何公盛生存的时代,扬州酱园多达百家,产品销往全国和南洋。到1949年,城内尚有酱园七十多家。1949年后,大批酱园被合并,只保留了三和、四美、五福等数家。而今的扬州酱菜业,几乎只剩下了三和。三和的历史,其实经历了多次的变更——1956年,实行公私合营,三和合并何公盛、徐恒大、万和西、天丰厚、天生、公顺、爵禄等酱园,更名为三和酱菜厂;1970年,三和又将荣祥丰、五福并入,改名酱品二厂;1979年,恢复扬州三和酱菜厂。

扬州酱菜材料精良,制作考究,以鲜、甜、脆、嫩,闻名于世。乳黄瓜、萝卜头、什锦菜、嫩芽姜、宝塔菜、黄豆酱油、虾籽酱油等,皆称名品。这些年来,三和的产品多次获得省优、部优产品称号,其中瓶装乳黄瓜获得全国酱菜评比唯一的国家银质奖。在1988年中国首届食品博览会上,三和的瓶装酱菜系列、花式酱系列双获金牌。

2009年1月21日,在这个阳光温暖的冬日晌午,我独自骑车来到埂子街,寻找何公盛酱园的故址。地方不难找,看看门牌,问问居民,便来到一座外貌衰败但结构高大的两层旧楼前,看得出当年主人的殷实。叩门造访,一位老者开门,一眼看去,甚是面熟,原来是早就认识的宗老先生。他因拆迁,住在这里已经三年,住处就是何公盛的店堂。店堂如今被隔成两半,北边是客厅,南边是卧室,楼上也是住处。在宗家南面,还暂住着一户人家,很小,应是当初的偏房或后建的茅披。店堂临街,地势很高,在原店堂后面可以凭窗俯瞰河边低洼的老作坊。埂子街一名"埂子上",因为街在小秦淮河的堤岸上。当我今天在宗先生家凭窗俯瞰时,我几乎不敢相信自己的眼睛,在我的眼前,当年的作坊宛在,那里居然还堆积着大量尘封已久的酱缸和酱坛!在一片凌乱和死寂的老作坊里,你无法想象曾经布列着千百口飘香的酱缸,忙碌着十几名挥汗的师傅,何公盛商标上写的三伏秋油、罐头酱菜、香酸滴醋、特制腐乳就是从这里运往南边各地的餐桌上的。

中国人有句老话:"开门七件事——柴米油盐酱醋茶。"酱本是老百姓日常生活离不开的。而作为扬州美食之一的酱菜,则是传统口味和民间技术的结合。何公盛没有了,但在三和的乳黄瓜里,还能闻到何公盛的酱香。

我想将来或许有一天,钟情于乡邦文化的扬州人会在这座旧楼的门口钉上一块铭牌,镌刻着何公盛酱园的历史,描绘着何公盛酱园的商标,让后人缅怀这家走出扬州、远征南北的先驱者——湮没已久的扬州老字号：何公盛。

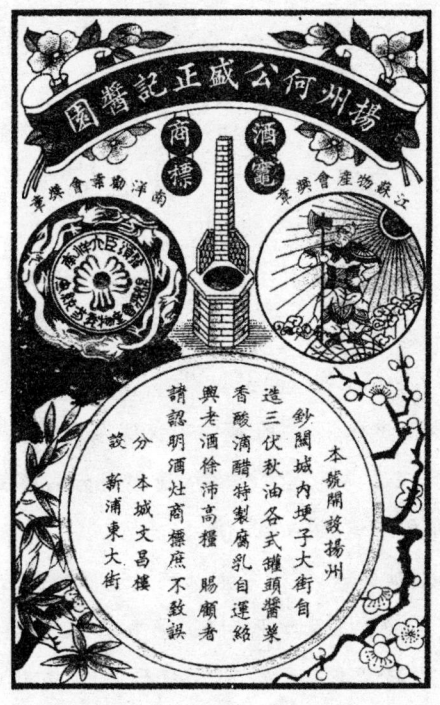

扬州何公盛商标

品味盐运司

这个地方的气味,单纯而又复杂。它本来只有一种浓烈的盐味,但却由盐味而产生铜臭,在铜臭中又羼杂官气。而事实还远非如此简单。在盐味、铜臭、官气之外,我们还可明感受到另外一种沉郁的芳香,那便是雅兴、书香、儒风。

现存的两淮盐运司,实指两淮都转运盐使司衙署门厅,位于东圈门对面的国庆路。门厅坐西朝东,悬山结构,顶盖筒瓦,面阔三间,进深五檩,脊高两丈有馀。前面有石狮一对,两旁列八字墙。明清朝廷盐赋,大半赖此收取。门厅虽屡经修缮,好在旧制尚存。

这座看似简简单单的门厅,其实凝聚着明清扬州的文化精神。明清的扬州,以风雅闻名于世,而风雅并不是孤立地形成的。其中有江南文化的熏陶,有两淮文化的浸润,还有历任两淮盐官的倡导。两淮盐政官员代表着中央政府直接管理两淮盐商,他们的所作所为对盐商起着示范的作用,而盐商始终领导着扬州社会风气的新潮流。

早在明代,扬州就流传这样的谣谚:"盐政奚废公未逢,盐政奚兴逢我公。""范来早,我人饱;范来迟,我人饥。"这是明代扬州人歌颂两淮盐运使范锶的。一个盐官,竟能得到人们这样的拥戴,他到底是怎样的人呢?据《明史·范锶传》载,范锶,字平甫,其先江西乐平人,曾任两淮盐运使。范锪在未得到上司命令时,就开仓赈民,救活了十万老百姓。他后来虽然丢了官,却赢得了人民的颂扬。扬州人欢迎他,并为之建范公祠,是因为他的政声。

扬州人为盐运使建祠,除了范公,还有崔公。过去一直传说盐官多贪贿,但盐运使中也有廉洁者。清初石成金在《掷金杯》中说,扬州府崔华升任两淮盐运司,由于高僧智朗和尚的劝诫,而成为一个十分清廉的官。"崔公自会朗师之后,凡事但有贿赂,俱辞不收,亦不听情嘱。在任五年,两淮盐商感激至公,捐造崔公祠在运司前,至今流芳不朽。"像崔华这样的盐官,并不是个别的。

至少在两淮盐业的黄金时代,扬州的盐政要人们大体上都维持着一种风雅教主的形象。两淮巡盐御史曹寅和两淮盐运使卢雅雨、曾宾谷等人,堪称其中的代表人物。直至清末民初,扬州的盐官们还醉心于风雅,正如民国小说《丛菊泪》第二十七回所写的那样:"到任以后,满嘴的曾宾谷,一肚子卢雅雨。"

来看两淮盐运司,不能不想起卢雅雨。他是两淮盐官中声誉最高的风雅中人。《扬州画舫录》这样评介他:"卢见曾,字抱孙,号雅雨山人,山东德州人……公工诗文,性度高廓,不拘小节,形貌矮瘦,时人谓之'矮卢'。辛卯(1711)举人,历官至两淮转运使。筑苏亭于使署,日与诗人相酬咏,一时文宴盛于江南。"卢雅雨两次担任盐运使,座中皆天下文士,凡贫而工诗者,卢雅雨无不折节下交。诗人赵云崧有诗云:"红桥修禊客题诗,传是扬州极盛时。胜会不常今视昔,我曹应又有人思!"其一时风雅,可以想见。

卢雅雨在两淮盐运使廨署中建筑的苏亭,是纪念苏东坡的。苏东坡做过扬州太守,又以诗名传千古,卢雅雨显然想效法这位先贤。的确,他在公事之余,非常热衷于风雅,以致四方贫士纷纷投靠他。吴敬梓多次到扬州去,也曾经投靠卢雅雨。因为两淮盐政在真州、淮安分设淮南、淮北盐所,所以吴敬梓除了到扬州以外,还数次去真州、淮安。这是由于真州、淮安都属于卢雅雨的管辖区域的缘故。《雨窗消意录》记载了一则故事,说山阴寒士胡西垞行为古怪,落魄扬州,屡次谒见卢雅雨而不得。除夕这日,万般无奈,便写了一首诗送给卢雅雨:"莽莽乾坤岁又阑,萧萧白发老江干。布金地暖回春易,列戟门高再拜难。庾信生涯最萧瑟,孟郊诗骨剧清寒。自嫌七字香无力,封上梅花阁下看。"卢雅雨看到诗后,立即骑马到胡西垞下榻处拜望,并厚赠礼物。

卢雅雨在扬州最为人称道的事,是于乾隆二十二年(1757)举行了规模盛大的"虹桥修禊"。修禊在古代原是春日到水边用香熏草药沐浴以祛灾祈福的一种风俗,自魏以后逐渐演变为人们游春宴饮的一种野外活动。在扬州,王渔洋于康熙元年(1662)、三年(1664)两度举行虹桥修禊,邀集天下名士写诗唱和,后来编成《虹桥唱和集》和《冶春诗》,风行南北。卢雅雨主持的虹桥修禊,盛况不减当年,和诗者约七八千人,诗集编为三四百卷。袁子才、郑板桥等一时俊彦,都有奉和之作。

卢雅雨很重视教育,在扬州主持改建了安定书院,并且聘请名师来讲课。他和扬州的风雅盐商马氏兄弟交谊很深,时常在一起切磋学问。实际上,卢雅雨本人就是一个学者。他曾选编宋代以前的十余家著述,刊刻为《雅雨堂丛书》;又收集其家乡山东籍诗人的诗作近六千首,编印为《国朝山左诗钞》六十卷。他自己的著作多毁佚,有《出塞集》传世。

卢雅雨在扬州主持风雅,同王渔洋的"日了公事,夜接词人"颇为相似。《随园诗话》说"卢雅雨先生转运扬州,以渔洋山人自命",这话原是不错的。

关于卢雅雨的治学,常为一般人所忽略,其实在校勘古书方面,他是专家。梁启超先生《中国近三百年学术史》在谈到清代学者整理旧学的总成绩时,认为清儒的特长在于校勘。梁启超说,校勘一事,"乾嘉以后学者个个都喜欢做。而最专门名家者,莫如卢抱经、顾涧蘋、黄荛圃,次则卢雅雨……"。乾嘉学派除了皖学、吴学之外,又有扬学。李详先生在《药裹慵谈》中认为,扬州学派是从卢雅雨肇始的。自从卢雅雨在扬州做盐运使,吴学领袖惠栋和皖学始祖戴震均往来其间,扬州这时才开创了训诂派。卢雅雨对于扬州学派的形成所起的作用,无疑是没人可以替代的。

继卢雅雨之后,又有在扬州总持风雅的两淮盐运使曾宾谷常为后人所道。

曾燠字庶蕃,号宾谷,江南南城人。乾隆四十六年(1781)进士,选翰林院庶吉士,改户部主事,迁两淮盐运使。后至道光年间,朝廷因当时两淮盐务疲惫,特命曾宾谷以巡抚衔巡视两淮盐政。因此,曾宾谷同卢雅雨一样,两次到扬州做盐官,真似乎有一种缘分。

曾宾谷作为两淮盐政长官,也完全是风雅教主的做派。《郎潜纪闻二笔》这样评价他:"南城曾抚部燠,今人犹称为曾都转,以公宦辙留扬州最久也。红桥竹西宾从文宴之盛,远踵韩(琦)、欧(阳修)、刘(敞)、苏(轼)诸公,近接(周)栎园、(王)渔洋、(卢)雅雨诸老辈,盖几几乎海内龙门矣!"韩琦、欧阳修、刘敞、苏轼、周亮工、王士禛、卢见曾都是以文章名于世,而又在扬州做过官的。曾宾谷则是步其后尘的又一人。在中国历史上,有很多官吏都是这样,他们的政绩早已为岁月磨灭,惟独文名却穿透时空的迷雾直达未来。

同王渔洋的"日了公事,夜接词人"极为相似,曾宾谷在扬州的生涯是"旦接宾客,昼理简牍,夜诵文史"。曾宾谷为接待八方名士,特地在官署中建造了一座题襟馆,作为诗酒唱和的场所。后来弃官到扬州来做盐商的何梽,为题襟馆写了一副长联。联句洋洋洒洒,完全撷拾扬州典故,也可见两淮盐商文风之盛是其来有自的：

  当年多士登龙，追陪雅集。溯渔洋修禊，宾谷题襟，招来济济英髦，翰墨壮江山之色。鬓玉钩芳草，绿醑歌衫，金带名花，香霏砚席。扬华摛藻，至今传宏奖风流。贤使君提倡骚坛，谁堪梅阁联诗，芜城续赋；

  此日有人骑鹤，烂漫闲游。怅文选楼空，蕃釐观圮，阅尽茫茫浩劫，园林剩瓦砾之场。只桥畔吹箫，二分月古，湾头打桨，十里春深。补柳栽桑，渐次复升平景象。大都会搜寻胜概，我欲雷塘泛酒，蜀井评泉。

  曾宾谷在扬州做两淮盐运使时的风雅盛况，钱泳《履园丛话》有高度的赞美："南城曾宾谷中丞，以名翰林出为两淮转运使者十三年。扬州当东南之冲，其时川、楚未平，羽书狎至，冠盖交驰，日不暇给。而中丞则旦接宾客，昼理简牍，夜诵文史，自若也。"曾宾谷在题襟馆里常与当代名士相唱和，其中如袁简斋、王梦楼、王兰泉、吴谷人、张警堂、陈东浦、谢芗泉、王芾町、钱装山、周载轩、陈桂堂、李啬生、杨西禾、吴山尊、伊耐园等人，都是座上之客。为了摹仿前人的虹桥修禊，曾宾谷在扬州九峰园举行了秋禊之会。他在一首长诗中回顾当年虹桥修禊的盛况，以为"渔洋遗韵继者少，百有余岁空悠悠"。曾宾谷显然想重振扬州的文风。他本来是想在春天举行修禊的，但和者甚少，所谓"今年三月动佳兴，颇乏知己相赓酬"即谓此。不过后来他终于在秋天如愿举行了修禊之会。这一年是乾隆五十八年(1793)，已是扬州盐商黄金时代的尾声，九峰园秋禊大约也是同类盛举的最后一次了。

  曾宾谷是个十分重才的人。镇洋彭兆荪少负才名，家贫负债，但从不乞求于人，是一个狷介之士。曾宾谷很赏识他，《郎潜纪闻三笔》云:"曾侍郎燠转运两淮,尤重君,君一至邗上,诗文外无他语。"因为曾宾谷的提携,许多穷学生得以有所成。如江都诸生李文绶,家中甚贫,曾宾谷视察安定书院时拔其为第一。李文绶后来著有《毛诗草木虫鱼考》、《箬渔诗钞》。又如仪征诸生王文泗,工文词,辞赋宗法六朝三唐,曾宾谷都转扬州时极为称赏。王文泗后来著有《文豹诗集》、《东山遗诗》、《王渟深遗稿》,可惜早卒。又如泰州诸生俞国鉴,肄业扬州安定书院,曾宾谷很器重他,刻其诗入《题襟集》。俞国鉴后来著有《樵月山房诗文集》、《陔兰书屋试帖诗》。又有泰州万棨,嘉庆十二年(1807)举人。少孤,力学,与曾宾谷最为契合。曾宾谷擢湖北按察使,万棨往就之,殁于旅舍。万棨著有《艻林诗文集稿》。《清稗类钞》评道:"自王文简公司理扬州,德州卢雅雨方伯见曾转运两淮而后,以提倡风雅为己任者,曾也。"曾宾谷的确是以提倡风雅为己任的两淮盐官。

盐运司在今天的国庆路上,这里从前叫做运司街。

运司街其实是一条文化街。盐运司里的官员不但风雅,而且他们在中国文化史上留下了浓墨重彩。

在中国古籍版本学上,有一些专门的术语,如"康版"、"曹本"、"但刻"等,竟然都源自两淮盐官,这是一个非常耐人寻味的现象。

康熙年间,两淮巡盐御史曹寅受命在扬州设立诗局,用盐课的余额,承担起编刻《全唐诗》的工程。全书字体一笔不苟,镌刻尤为秀丽匀称。它成为清康熙时代刻书艺术的象征,因而称为"康版"。曹寅除为朝廷刻书之外,自己也刻书。如今能见到的有《曹栋亭五种》、《栋亭藏书十二种》,被称为"曹本"。此外还有"但刻",或称"但评",是两淮盐运使但明伦在道光二十二年(1842)刊刻的《聊斋志异》版本。鲁迅先生《中国小说史略》谈到蒲松龄《聊斋志异》的出版情况时说:"然终著者之世,竟未刻,至乾隆末始刊于严州;后但明伦、吕湛恩皆有注。"这里的但明伦注本,就是"但刻"。陈汝衡先生《吴敬梓传》明确指出:"此外还有但明伦,也是任过扬州盐运使的人,刻过《聊斋》小说,在版本学上称为'但刻'。"关于"但刻"的内容与价值,胡适先生还专门写过一篇《记但明伦道光壬寅刻的〈聊斋志异新评〉》。今天扬州保留着的古籍雕版传统技艺,和两淮盐官在刻书方面的巨大建树是分不开的。

当然,两淮盐运使不都是风雅中人。这个官职在扬州有个诨号,叫"活财神"。例如《水窗春呓》说:"以余所见之两淮盐政、淮关监督,嘉、道时以阿克当阿为极阔,任淮鹾至十余年,人称为'阿财神'。过客之酬应,至少无减五百金者,交游遍天下。""活财神"的意思,一是形容其敛财极多,二是讽刺其善于搜刮。《续红楼梦》第三卷写贾府的林姑爷做过两淮盐运使,他死后对贾母说过这样的话:"小婿自那年捐馆见了阎王,阎王因查小婿做了一任盐运司,竟不曾弄商人的钱,所以十分敬重,奏闻了上帝,就补了酆都的城隍,帮着阎王办事。"林姑爷做两淮盐运使而"竟不曾弄商人的钱",以此得到阎王的敬重,恰恰说明廉洁的盐官在现实生活中是太少了。

关于两淮盐官的贪婪鄙俗,清代扬州人有一篇仿刘禹锡《陋室铭》而作的《陋吏铭》,讥刺得十分刻骨:"官不在高,有场则名。才不在深,有盐则灵。斯虽陋吏,惟利是馨。"两淮盐官长期以来被视为肥缺,所以谋其位者总是趋之若鹜。《水窗春呓》的作者称:"各省作宦,无两淮之优裕者。"这句话从清代两淮盐运使金安清口中说出,应当可信。

但是,两淮盐运司里的奢侈作派,也造就了美轮美奂的消费文化。从前在南北各地的食品铺前,常常有"维扬细点"的金字招牌,一个"细"字深得扬州糕点的精华。一切食品,到了扬州,就被改造成为带有艺术性的精致玩意,而同食品原来仅仅用于充饥的原始目的相去甚远。以《随园食单》所述为例,书中记载的那些扬州小食品,无不小巧玲珑,独具匠心。例如"运司糕":"卢雅雨作运司,年已老矣。扬州店中作糕献之,大加称赏。从此遂有'运司糕'之名。色白如雪,点胭脂,红如桃花。微糖作馅,淡而弥旨。以运司衙门前店作为佳。"像这样色白如雪、红如桃花的糕点,谁见了不垂涎三尺呢?

两淮盐运司的煊赫气势,到了晚清时已成强弩之末。清末民初,诗人陈懋森在《过两淮盐运使廨前》中写他看到的情形是:"惨淡旌旗照夕晖,辕门三五荷戈稀。"他叹息道:"两淮使者,类能主持风雅,为士人所归,尤以雅雨、宾谷二公为著。流风余韵垂百余年,至改国而绝。"也就是说,民国的建立,宣告了盐运司的寿终正寝。

所以,当我们站在国庆路上,瞻望两淮都转运盐使司衙署门厅的时候,我们其实是在重温扬州的明清繁华,解读扬州的文化精神——廉洁和暴敛,崇文和奢靡,高雅和粗俗,书香和铜臭,混杂在一起向我们扑面而来。盐运司好像是一只五味瓶,说不清其中的滋味究竟是甜、是酸、是苦、是辣,还是咸。

冬荣园传奇

自从美国著名学者史景迁（Jonathan Spence）的夫人金安平（Annping Chin）女士所著的《合肥四姊妹》由三联书店出版中译本之后，张家旧事再次吸引了无数读者的关注。

然而几乎没有人知道，张家四姐妹——这些被称为"最后的闺秀"的外婆家，是在扬州东关古街的冬荣园，如今这座百年老宅正以新的面貌出现在世人面前……

初访陆公馆

去年的一天，我的老师邹保宁先生和他的夫人陆永斌师母到舍下来访。闲谈之下，我才知道陆师母原来是扬州东关街冬荣园的后人。而冬荣园的历史，一直是我很感兴趣的。

冬荣园也称陆公馆，我探访它已有好几年时间。起先，在东关街西端的蔼园发现张允龢题写的"蔼园"砖额，我怀疑张允龢就是张允和。其后得知，张允龢乃是民国时的一位老先生，并非《最后的闺秀》的作者张允和女士。再后来，发现张允和女士2001年9月25日写的一封信，她说："我爱扬州，扬州是我母亲陆英——亲爱的母亲出生的地方。到今天扬州东关街98号，还有我母亲出生的老房子。"张允和写这封信时，已九十二岁高龄。她在信中明白无误地写出她外婆家的门牌号码,是扬州东关街 98 号,也即当年的冬荣园。

在初访陆公馆之前,我一点也想象不出那里会是什么模样。待我骑车找到那里,才发现居然是一座豪门深宅!高大的门楼,虽然经历了百年风雨、几代沧桑,却依然兀立。但尽管门牌找对了,门里住着许多人家,能否确定这里就是陆家的旧宅,还心存疑虑。抱着试试看的心情,询问门口一位老太太,这里有没有姓陆的人家居住。不料老太太马上应答,有的,有一位姓陆的女子住在后面。听到这个消息,我的心情为之一振。

刚走进门,又有一座雕刻精细、保存完好的门楼让我震惊。东关街真是不可貌相,在那些饱经沧桑的门面之后,往往隐藏着深不可测的东西。

扬州东关街冬荣园

穿过狭窄而悠长的火巷、阴暗而高大的堂屋,眼前忽然出现一方明亮宽敞的院落。一位中年妇女正忙着洗衣服。我上前打听,她说她就姓陆。这使我隐隐觉得,今天的寻访可能很顺利。接着,我就问起她的家世,问起张允和,问期沈从文。陆女士对家世显然不愿多谈,但是一提到沈从文,她就坦然告诉我,她父亲同沈从文是表亲,很熟。我听了,渴望进一步了解其中端倪,她就走进房间里,从一张古式大柜里取出她父亲留下的一本小小的通讯录。打开一看,只见张允和、张充和、沈从文、周有光等一长串当代著名的张氏家族的人物,赫然记在其中。陆女士说,沈从文曾经送她父亲一套书,是《沈从文小说选》第一、二集。我翻开第一集的扉页,两行苍劲的钢笔行书映入眼帘:"君强表弟惠存。从文,八三年春节。"至此,我终于确认:东关街98号就是沈从文先生岳母陆英女士的故家。而且,这里一直住着陆家的后人,沈从文先生也同东关街岳母家一直保持着密切联系,直到陆女士的父亲陆君强先生去世。

陆女士不愿张扬她的名字,这里我要尊重她。但是,有些与沈从文先生有关的情况我不妨透露一下:陆女士的父亲陆君强先生,与张氏姊妹为表兄妹,生前在扬州银行工作。陆先生当年出差到北京,常与张氏兄妹及沈从文来往。沈从文称陆君强为"表弟",是从其夫人张兆和女士的称谓,其实陆君强应是沈从文的表舅爷。沈从文和陆君强有过许多信件往还,应是研究沈从文的重要资料,可惜如今都已散佚。沈从文赠给陆君强的《沈从文小说选》,系人民文学出版社1982年出版,于1983年寄赠扬州东关街的表弟陆君强。次年,即1984年,陆君强先生逝世,他的女儿一家便住在这里,直到东关街整治。

陆家老宅的总体结构,还基本保存着。其门楼之严整,厅堂之轩敞,槅扇之精美,令人叹绝。周边邻居都称陆家为陆公馆,知道陆家祖上曾经做过显赫的两淮盐务官,至今称"陆抚台"时还有几分敬重。

陆公馆大门朝南,面临大街,前后五进,后面原有一座花园,叫冬荣园。"冬荣"出自屈原《楚辞·远游》:"嘉南州之炎德兮,丽桂树之冬荣。"又曹植《朔风诗》:"秋兰可喻,桂树冬荣。"都是赞美桂树的不畏严寒,保持常绿。陆氏以"冬荣"名园,自然也是表达一种志向,如扬州的"寄啸山庄"那样。查朱江先生《扬州园林品赏录·冬荣园》载:"是园垒土为山,植以怪石,参差错落,如石山戴土,以隆阜为峰,顶结茅亭,遍种松梅,而以'梅作主人'。尚有老本残枝,遗痕犹在。这山林作法,与它园迥异,虽完全出自心裁,但恰是仿自古法。当山石盛行之世,此可谓别具一格,为扬州园林垒山手法及其风格,留下一个实例。""园以山势隐伏处为低阜,自西南向东北逶迤,与后院馆舍相连,成'小山余韵'之构。院北馆舍三间,接以两厢,迎其三面,绕以抄手游廊,成庭院四合之势。舍前叠石为花坛,东种青松,西植黄杨。松干虬张,黄杨夭矫,如伞如盖,皆百年老树,保存不易。"可惜冬荣园今已面目全非,它的历史也几乎无人知道。

我向陆师母请教并查阅有关资料,才知道冬荣园主人名陆静溪,原籍安徽,后迁徙宝应,继而移居扬州,供职于两淮盐运司。陆静溪的夫人,系李鸿章侄女,也即李鸿章四弟李蕴章之女。陆家在宝应和扬州黄家园、个园附近都有房产。冬荣园只是其中一处,系买自张氏,这个张氏就是合肥张家,后来陆静溪的女儿陆英就做了张家的媳妇。据陆师母说,陆英共同胞三人,另有兄弟二人分别叫陆端甫、陆政甫。因为张允和在《张家旧事》中称她的母亲是"扬州陆家的二小姐",故可推断陆端甫排行老大,陆英排行老二,陆政甫排行老三。陆政甫是陆师母的祖父,所以她该叫陆英二姑奶奶。

冬荣园虽已不存,但陆公馆至今仍在。陆师母还记得少年时代在冬荣园玩耍的情景,记得园子中破败的假山和花厅,记得园子角落里积满灰尘的"肃静"、"回避"执事牌。

美人陆英

打开张允和女士的《张家旧事》一书,开卷便是《母亲惟一的照片》,写道:"我的母亲叫陆英(1885—1921),原籍也是合肥,因为外祖父做盐务官,才搬到扬州的。祖父在为我爸爸选佳偶时,知道扬州陆家的二小姐贤良能干,小小年纪在家就协助母亲料理家事,托媒人定下了这个媳妇。当时张家在安徽合肥是有名的官宦人家,又要娶名门之女,婚礼自然非常隆重。据说,外婆花了整整一年时间置办嫁妆,东西多得吓死人。陆府从扬州雇船装载嫁妆运到合肥,婚期前雇夫用抬盒装摆好,吹吹打打好不热闹,张家所在的龙门巷外到十里长亭摆满了嫁妆,全城轰动。光紫檀家具,就有好几套,不光新房里是全新的,因为张家是几进的大院子,陆家就连大堂、二堂也都陪了全套的家具。金银首饰更是不计其数,尤其是翠,因为母亲喜欢翠。嫁妆中一应俱全,扫帚、簸箕也都是成套的,每把扫帚上都挂了银链条。"

据张允和说,合肥有个风俗,婚礼上一定要杀杀新娘子的威风,所以当陆英的花轿抬到张家门口时,大门紧闭,须用红包——打点门房。每个红包有多少钱虽不清楚,但是数目肯定不小。进了大门,到二堂仍然有人挡驾,须得打点。最后到新房门口,伴娘、喜娘这一关最为难过,红包的分量也要格外重。媒婆替陆英挑盖头时,嘴里不停地说:"小小秤杆红溜溜,我替新人挑盖头。盖头落床,子孙满堂。盖头落地,买田置地……"

这位从扬州东关街陆公馆走出去的新娘陆英,真是一个绝色美人。以至于在媒婆掀开她的盖头时,新娘子羞怯怯抬眼一看,所有的人都愣住了——"不得了! 新娘子太漂亮了,一双凤眼,眼梢有一点往上挑,光芒四射,太美了!"这时只有一个姨娘心头暗想:她的美丽太露了,恐怕留不住,会不长寿的。

陆英在张家威望极高。她待人接物,理财办事,都周到妥帖,得心应手,长辈、同辈、幼辈无不佩服。张家每天有近四十人吃饭,大小事情都由陆英安排,以至女儿觉得母亲比父亲还要能干。大女儿张元和后来回忆说，长辈们常常夸奖陆英，说她送给长辈的寿礼有桃(寿桃)、面(寿面)、烟(烟丝)、酒(酒坛)、茶(茶叶)、腿(火腿)，另配什物数种，共计十样，派人抬去，从不失礼。二女儿张允和在姐妹中组织能力最强，她承认是从母亲那里学来的。

陆英喜欢读书。张家住在苏州时，有四间书房，其中有陆英一间。书房门口有块精致的匾，张允和记得上面有"芝"、"兰"字样。书桌前是一排大玻璃窗，明亮宽敞。窗外是一个小院，有假山和芭蕉，院子对面是丈夫的书房。陆英曾让家里所有保姆都认字读书。有个姓朱的保姆，每天给陆英梳头，这时陆英就把二十个方字块排在桌上教她认，没多久竟把一盒字认完。有的保姆后来能够自己看小说，如《天雨花》、《再生缘》之类。陆英也喜欢看报，有时看到有趣的内容如"鸡兔同笼"算题，她会拿来考考保姆。

陆英教女儿唱扬州歌，例如《林黛玉悲秋》、《杨八姐游春》等。《杨八姐游春》的歌词，张允和到老还记得："杨八姐，去游春，皇帝要她做夫人。做夫人，她也肯，她要十样宝和珍：'一要猪头开饭店，二要金银镶衣襟，三要三匹红绫缎，南京扯到北京城……九要仙鹤来下礼，十要凤凰来接人。'皇上一听忿忿怒：'为人莫娶杨八姐，万贯家财要不成！'"还有一首《西厢记》，歌词是："碧云天气正逢秋，老夫人房中问丫头：'小姐绣鞋因何失？两耳珠环是谁偷？汗巾是谁丢？'红娘见说纷纷泪：'老夫人息怒听情由，那日不该带小姐还香愿，孙飞虎一见生情由……'"一听便知是扬州清曲。

陆英是个戏迷。她生长在二分明月、三月烟花的扬州，那里的戏剧向来繁盛。张家搬到上海后，陆英在戏院定有包厢，按季度结账。她常带她的女儿们到戏院看戏，女儿们耳濡目染，也都成了戏迷。但陆英是一家之主，不能天天看戏，她认为是好戏才去看。

在张家，儿女们叫陆英"大大"，叫保姆"姆妈"。

然而，那个姨娘说得不错，陆英可谓红颜薄命。她三十六岁就死了,为张家留下了满堂儿女。陆英婚后,一年生一个,十六年生了十四胎,其中女儿四个,儿子五个。陆英生的前四胎全是女孩,当她生下三女儿张兆和时,她哭了,因为婆母想添个孙子。

陆英去世的原因,有两种说法。据张元和说,母亲是因难产而过世;但据张允和说,母亲是在生十四胎后因拔牙引起血中毒而死,疑为败血症。陆英自知不治,把九个孩子的保姆都叫到身边,每人给二百大洋,要她们保证日后不管遇到什么情况,一定要把孩子带到十八岁。陆英出嫁时,扬州娘家陪嫁丰厚,她手中有现款上万,而张家也十分殷实,所以她把余钱都还给了扬州的娘家。她在临终时刻,想再看看自己的骨肉,但那双美丽的眼睛已经不能睁开,只有泪水打湿了鬓边。陆英死后,她的丈夫张武龄坐在棺木旁,久久凝视妻子那俊俏苍白的脸,任凭人怎么劝说也不让盖棺。

这一年是1921年。

扬州美人陆英在上海

陆英留下的照片,《张家旧事》说只留下惟一的一张,即在上海拍的那张西洋化妆照。辛亥革命后,张家搬到上海,摄影正是最时髦的事。陆英的丈夫喜欢摄影,买了好几架照相机。陆英也喜欢拍照,留下的那张照片就是在上海照相馆里化妆照的,时在民国三四年间。张允和说过:"母亲应该能留下许多照片,但却只剩了这一张。弟弟曾在一篇文章里写过这样的一句话:'其余的照片都在二姐的哭泣声中被人毁掉了。'"

但邹先生和陆师母告诉我一个令人惊喜的消息,最近在陆家老宅偶然发现了一张近百年前的老照片,照片上有许多陆家的人物和亲戚。其中最重要的人物要数陆老太太,和她的女儿陆英,以及她的外孙女张元和、张允和。据陆师母说,照片当中端坐的老太太,即陆英之生母,李鸿章之侄女;后排左起第二人,即著名的张家四姐妹元和、允和、兆和、充和之生母陆英;前排右二人则分别是幼年的元和、允和。此照摄于陆公馆,当是为陆老太太祝寿时留影。而陆英应该是为了给母亲祝寿,带了元和、允和来扬州省亲。

新发现的近百年前扬州冬荣园旧影
(前排中坐者为陆英之母,右一为张允和,右二为张元和;后排左二为陆英)

扬州新发现的陆英倩影
——归省扬州时摄

这张新发现的珍贵照片,使美人陆英多了一幅倩影长留人间。

张家十姐弟

陆公馆位于东关街东首,紧临运河。想当年,扬州美人陆英,就是搽着戴春林的香粉,穿着彩衣街的盛装,打这里款款地走出家门,从东关古渡上船,浩浩荡荡嫁往合肥张家的。

顺便说说,陆英所嫁的张家,也是合肥显赫的门第。张家先祖在明代从江西迁至安徽,到张荫谷时生有九子。长子张树声与几位弟弟协助清廷平太平军有功,受到李鸿章的赏识而进入仕途。

张树声是张家十姐弟的曾祖,晚清名臣,曾任两广总督。他有三个儿子:张华奎、张华轸和张华斗。张华奎无子嗣,过继了堂弟的儿子,也即陆英的丈夫张武龄。张武龄是一位民国教育家,曾以毁家创办苏州乐益女校,提倡新式教育而名噪一时。

张武龄和陆英一共生了九个孩子,前四个是女儿,后五个是儿子。女儿的小名叫大猫、二猫、三猫、四猫,大名是元和、允和、兆和、充和;儿子的小名叫大狗、二狗、三狗、四狗、五狗,大名是宗和、寅和、定和、宇和、寰和。陆英死后,继室韦氏又生了男孩宁和。这样,张家就有了十个子女。

张家十姐弟
(前左起:充和、允和、元和、兆和;
后左起:宁和、宇和、寅和、宗和、定和、寰和)

张家子女在少年时代,受到了良好的教育。姐妹们曾组织文学社团水社,兄弟们曾和邻居小朋友创立九如社(因家住九如巷)。姐弟们常结伴郊游、骑车赛球。因为父母喜爱昆曲,常请曲家到家中教曲,四姐妹成立了幔亭曲社。

据说,张家四姐妹元和、允和、兆和、充和的名字,都是带着两条腿的,父亲是想让她们走出家园。张家六兄弟宗和、寅和、定和、宇和、寰和、宁和的名字都是顶着家字头的,父亲是想让他们留在家中。实际上,儿子们并没有都留在家中,但女儿们倒是都走出了家园。张家四个名媛,个个兰心蕙质,才华横溢,分别嫁了四位名人:大姐张元和嫁给了昆曲名家顾传玠,二姐张允和嫁给了语言学家周有光,三姐张兆和嫁给了文学家沈从文,四姐张充和嫁给了德裔美籍汉学家傅汉思(Hans H. Frankei 1916—2004)。她们的弟弟们也多是出自北大、清华的学问家或艺术家,一个人便是一道风景。

在四姐妹中,老大张元和是热忱的昆曲票友。昆曲丰富了元和少女时代的生活,还成了她的月下老人。她就读于上海光华大学时,女同学自发组织了一个昆曲组,请老师教授昆曲。当时大世界正在上演昆曲《牡丹亭》,戏中人柳梦梅由昆剧传习所名小生顾传玠扮演,但戏只演到《冥判》,不见演《拾画·叫画》。元和与其他女同学写了一封信给顾传玠,请他表演《拾画·叫画》。不久,顾传玠竟回信同意。顾传玠扮演的柳梦梅温文尔雅,书卷气十足,在少女张元和心中留下美好的印象。后来,顾传玠弃伶求学,出任上海大东烟草公司副经理,与张元和喜结连理。1949年,张元和夫妇去台湾。台湾戏曲界曾请顾传玠重新登台,但他没有答应,却致力于经商,开办了蘑菇厂和啤酒厂,经营最终失败,于1966年病逝。

老二张允和,能写曲,填词,工诗,也是昆曲研究家。上海光华大学毕业,曾任人民教育出版社编辑。后与俞平伯先生创立北京昆曲研习社,编辑《社讯》并演出昆曲剧目多种。她有诗词近百首,散文多篇,出版过《张家旧事》、《昆曲日记》、《最后的闺秀》、《曲终人不散》等书,并自编家庭刊物《水》。据说允和十六岁认识周有光,就意识到他可能是自己一生的伴侣。家里的保姆拿着他们两人的八字,到算命先生那里去合婚,算命先生说两人都活不过三十五岁,结果他们都活到耄耋之年。周有光是中国文字学家,汉语拼音的缔造者之一,通晓英、法、日三种外语,青年时期主要从事经济、金融工作,作过经济学教授。1955年,周有光专职从事语言文字研究,曾参加并主持拟定《汉语拼音方案》。

陆英之女——张家四姐妹
(前右起:元和、允和;后右起:兆和、充和)

老三张兆和,擅长文学,喜爱体育,曾在中国公学夺得女子全能第一名。1929年,沈从文受胡适先生之邀,到上海中国公学主讲现代文学。其间,不善言辞的沈从文开始给兆和写情书,共写了数百封,兆和一直不理。及至校园内传得沸沸扬扬,兆和携着一大包情书去向校长胡适告状,希望他出面劝阻沈从文。胡校长说:"他非常顽固地爱你。"兆和马上说:"我很顽固地不爱他。"沈从文写给张兆和的情书中说:"我行过许多地方的桥,看过许多次数的云,喝过许多种类的酒,却只爱过一个正当最好年龄的人。"1933 年,张兆和与沈从文在北平中央公园宣布结婚,但没有举行任何仪式。婚后,沈从文的作品喷涌而出。兆和是姐妹中皮肤最黑的,沈从文形容她是"黑牡丹"。她身材不高,姿色不如姐姐,却使得沈从文为之倾倒。

老四张充和与三个姐姐所不同的是,在她一周不到时,便过继给二房奶奶当孙女。养祖母对她溺爱有加,花费重金,延请名师,悉心栽培。充和曾在北大旁听,临考时数学零分,国文满分,试务委员会破格录取了她。但她因患肺结核,不得不休学。她曾在《中央日报》副刊《贡献》当编辑,写散文、小品和诗词。因为她的才华,章士钊誉其为蔡文姬,焦菊隐称其为李清照。充和的丈夫汉名傅汉思,年轻时从德国移民美国,大学毕业后以西班牙语文学作为主攻方向,1942 年获得加州大学伯克莱分校的哲学博士学位。后受胡适聘请,来到北大西语系任教。在北大期间,同冯至等学者友善,并结识了后来成为他妻子的张充和。傅汉思携充和回美后,从西学转到汉学,几乎靠自学成为美国当时最重要的唐诗学者之一,著有研究中国中古诗歌的专著《梅花与宫帏佳丽》。充和 1949 年随夫赴美,在哈佛和耶鲁等二十多所大学执教,传授书法和昆曲。

张家六兄弟的情况是:宗和毕业于清华大学,从事历史教学;寅和在光华大学毕业后留学日本,擅长写诗;定和毕业于上海新华艺术专科学校,作曲家;宇和留学日本学习农业,后任中山植物园研究员;寰和毕业于西南联大,中学校长;宁和,音乐指挥家。

　　张家姐弟的母亲陆英怎么也不会想到,她的女儿们都走向了世界,儿子们也没有一个终老于家园。她如果知道她的扬州故家——陆公馆尚在人间,九泉之下定会感到欣慰。

美人家住小苎萝

在扬州汶河路的北头,有一块在现代城市里显得十分珍贵的绿地。它有个美丽的名字,叫做——小苎萝村。

凡是了解小苎萝村来历的游人,都喜欢在此流连,因为它曾经以出美人闻名。民国时人王振世先生的《扬州览胜录》卷一有《小苎萝村》条,记道:

> 小苎萝村故址,在香影廊茶肆对岸。闻诸故老云:清乾隆间,其地生长美人,姿容绝世,时人比之西施,故称其地为小苎萝村。今虽人面无存,而好事者每于绿杨堤边,搜寻艳迹。

小苎萝村紧靠着北护城河,对岸就是著名的冶春茶社。冶春的意思,是春日冶游,意境已经极美。冶春又名冶春园,园中有水绘阁、香影廊,其间以曲栏勾连,沿湖而筑,形制虽小,却最富于江南情调。水绘阁是茅屋草顶,每当夕光斜照,满目金黄,下方便是一湾碧水。香影廊也是临河,有美人靠,春日里常有仕女闲坐其间,遥望城河对岸,那里便是小苎萝村。

小苎萝村原是瘦西湖游船停靠之所,村民多以弄船为业,而撑篙摇橹者多为年轻女子,故人称船娘。这些年轻女子犹如出水芙蓉,素面朝天,粗头乱发,不施脂粉,不加修饰,与城里每日对镜画眉的女孩儿相比,别具天然之美。所以,昔日扬州人常把她们比成浣纱的西施,而她们所住的村子也就成了小苎萝村。

苎萝村本在浙江诸暨,本是中国古代四大美女之一西施的家乡。西施生于苎萝村,她又生有"闭月羞花之貌,沉鱼落雁之容",故而她的家乡苎萝村也就成了出产美人的胜地。

苎萝村得名于附近的苎萝山。苎萝山坐落在浣江西侧,以盛产苎麻得名。山高仅数十米,周不满三里,端秀玲珑,翠峦玉立。当年李白有《咏苎萝山》诗云:"西施越溪女,出自苎萝山。秀色掩今古,荷花羞玉颜。"史载春秋时越国被吴国打败,越王勾践回到故国,卧薪尝胆,发愤图强,同时贡献大量的珍宝和美女于吴王。越女西施就是在这种历史背景下,成了吴王夫差的爱妃。夫差为她在苏州筑有馆娃宫,相传是中国历史上比较完美的早期园林。但不知道后来夫差到邗国筑城,西施是否也一同随行至邗国,也即今天的扬州。不过无论西施有没有到过邗国,扬州人一直感念她,所以两千年后的扬州人还把出产美女的小村子命名为小苎萝村。

因为美人西施的缘故,"苎萝"成了与美人相联的妩媚的字眼。如今诸暨有苎萝亭,位于苎萝山最高峰。亭为八角三重檐造型,内置三层,逐级登临,登高可浏览诸暨全城。过苎萝亭,是苎萝山的南岙,现有西施廊、夷光阁、古苎萝村舍等风景。走到西施廊的尽头,只见有一柴门,木头牌坊上写着"古苎萝村"四字,乃是按民国年间的老照片复原,书法也是当年县长的手笔。古苎萝村的所在,是根据《诸暨县志》而确定的,有两楹草房,侬坡而建,草房内陈列着古时所用的纺车、农具、陶器等器物,据说是再现了西施时代的生活环境。出了古苎萝村,来到荷花池,因为在民间传说中,西施是荷花神。苎萝其实有东西二村,因西施住在西村,故名西施。

苎萝既然是这样一个与美人密切相关的名字,所以扬州人要把北城根下的那个出美女的地方唤作"小苎萝村"。晚清时,有一位浙江桐乡人严镜清旅居扬州,曾作《广陵杂咏百首》。其中一首咏道:"半湖春水碧于纱,小苎萝村是妾家。郎若到门应认识,过桥一路舞杨花。"似乎小苎萝村一直到晚清,仍然以出美女闻名于世。

关于扬州小苎萝村的一段不能不说的故事,是扬州八怪之一的郑板桥在此有一次哀艳的际遇。

大约在郑板桥中举前一二年,他的妻子徐夫人病殁。这一年的板桥刚刚年届不惑。人到中年,无室无家,没有羁绊,正好放浪形骸。南京的倚楼佳人,北京的卖粉歌妓,他都不妨逢场作戏。但过从最密的,却是扬州小苎萝村的一位女子。

据郑板桥自己回忆,那时他犹如江南荡子一般,日日在秦楼楚馆厮混,以销长夜之寂寞。然而在走南闯北之后,直至在扬州小苎萝村,才遇见一个可意的人儿。在那花窗之下,绿影之中,姑娘头戴茉莉花,身着杏子衫,饮酒猜谜,斗草为戏,谅神仙之乐,不过如此。直至窗外一声"卖茉莉花哟"的叫唤,才惊醒了一场巫山美梦。临别之时,姑娘曾与板桥执手相约,后会有期。此情此景,不亚于当年长生殿前的三生之盟。不过,也是应了红颜薄命的那句老话,绝代佳人竟然早死。当十年之后,板桥先生早已成就了他的赫赫画名,而小苎萝村的这位美人已经魂断黄泉。什么时候还能骑着高马,系于柳下,重新叩开那温柔之乡的大门呢?这只是板桥先生的白日梦罢了。

为了悼念旧人,郑板桥挥笔写了《悼亡妓》四首。这里抄录其中第二、三两首如下:

窈窕文窗映碧轩,美人家近苎萝村。
芳兰佩结缤经样,杏子衫娇泼酒痕。

斗草人归春绰约,卖花声破梦温存。
争知旧日青骢客,哭过枇杷白板门。

楼头别语太凄清,乍似长生七夕盟。
绝代可怜人早死,十年未见我成名。
春云浅土埋苏小,晓月疏风唱柳卿。
安得并骖瑶岛鹤,苍烟吹破岭头笙。

从"美人家近苎萝村",到"春云浅土埋苏小",一场香艳氤氲的喜剧就此黯然谢幕。彩云易散琉璃脆,世间事往往如此,虽然相思入骨,无奈过于短暂。

而在郑板桥之后,小苎萝村的艳名在数百年来一直流传不绝。

譬如嘉道时有个湘潭人翁寿麐,因祖父曾官淮南,寓居在扬州彩衣街。他有感于扬州风情之好,写了《扬州感旧三十首》,其中念念不忘扬州的美女。在诗人眼中,扬州的虹桥、冶春和小苎萝村,都是出美女的众香国。所以他一气写了几首诗:

红药阶翻春雨馀,落花风软燕初飞。
美人家住虹桥外,水竹园林画不如。

陈五娘家水绕栏,香温茶熟树吟坛。
神如秋水人如玉,留作诸公壁上观。

隔水村名小苎萝,桃根桃叶较如何。
迎人惯打双双桨,一种花开姊妹多。

第一首写的是虹桥边的无名美人,连园林都比不上她美。第二首写的是冶春茶社的陈五娘,眼中有秋水,肤色如白玉。第三首则写小苎萝村美女如云,与当年王献之的爱妾桃根、桃叶能有一比,其人数之众犹如"一种花开姊妹多"。有意思的是,紧接下来的一首却是写的仪征美人糕:"花酥玉软蜜分甜,画舫钉盘设小拈。糕是真州风味绝,美人亲手制纤纤。"仪征萧美人亲手制作的糕点,历史上享有盛名,曾赢得袁枚、赵翼等一时才俊的青睐。据说旧时扬州的糕,比今天的更为精致,最闻名的是仪征萧美人做的重阳糕。萧美人家住仪征南门外,以做糕为业。她大概长得很美,好像豆腐西施一样,人美加货美,便远近闻名。清人吴煊诗云:"妙手纤纤和粉匀,搓酥糁拌擅奇珍。自从香到江南日,市上名传萧美人。"就是写的她。凡是尝过萧美人糕的客人,都忘不了萧美人的名字。以至于南京大美食家袁枚要在乾隆某年重阳节前,特地派人到仪征,订购萧美人点心三千件,用船运往南京,分赠友朋,成为一时韵事。《随园食单》对萧美人的记载是:"仪真南门外萧美人喜制点心,凡馒头、糕饺之类,小巧可爱,洁白如雪。"估计它的味道,不下于今天富春的翡翠烧卖,冶春的小笼蒸饺和大麒麟阁的椒盐月饼。写小苎萝村,便联系到萧美人,也许当年小苎萝村周边有萧美人开设的糕点分店。那么,小苎萝村真可算是名副其实的美人窝子。

说小苎萝村是美人窝子,不仅是说它周边多美人,主要是说小苎萝村自身即为美人之渊薮。道光年间,有个钱江人韩日华寓居扬州,感慨扬州的风物之美,于是仿照《扬州画舫录》而作《扬州画舫词》。其中写到小苎萝村的一首是:

薜碧莎青水不波,曲栏斜凭听菱歌。
不知溪畔如云女,若个村居小苎萝?

诗人说,碧绿的苔藓,青翠的水草,清澈的河流,好像凝固了一般;凭着曲折的栏杆,掉头望去,是谁在唱那动人的菱歌?不知道河边那些如云的美人,哪一个家住在小苎萝村?重要的是诗的后面,有诗人的一条小注:"小苎萝,北门东岸沿城地。土人相传,每二十年中必出一美人,故有是名。"

"每二十年中必出一美人",这是一个浪漫而神奇的童话!但从郑板桥时代至今,如果以三百年计算,一百年出五个美人,三百年中也不过出了十五个美人,实在不为多。同时,小苎萝村所出的美女,绝大多数生于草根,没于蒿莱,所以她们纵然有国色天香,也只能自生自灭,不见经传。曾有好事者戏仿红楼故事,搜罗民间逸闻,列出"小苎萝村十二钗",或者"小苎萝村十六钗",倒是一段有趣而珍贵的谈资。也许民间流传的野史轶事,才是小苎萝村风情的真实传奇。据有关传说,其姓名和事迹大致如下:

  媛华,仇氏,中等身材,面如团月,肤白如玉。性格憨厚,善解人意,粗解歌舞。曾在湖畔醉卧半日,不愿醒来,时人目为"憨湘云"。

  蒲蔻,崔氏,身材娇小,貌仅中人,口舌伶俐,婉转如莺。如遇言语不合,常挥手掴人耳光,复又大笑,不能自持,人称"莽张飞"。

  恬岚,张氏,身瘦如骨,不假粉饰,粗头乱发,貌若村姑。但吐词雅驯,善于驾舟划桨,一入港则吃吃痴笑不停,绰号"船娘子"。

  芫舲,刘氏,体态婷婷,别具风韵,与人酬答,款曲得宜。性好洁净,一旦身染污秽,便大声惊呼:"啊呀,一塌糊涂!"身有红痣,人谓之"红珍珠"。

  吹箫,王氏,身长干练,处事精明,有北人豪爽之风。曾在湖边营生,有客来,则如蝶见花,掸拂不去。因艳语绵绵，客人喜之，昵称"玉唾壶"。

绿幺，孟氏，身姿窈窕，明眸善睐，柳腰一搦，尤擅讴歌。凡艺菊、刺绣、煮茗、写真、唱曲等艺，均无师自通，尤能胡旋舞，雅号"胡媚儿"。

鸣琴，林氏，静若处子，貌如西施，善鼓琴筝，工讴歌曲。与人交接，不喜多谈，客有"冷香丸"之喻。

榕筠，李氏，身高肤黑，长发齐腰，声如燕子呢喃，善画写意花鸟。平日貌不惊人，但与密友独处一室，能畅饮香茗五六壶，美号"第五泉"。

莛芹，臧氏，小家碧玉，略识文辞，为人拘束，喜怒无常。如不经意间稍拂其意，则竟日不悦，人嘲之为"薄幸儿"。

咏鹃，章氏，锦心绣口，眉目传情，与人言谈，吹气如兰。嗜好甜食，但多食则不适。因身轻如燕，弱不胜风，人唤"小飞燕"。

蔓芊，姚氏，仪态万方，善解风情，与人交接，宛若春风拂面。尤擅吹箫，其声呜咽唧呀，终日不绝于口。因身肥面白，丰乳蛮腰，美名"活玉环"。

雪蕾，高氏，目光如漆，肤色似玉，散发披肩，长裙曳地，胸不挺而隆，音不高而朗。一笑一颦，均合大家风范，客与相处，无不如意，故名"玉如意"。

啸芸，崔氏，身材中等，面常含羞，不施脂粉，爱著罗裙。平时喜爱研习保健，粗通药理。为人诚实，见贤思齐，好结交名士，人称"女孟尝"。

耘晖，朱氏，面如琼花，肤若洁雪，声气委婉，举止文静。好读诗文，擅长翰墨，目中含情，笔底生辉。因才气与性情俱佳，故美称"赛文君"。

小伊,柳氏,高挑身材,乌发垂腰,能歌善舞,略知文墨。偶拨弦索,能自成腔调。好谈风月,并无避讳,雅号"骚丫头"。

　　笳声,睢氏,体肥而白,声脆而尖,爱着异服,好为大言。每见名流雅士,辄谬托知己。坐人面前,如一碗东坡肉,人称"肥肉白"。

　　今天的小苎萝村,已不再是一个城郭下的村落,而是繁华的文昌商业圈和秀美的北郊风景区之间的一湾缓冲的绿草地。在草地的西边,有亭一座,可以登高望远。在草地的东边,也有亭一座,可以俯瞰流水。草地的中间是一座花房,四季花香不断。有长廊和花房相连,廊内放满了盆栽的花草,红碧相映成趣。

　　你如果在小苎萝村驻足,南侧盐阜路上不时有打扮摩登的女郎飘过,北侧护城河里时见传统装束的船娘摇橹。在草地的最西端有一块巨石,上刻"苎萝村"三个大字,有意无意丢了一个"小"字,让游人误以为这就是西施的故乡。

漫说扬州风

扬州盆景园在瘦西湖畔,大虹桥堍,是集中展示扬派盆景艺术的地方。

扬派盆景,号称"扬州风"。自然界的风,是一种流动的气。据说它起于青萍之末,却能够舞于松柏之下,翔于激水之上。风除了属于自然界的,又有属于人世间的。凡是文化的传布,艺术的感染,习俗的流行,都可以称为"风"。风气、风范、风尚、风格,都是指那种能对周边产生影响的东西。"港台风"、"西北风"、"中国风",几乎包括了从物质到精神的所有流行文化。而历史上,曾经盛行过阵阵强劲的"扬州风"。

"扬州风"最先是指扬派盆景。陈从周先生《梓室余墨》中收有一篇《瘦西湖漫谈》旧文,说:

> 盆景在扬州一带有其悠久的历史,与江南苏州颉颃久矣。其特色古拙经久,气魄雄伟,能小中寓大,而无忸怩作态之状。对自然的抵抗性很强,适应性亦大。在剪扎上下了功夫,大盆的松柏、黄杨,虬枝老干,缀以"云片"繁枝,参差有序,其人工天然之美于一处。其他盆菊、桃桩、梅桩、香橼桩、文旦桩等亦各臻其妙。它可说是南北、

江浙盆景手法的总和,而又能自出心裁,别成一格,姑云之为"扬州风"。

既然称为"扬州风",那么一定在大范围里流行过。然而,当全国第一批非物质文化遗产推荐项目由文化部评审公示时,出乎意料的结果是,扬州推荐的九个项目,七个榜上有名,扬派盆景艺术和扬州金属工艺却名落孙山。尽管扬州的入选项目之多,位于全省前列,但扬派盆景的落选仍然令人感到意外和惋惜。

扬派盆景艺术号称始于唐宋,盛于明清,是全国五大盆景流派之一,一向以"一寸三弯"、"云片剪扎"等技法闻名于世。可是,为什么如此成竹在胸的推荐项目,竟会名落孙山呢?翻一翻多年来出版的各种扬州盆景著述,就会发现:这些著述大都侧重于技术,而忽略了文化。

在宽泛的概念上,技术也属于文化的范畴。然而,就盆景这种特殊的传统技艺而言,要让评委们为之心仪而投它一票,就绝不能仅谈技术。用"始于唐宋,盛于明清"之类简略含混的语言一笔带过扬派盆景艺术发展史,显然远远不够。当我们以曹寅和《全唐诗》的实例来介绍扬州雕版艺术、以柳敬亭和《隋唐传》的实例来介绍扬州评话艺术、以乾隆皇帝和《大禹治水图》的实例来介绍扬州玉雕艺术时,我们为什么不以具体的实例来证明扬派盆景艺术的峥嵘岁月与深厚蕴涵呢?

扬派盆景的史料虽少,但并不是没有。

相传扬州在唐代已有盆景,但是未见记载。宋代的苏东坡倒是在《双石》中说过,他在扬州获得两块奇石,一块为绿色,一块为白色,石上山峦迤逦,有穴穿于石中,他十分珍爱,就借杜甫"万古仇池穴,潜通小有天"诗句命名为"仇池石"。他将双石置于案头,每日都要玩赏一番,其实这就是所谓的"山石盆景"。苏东坡的仇池石,后来被当朝驸马王诜看中,借走不还。苏东坡不让步,便提出王诜以大画家韩干所画二马交换。为了这件事,当朝几位名人都卷了进去,也算是扬州盆景史上的一段佳话。

扬州的植物盆景,至迟出现在宋代。绍兴进士吕本中,曾看到扬州运河船上载有"小盆榴"等盆景,叹为"精妙奇靡之观"。这些盆景是作为花石纲运往京师的。他所作《邵伯路中,途遇前纲载茉莉花甚众,舟行甚急,不得细观也;又有小盆榴等,皆精妙奇靡之观,因成二绝》咏道:

花似细薇香似兰,已宜炎暑又宜寒。
心知合伴灵和柳,不许行人仔细看。

玉桧盆榴作队来,异香相趁不相猜。
从今闭向深宫里,莫学江湖自在开。

这两首诗,除了表达诗人对于劳民伤财的花石纲不满以外,也是宋代扬州盆栽的重要史料。"玉桧盆榴作队来"应是诗人亲眼所见的盆景大观,表明当时的植物盆景树种不但有榴,还有桧,甚至其他种类。

元代扬州已经出现人工培育的梅桩盆景,并且成为友人之间互相馈赠的珍贵礼物。元人张之翰接受了友人赠送的扬州盆景之后,写有一首《谢谭学正送盆梅》。诗云:

去年扬州梅数株,红红白白才须臾。
中有一盆六尺余,百计爱护亦渐枯。
今年移近觅社居,风土又与扬州殊。
只知终岁不复渠,临风搔首空踟蹰。

> 肖岩谭君解相娱，忽送春色来庭除。
> 盘根曲干画不如，若为幻此清而癯。
> 似开不开白玉肤，欲褪不褪红罗襦。
> ……

诗中的"盆梅"是指梅桩盆景，"甓社"是指扬州高邮。诗人得到的梅桩盆景，枝干盘曲，花色红白，显然是经过艺人精心栽培的观赏艺术品。这首诗是现知关于扬州古代植物盆景的最早记载。

扬州盆景的剪扎技术，在明代锐意精进，并产生了广泛影响。以至于因为扬州盆景的剪扎技术，使人对它产生各种联想。最奇异的联想，莫过于明人李日华的《味水轩日记》。据李日华在《味水轩日记》卷一里说，作者与友人经过一家花圃时，看到一种天目小松，松针很短，树干却并无偃蹇之势。本来这种细叶松树，只要略加捆扎，就可以做成盆景的，但主人没有这样做。于是作者联想到扬州豪门常以歌舞弹唱强行施教于贫家女子的现象，认为这与工匠对花木施行砍削绑扎的手段十分相似：

> 同沈翠水过城埋屠氏圃中，看天目小松。松针颇短，但少偃蹇之势。圃人习烧凿捆缚之术，欲强松使作奇态，此如扬州豪家收畜稚女盈室，极意剪拂，其中不无可悦目者，以供仕宦一时之求。然而西家处子，乃在苎萝山中，非范少伯私行探之，不能出也。

明代工匠显然已经熟练使用火烧、斧凿、捆绑、缚扎等技术，强迫自然状态的幼小松树呈现出各种奇异姿态，这与扬州豪门收养幼女、恣意加以调教没有两样。扬州人既然善于对稚女"极意剪拂"，自然也善于对花木"烧凿捆缚"。作者以为，人和树一样，经过特殊剪裁之后，固然也有赏心悦目者，可供达官贵人一时之需，但世间的至美往往藏在深山，要像西施那样等待范蠡去发现。作者想要表达的，实际上是反对束缚人才、追求个性解放的思想，这比清人龚自珍的《病梅馆记》更早。人工美固然不及自然美，但从盆景艺术发展史的角度看，《味水轩日记》依然提供了扬州盆景发展的旁证资料。

大约从明清时开始，扬州盆景逐渐向袖珍型发展。康乾时文人王锦云《扬州忆(调寄望江南)》写道：

扬州忆，潭府入重关。帘外篆烟浓似雾，袖中盆玩小于拳。瓶插百花遍。

这首词写成于乾隆六年(1741)，比李斗《扬州画舫录》早五六十年。词中的"袖中盆玩小于拳"一句，表明当时扬州盆景的精致程度之高，小到可以随身携带。这是与清代扬州争奇斗艳的社会风尚相适应的，也即《扬州画舫录》所谓"莳养盆景，蓄短松、矮杨、杉柏、梅柳之属；海桐、黄杨、虎刺，以小为最"。当时的扬州已有"剪丫"、"盘曲"等复杂的技法，也即陈从周先生所说的"剪扎"。清代扬州的知名花匠，有一位来自徽州的吴履黄，能于寸土小盆中养梅，数十年而花繁如锦。不过这种养在小盆里的梅树，有点像龚自珍笔下的"病梅"。

关于盆景的审美问题，存在着"自然至上"与"人工至上"的难以调和的矛盾。前者主张模仿自然、复制自然，后者主张崇尚人工、张扬人工，两种观点互相轩轾。当时寓居扬州的苏州人沈复，在《浮生六记》卷二谈到扬州人用盆景作为贵重物品送礼，但他十分怀疑扬州商人的审美水平：

在扬州商家,见有虞山游客,携送黄杨、翠柏各一盆。惜乎明珠暗投,余未见其可也。

沈复认为,作为盆栽植物,如若一味追求将枝叶盘如宝塔,把树干曲如蚯蚓,便成"匠气"。点缀盆中花石,最好是小景入画,大景入神,一瓯清茗在手,神能趋入其中,方可供幽斋之玩。作者谈到自己亲手制作盆景的经验,尤为可贵:

种水仙无灵璧石,余尝以炭之有石意者代之。黄芽菜心,其白如玉,取大小五七枝,用沙土植长方盆内,以炭代石,黑白分明,颇有意思。以此类推,幽趣无穷,难以枚举。如石菖蒲结子,用冷米汤同嚼喷炭上,置阴湿地,能长细菖蒲,随意移养盆碗中,茸茸可爱。以老莲子磨薄两头,入蛋壳,使鸡翼之,俟雏成取出,用久年燕巢泥加天门冬十分之二,捣烂拌匀,植于小器中,灌以河水,晒以朝阳,花发大如酒杯,叶缩如碗口,亭亭可爱。

沈复来自苏州,寓居扬州大东门外,他的记述对我们了解清代盆景制作实况及文人生活情趣,是珍贵的资料。

记述扬州盆景的文字,以李斗的《扬州画舫录》最为丰富,但很少有人仔细爬梳。据我统计,《扬州画舫录》中谈盆景的文字,共有五处:

扬州盆景艺术之所以臻于化境,是因为扬州汇聚着大量技艺超群的人才。清代湖上园亭,都有花园,为莳花之地。"养花人谓之花匠,莳养盆景,蓄短松、矮杨、杉柏、梅柳之属;海桐、黄杨、虎刺,以小为最。"当时的扬州盆景,以景德盆、宜兴土、高资石为上等,取材讲究。种类则有以树根、青苔为主的"花树点景",以石头、水沼为主的"山水点景"。此见卷二。

古代的盆景匠人,极少见记载。但扬州有一位张秀才,却以制作梅树盆景出名。"秀才名縯,字饮源,精刀式,谓之'张刀'。善莳花,梅树盆景与姚志同秀才、耿天保刺史齐名,谓之'三股梅花剪'。"其后,又有张其仁、刘式、三胡子、吴松山等人效其法,这些都是非常珍贵的人物史料。此见卷四。

现在的荷花池为清代九峰园旧址,园中曾有风漪阁,阁后池沼旁建小亭、门洞、长廊,"中有曲室四五楹,为园中花匠所居,莳养盆景"。九峰园的花匠,为园主人所蓄,当与张秀才等人身份不同。此见卷七。

扬州多徽人,其中也有盆景高手。"吴履黄,徽州人,方伯之戚。善培植花木,能于寸土小盆中养梅,数十年而花繁如锦。"文中的"方伯",即康山草堂主人江春。江春精盐务、善交往、爱戏曲、喜园林,吴履黄随他来扬,则江春也必然好盆景无疑。此见卷十二。

苏扬盆景在清代已有交流。有个苏州和尚,俗姓张,法号离幻,因唱昆曲得罪御史,愤而出家。他喜欢收藏宣德炉、紫砂壶。"自种花卉盆景,一盆值百金。每来扬州,玩好、盆景,载数艘以随。"他插瓶花崇尚自然,不用针线和铁丝之类的辅助材料,与扬派迥异。此见卷十五。

另外,扬州八怪和扬州盆景同处一地,绘画和栽培又都同属造型艺术,彼此之间的交流和影响也是个极富意义的课题。八怪和盆景的关系,至少有三个方面,一是诗文的涉及,二是美学的借鉴,三是直接的描绘。前两项暂且不谈,现在就八怪所绘各种瓶插、盆栽的作品,略举数例:

高凤翰《瓶中荷花图》,画瓶中栽有莲花数枝,一朵开放,一朵含苞,显然系人工栽培。

高凤翰《奇石扇面图》，画一奇石，高下弯曲，可以玩赏，与今天水石盆景极为相似。

边寿民《盆栽松梅图》，画圆盆中栽有松梅，梅姿挺拔，松枝下垂，系盆景造型的写照。

李鱓《瓶花图》，画高瓶一只，中插花朵。

李鱓《花石盆景图》，画圆盆左侧栽有花木，姿势屈曲，中右部置小石七八枚，与今天盆景造型无异。

李鱓《盆花图》，画盆中栽花，题词："花是扬州种，瓶是汝州窑。注以吴江水，春深锁二乔。"

金农《盆栽兰花图》，画一只方盆，内栽兰花。

黄慎《手抱瓶梅图》，画一人怀抱花瓶，瓶中栽梅花。

黄慎《老少观梅图》，画老少二人，观看并议论一盆梅花盆景，表现了当时人对盆景的极大兴趣。

黄慎《手持瓶梅图》，画一人手持花瓶，瓶中插梅花两支。

李方膺《盆栽兰花图》，画一方盆，一圆盆，中栽兰花。

闵贞《瓶插萱草图》，画高瓶中插有萱草，寓意吉祥。

……

扬派盆景得以与苏派、川派、海派、岭南派盆景并立于世，是扬州人引为自豪的。扬派盆景的魅力，应该说一是技术，一是文化，技术赋其形，文化赋其魂。技术和文化，有如鸟之双翼，车之两轮，不可或缺，不能偏废。现在看来，对它的技术已经总结得够多，然而对它的历史文化还研究得不足。而后者，正是我们应该努力补课的。

"扬州风"，能够再次吹拂南北吗？

扬派盆景

读书记

《石隐庐昆曲印谱》序

一种成熟而精美的艺术,往往会派生出新的艺术来。譬如京剧派生出脸谱画,藏书派生出藏书票,书籍出版派生出封面设计等,都属于此例。昆曲能够派生出金石篆刻来,以前似乎没有见过。有之,自扬州钟人俊先生始。

扬州篆刻有悠久的历史。我曾对各种扬州派技艺做过探究,发现剪纸、装裱、雕刻、烹饪、绘画、园艺、古琴、戏曲等技艺都有所谓"扬州派",或曰"扬州帮"。后来又发现,最早的"扬州派"不是指别的,却是指篆刻。例如,明清之际著名出版家、藏书家毛晋之子毛扆在《严髻珠先生印稿跋》中云:"图书以秦汉为宗,而唐宋次之。至于元印,日趋纤巧,已为印谱不收……迩来扬州湃行世,度非必传之业,望博雅同志,共同鉴之。"文中的"扬州湃",据考就是指篆刻艺术的"扬州派"。

早在汉代,扬州已有篆刻艺术。扬州现存的古印,以汉印为最早,数量也最多,两晋、隋、唐以来的印章则少见。宋印只宝应、高邮等地有少量收藏。金、元印章则相当罕见。在汉代玺印中,以

"广陵王玺"最著名。阴刻篆文的"广陵王玺"四字,刀法刚劲,章法均衡,结构妥帖,气韵平和,字形直正,笔画精细,线条圆润。扬州还出土过汉代吉语印,如"长乐无极"、"长乐贵富",实为后世闲章之发端。扬州出土的古印,特别是官印,系为朝廷颁发,并非在扬州镌铸,但却是流传于扬州的最早篆刻。

扬州篆刻的兴盛,是在明清时代。扬州八怪中的金农、高翔、郑燮、闵贞、罗聘、高凤翰、汪士慎诸人,均善治印。待到印坛巨匠邓石如游历扬州,传播治印艺术,乃开一代风气。邓氏精四体书,其篆刻苍劲庄严,流利清新,冲破当时治印只取法秦汉的局限,使印文面貌为之一新,世称"邓派"。邓石如自十七岁开始以书法、刻印自给,大半生时间往来于南京、镇江、扬州之间。

近代的扬州篆刻,略呈凋零之态。但仍有印人在生计经营之余,潜心印学。在现代扬州印坛上,蔡易庵、孙龙父、桑宝松等先生均一时名家。蔡易庵先生有"扬州印坛盟主"之誉,其治印技艺精湛,出入秦汉,通晓浙皖,潜研汉魏六朝,精心探讨古籀、缪篆、汉简、真书、行草均入印。尤以六朝真书入印,易懂易认,雅俗共赏,是其独创的印章艺术风格。林散之先生在《题蔡易庵印存并序》中说:"今观易庵先生为启明所治前后八十余印,和平敦厚,刚健婀娜,虽出入秦汉,而能自出机格,不徒以形势炫人,实能悟入书家用笔之妙。"

昆曲在扬州的流传,也要追溯到明代。万历年间扬州就开始演出昆曲,《牧羊记》、《疗妒羹》等传奇曾在明末扬州舞台上大展身姿。自万历至崇祯,扬州的昆班至少有四家,即汪季玄家班、袁天游家班、李长倩家班、张永年家班。

清初扬州的昆班至少有八家,即王孙骏家班、吴绮家班、季振宜家班、平阳亢氏家班、李书云家班、俞锦泉家班、乔莱家班、陈端家班。乾隆年间,扬州昆曲呈极盛之势,涌现出著名的七大内班,即徐尚志、黄云德、张大安、汪启源、程谦德组成的各班和洪充实的大洪班,以及江广达的德音班。李斗《扬州画舫录》卷五记载:"两淮盐务,例蓄花、雅两部以备大戏。雅部即昆山腔,……昆腔之胜,始于商人徐尚志征苏州名优为老徐班,而黄元德、张大安、汪启源、程谦德各有班。洪充实为大洪班,江广达为德音班,复征花部为春台班。……此皆谓之内班,所以备演大戏也。"这七个盐商家班,最初都为接驾而立,故称为"内班"。在中国戏曲史上,扬州七大内班具有独特的地位。他们几乎囊括了当时昆曲界的大部分精华,以致陆萼庭先生《昆剧演出史稿》称此时的扬州为"昆剧第二故乡"。

晚清的扬州昆曲,虽然大势已去,依然一脉尚存。芬利它行者的《竹西花事小录》曾记载晚清扬州歌妓,说大多仿效苏州装束,同时也具有扬州特点。这些特点,质言之,就是在坚守昆曲固有传统的同时,产生了一些"扬州化"。一方面,扬州歌妓的唱曲水平很高:"间有工昆山曲子者,渭城杨柳,恍操南音,不致秦声,增人忉怛。三五女郎,类工调噱,儇利便捷,啭若春莺,能令游子荡心,老成醉魄。酒酣耳热,促坐合尊,香鬓厮磨,兰言徐款,斯时非柳下季恐不胜坐怀矣!"另一方面,扬州歌妓所唱昆曲也与正统唱法有别:"即有名工,亦非昆山本色。分刌合度,良非易言。三月广陵,竟嗟绝调!"所谓"亦非昆山本色"数字,值得思量。这里的本意,是批评她们所唱的昆曲已经不十分正宗,但从另一方面理解,也正是昆曲之"扬州化"的证据。

自民国至今,扬州的昆曲艺术活动并未断绝。从广陵曲社到空谷幽兰曲社,一直有人在坚守着昆曲的馨香与高洁。

钟人俊先生,扬州人,少年时代即爱好诸艺,举凡弈棋、乐器、武术、书画,无所不窥,而尤好篆刻与昆曲。其篆刻初无师承,完全是自己摸索,后来才得到孙龙父、桑宝松、魏之祯、蒋永义等前辈指点。桑宝松先生曾经对他说,秦汉印易学而又难学。易学者,秦汉印平正方直；而难学者，也是平正方直。平正方直易，而不平之平、不正之正、不方之方、不直之直难。只有不断地心摩手追，方能得到个中三昧。人俊先生自号其斋为"石隐庐"，可见其浸淫忘我之深。他将篆刻与昆曲联系起来，系出于自己的奇思妙想。数年前，我偶尔看到他为空谷幽兰曲社建社一周年而制作的昆曲篆刻书签，便为之击节。《寻梦》、《弹词》、《夜奔》、《琴挑》等一出出风流昆曲，如今化作一方方古拙印章，其间的匠心与韵味，真堪细细把玩，慢慢品赏。

人俊先生本拟治《昆曲百印集》，但当刻到第五十方时，目力不济，难以操刀，遂成憾事。不过这五十方印，足以为昆苑添彩，为印坛增色。今印谱将成，人俊兄嘱余作序，不敢违命，遂缀此数语，以表钦佩。

二零零七年三月于醒堂

《扬州细节》序

宝应是一个人杰地灵的地方,自古以来文风一直很盛。那里出过建安七子陈琳、京剧鼻祖高朗亭、经学大师刘宝楠等青史留名的人物。但在我懵懂的少年时代,对宝应的了解似乎只限于藕粉。在遥远而又清晰的记忆中,我的家乡时常有人挑着担子,走街串巷,操着绵软悠长的宝应口音,叫卖着:"宝应藕粉咪!"宝应藕粉和高邮鸭蛋一样,是全国出名的土仪。藕粉是藕做成的,于是在我的想象中,宝应应该是个湖泊河汊密布的地方,到处可见"莲叶何田田"的江南景色。一首著名歌曲的流传,又使得宝应在我心目中成为一个充满阳光和涵养爱情的桃花源似的水乡。正像歌词所唱的那样,宝应有永远不落的九九艳阳,有永远不老的十八岁的哥哥,有永远不停的风车,还有永远不谢的蚕豆花儿。"九九艳阳天"成为宝应最富于魅力的名片。

为了这些,我一直向往宝应。而宝应,却是我在扬州所属各县市中最后才去的县分。

第一次去宝应是为了看"九里一千墩"。据《万历宝应志》载,墩"数以千计,若悬盂覆釜,大小夹持,间有径如列延隧,又其下或洞然,叩之有声如谷音。耕夫牧竖,时于其间得铜器、瓦釜之类,制甚古。谚曰:'射阳三千六百墩,不知谁是楚王坟。'""九里一千墩"实为汉墓群。从射阳湖镇赵家村算起,到天平乡天平庄为止,东西长九华里,其间有墓墩千百。史载楚霸王的叔父项伯、三国时称帝的袁术和建安七子的陈琳,均葬于此。到宝应看"九里一千墩",是我早已有之的想法。但是,那天宝应之行有那么娇艳的秋阳和那么欢乐的心情,是我未曾料到的。我至今记得祭墩、竹墩、畚墩上拔节生长的芝麻,和田埂边挂满长荚的毛豆。在一望无垠的稻田中间,不时有隆起的土墩散落其间,那就是汉墓群。曾经写出"饮马长城窟,水寒伤马骨"名句的陈琳的墓,相传就在其间。

　　再一次去宝应是为了看荷花,吃鱼宴。那是和家人一起去的。因为有熟人的照料和安排,我们得以在一望无边的荷花荡里闲游半日。暖风扑面,荷香沁人,风车轻转,触目皆诗。晚上的全鱼宴,是在一家鱼塘老板家里吃的,那一顿吃了十几种刚刚出水的鲜鱼,也许是我有生以来享用的最奢华的饕餮之餐。

　　还有一次印象很深的,是随扬州市政协考察团冒雨去宝应看历史街区和历史遗存。精致的八宝亭,幽雅的纵棹园,古朴的中大街,以及保存尚好的蒲松龄旧居、朱氏家祠和朱氏兄弟三进士故居,在烟雨朦胧中如同水墨画卷,让我对这个苏北小县刮目相看。

　　虽然多次去宝应,但也不过是走马看花罢了。真正近距离接触宝应人,并且成为忘年交的,是因为结识了来自宝应的青年记者与作家——陈跃。

　　我认识陈跃大约有十年了。他是《扬州日报》的记者,又对文化有浓厚的兴趣,所以和我接触频繁。他到我家采访我和打电话采访我的次数,实在没法计算。他陆续出版的几本书《莲藕世界》、《回忆有花香》和《扬州鸿影》,都赠了给我,因此我了解他的文笔,也十分欣赏他的才华。在我的印象中,陈跃是一个永远充满阳光、朝气、活力的记者,也是一个永远谦逊对待师长、执着追求梦想、保持纯真性格的作家。他的文字像湖水一样澄净,性格像艳阳一样光明。

我和小友陈跃有过几次愉快的同行。

一次是到镇江,这是扬州和镇江两地作家互访活动的一部分,称为"双城笔会"。我们在镇江勾留了一天,最精彩的当算和陈跃等友人一起登芙蓉楼。芙蓉楼一名千秋楼,始建于东晋,旧址在镇江城隍庙后,后毁于战乱。今芙蓉楼系1992年重建,江泽民为该楼题匾。芙蓉楼乌甍朱栏,鸱吻飞檐,依傍金山,临湖耸立。那日,我与陈跃凭栏四顾,近观湖水,远望江天,心情特别舒畅,于是欣然在楼上合影留念。芙蓉楼的出名,是因为唐朝诗人王昌龄的名作《芙蓉楼送辛渐》:"寒雨连江夜入吴,平明送客楚山孤。洛阳亲友如相问,一片冰心在玉壶。"我和陈跃之间的友谊,完全为了文学的目的,没有丝毫世俗的成分,也如同"一片冰心"那样的纯洁。

一次是去安吉,这是《扬州日报》社和扬州作家协会组织的采风活动。有一天晚上,陈跃给我打电话说:"韦老师,最近报社和作协组团到浙江安吉去看竹海,您去吗?"此前我对安吉一无所知,经他这一说,忽然产生了兴趣。安吉地处浙西北,汉灵帝赐名"安吉",取《诗经》"安且吉兮"之意。全县七山一水二分田,是中国的竹乡、白茶之乡、椅业之乡。这里是黄浦江的源头,也是南朝梁文学家吴均、三国东吴名将朱然、现代艺术大师吴昌硕的故里。我和陈跃等友人,在安吉同游了藏龙百瀑、江南天池、中南百草园,留影多幅。途中我有《登搁天岭》诗:"江南有碧玉,湖水蓄峰颠。岭小声名大,此山可搁天。"以为此行之纪念。

最重要的一次同行,是因"扬州炒饭文化解码暨牵手奥运之旅"的采访需要,而和陈跃等新闻记者与烹饪大师结伴,共赴北京。

那是2008年8月,我们在京一起待了五天。

在北京的日子里,我们曾一起徜徉古文化街——琉璃厂。京城胡同早餐铺里的豆酱、油条,琉璃厂大街两旁的旧书、古玩,给我们留下了难忘的芬芳。琉璃厂位于北京和平门外,西至南北柳巷,东至延寿寺街,属于宣武区。在辽代之前,这里叫海王村。元朝时这里开设官窑,烧制琉璃瓦。明代因修建宫殿需要,扩大官窑规模,琉璃厂便成为朝廷工部五大工厂之一。到清初,因满汉分城居住,汉族官员多住在附近,全国赶考的举子也聚集于此。各地书商遂纷纷在这里设摊售书,琉璃厂于是成为京城最大的书市。一到北京,陈跃就让我带他同逛琉璃厂,我也想旧地重游,便一起在此消磨了半日。在琉璃厂,只要看看荣宝斋、邃雅斋、宝古斋、文奎堂、庆云堂等散发着书香的招牌,想想何绍基、陆润庠、康有为、翁同龢、梁启超等人当年为书铺题名的掌故,我们就会感到一种微醺。

在北京的另一件有意义的事,是我带陈跃去中共中央编译局采访了家兄韦建桦。家兄时任编译局局长,他在他宽敞的办公室里愉快地接见了来自家乡的记者。陈跃对这次采访非常之满意,嗣后写了一篇很长的报道。为了慎重起见,陈跃特地将稿子传给我修改润饰,这就是发表于2008年8月10日《扬州日报》的《扬州炒饭:中国文化符号》。稿子的开头是这样写的:"在举国欢庆奥运会开幕的时刻,记者走进简朴庄严的中共中央编译局,采访了扬州老乡——韦建桦局长。'扬州炒饭文化解码暨牵手奥运之旅'采访组一到北京,韦建桦局长就专门打来电话,对这一活动表示热切关注,并预祝家乡建设取得更大成功。""在四壁放满了马克思主义经典著作的局长会客室,韦建桦一口纯正的扬州话,让记者倍感亲切。"

顺便想到,后来《扬州日报》社又邀约家兄以全国政协常委、中

共中央编译局局长的身份,在《扬州日报》发表了一篇情深意切的《寄语故乡》。文章中写道:

> 我已经在外地工作四十多年,故乡一直在我的心中与梦里。改革开放三十年来,扬州的巨变使我一次又一次感到震撼和惊喜。我衷心祝愿这座历史文化名城在经济繁荣、社会和谐的前提下,展现独特的文化品格和文化气象,成为蜚声世界的现代文化名城;衷心希望扬州文化更深地植根于普通人的生活,更多地关注老百姓的甘苦,在浮躁、浮华、浮夸的流俗中坚守质朴刚健的传统,保持清纯典雅的本色。

"在浮躁、浮华、浮夸的流俗中坚守质朴刚健的传统,保持清纯典雅的本色。"我相信家兄对于扬州文化的这番寄语,也是陈跃和我的内心追求。

最近,陈跃要出版一本新书,名叫《扬州细节》,书名我就很喜欢。"细节"往往被人忽略,而"细节"往往又最见精神。从"细节"的视角来观察古城扬州,避免了大而无当,平添了阅读趣味。而且,用"细节"做为书名,不但确切、新颖,也体现了作者谦逊的态度。

全书分为"知道"、"亲近"、"登临"、"品鉴"、"遗迹"五个部分,引导读者去了解、触摸、感受、欣赏、钩沉深厚悠久的扬州历史文化。这些文章的内容,涉及园林、寺庙、街巷、乡镇、风物等,有的是作者周咨博访所得,有的是作者深入勘探而来,都言之有物。各篇的标题,也颇见匠心。有的浪漫,如《情愿迷失在扬州小巷中》、《扬州城北望有帝陵》;有的平实,如《扬州园林中的四大奇石》、《扬州农民造园十年成景点》。我最喜欢的还是那些言简意赅的文章标题,如《浦头碎片》、《张纲散记》、《氾水记忆》、《嘶马越千年》、《一声叹息十二圩》等。

书里的文字清新喜人。写扬州的古井,是"到扬州游玩的人,呆的天数长了,就想深入到扬州的市井深处,听听扬州的评话,看看奇妙的屋脊,去摸一摸小巷深处的老井"。写扬州的小河,是"在一个淫雨霏霏的下午,我徒步四个小时,在她身畔走了一个来回。从北向南,细数了跨越其上的十座桥"。写胡家的大宅,是"该宅建筑十分考究,砖用糯米汁砌成,砖与砖之间的缝隙如丝线一般,'一张纸也插不进去'"。写谢家的故园,是"每间屋子都有一些富贵人家的细节,如地板通气孔、猫洞、壁橱等"。比较特别的是写古刹愿生寺,笔墨着眼的不是庙,而是住在庙里的人:"位于埂子街的愿生寺,现在几乎就是一个大杂院。我往里面走,一进,二进,三进,住了近百户人家。这是一座不算古的旧庙,我为访古而来——因这里有高峨庙宇的风铃,鸽子沙沙飞过的声音,还有那个明代建的楠木厅。本来我是为这些,最终却对住在这里的居民,生了十足的兴趣。"我希望读者和我一样喜欢陈跃的作品。

因为陈跃和我有如斯之交往,所以在他新书即将出版的时候,我乐于为之作序。

二零一零年四月八日于扬州醒堂

从《倾听心灵》到《走向卓越》

手边有两本书,一本是《倾听心灵》,一本是《走向卓越》。就内容和形式两方面而言,前者好比是一间建筑简易的陋室,后者俨然是一座装饰精美的华堂。两本书标志着两个阶段,两个层次,两个境界。这是高蓓女士多年来所写文字的结集,于她本人来说自有纪念的意义,于别人来说也有种种的感慨与启迪。

在《倾听心灵》里,高蓓把文章分为四辑。写家人,写往事,这是《最忆是真情》。写友情,写感慨,这是《倾听心灵》。写旅途,写印象,这是《生活风景》。写人物,写采访,这是《记者生涯》。这样的分类,体现了女性的特殊的细心,固然很好,但也不免互有交叉重叠之处。在《走向卓越》里,上述文字加上新写文章一概被分为两辑,一为《叩访英才》,一为《倾听心灵》,更为鲜明简洁——所有的采访文章,都收在《叩访英才》一栏中;所有的回忆文章,都收在《倾听心灵》一栏中。文章的分类,也体现出了作者的眼力和胸襟。

随着岁月的变迁,在高蓓身上的那份女性的缠绵琐细,逐渐化为理性的果敢坚决,这是我翻阅两本书得到的第一印象。实际上,高蓓这些年写的文字,好像不止这些。也许有些文章被她舍弃了,也许还有些文章将来她会收在另一本集子里,这些均未可知。

总之,我读了高蓓的两本书,尤其是《走向卓越》,是觉得重新读了她这个人。人和人的交往,即使时间再长,认识也总是有限的。惟有不但识其人,而且识其文,才可能有更全面、更真切的了解。因为文字往往可以表达出人性中比较隐秘的一面。对于高蓓,我从前的印象是觉得她很温婉,有才气,会办事。读了《走向卓越》,觉得还应该加上两点,一是富于情感,二是勇于担当。她采访了那么多名人,又特别注重采访扬州籍在外地的成功人士,说明她的家乡感情很重,同时她又常常和被采访者之间结下长久的友谊。她的勇于担当,有这样两件事让我感动:一是她曾坐卡车颠簸数十小时去瑶寨采访,呼吁社会关心失学儿童,帮助他们重返课堂;二是采访泰州市信访局长张云泉时,正巧遇到大批乡镇教师上访,她以一个弱女子居然挺身解围。据高蓓自己后来回忆,当上访教师对前去调解的信访局长怀有成见,认为他代表政府说话敷衍他们而执意围堵市政府不肯散去时,高蓓作为记者主动站出来,告诉大家:"我是北京来的记者,碰巧赶上今天的事件,我愿意和大家一起回乡镇,作为见证人参加明天与有关领导的对话。"有人说:"她刚才是从信访局长的车里下来的,是政府的人,冒充记者想哄我们离开这里。"也有人说:"她的确是记者,刚才我们蹲在雨中吃盒饭时,她掉泪了……"在众人将信将疑的目光中,高蓓对几百人说:"你们等我一会儿。"于是她转身打车去宾馆,取来记者证和登有署名报道的刊物。就这样,一个偶然前来的女记者竟然说服了几百名上访者,被信赖地簇拥着坐在汽车的前排,随大家在夜色中返回。高蓓实际上充当了人质。在这场风波中,高蓓睡农家旅馆,坐教师代表的摩托车去镇政府谈判,站在媒体立场上提出建议……直到一个月后,她接到教师们的电话:"我们已经领到两个月的工资……谢谢……"她这才放心。

高蓓说:"也许,这就是我为什么常感叹做记者辛苦而又欲罢不能继续做着的理由。倾听着、感动着,辛劳着、欣慰着,追求着、幸福着。还有那些令我心仪的成功者、奋斗者,走近他们,用心感受他们的经历,用心地记录、传播,接受心灵的洗礼和启迪。"我想,这些话都是真实的,不是矫情。

我和高蓓认识很久了。但交往也就限于约稿和写稿。她在《扬州日报》和晚报工作的时候,常常向我约稿,我也是有约必允。其间主要赖于双方之间的信任。记得我给过她一篇很长的稿子,谈的是我写作的经历。因为稿子太长,在晚报上难以一次刊载,但高蓓没有退稿了事,而是设法用化整为零的方法给我发表了。还有一次,日本音乐家坂田进一先生来扬州访问,我陪同座谈,高蓓也来采访,相谈甚欢。后来,高蓓因故离开扬州,重新过她那飘泊的记者生活。那时,她正在编一本关于扬州的散文集。稿子已经编好,但书未出,她为了答谢作者,也为了辞别大家,私人在石塔宾馆设宴约请一班老作者、老朋友吃饭。在这顿饭之后,她就再次登程北上了。那顿饭吃得有点让人伤感,所以至今记得。去年,高蓓正式调到瘦西湖工作,她立即把这一消息告诉老朋友们。她又想组织一套丛书,因而约请老朋友在瘦西湖相聚。这是我和高蓓在最近的一次见面。

这种种印象和书里的文字交织在一起,就成了一个完整的高蓓:温婉,干练,执着,义气,担当。

《走向卓越》有一篇代后记,题目叫做《倾听着,感动着》。高蓓说,她很小的时候,就对文字有一种特殊的感情,那些美妙的文字组合而成的童话故事,伴随远离父母的她度过无数寂寞的时光。

上学后,每当她的习作被老师当作范文朗读,她心中便漾起说不出的满足。于是,她暗许心愿:要在这条路上一直走下去,当记者,当作家。长大了,她仍然执着地热爱着文字,盼望着有一天饱读诗书后,能够写出锦绣文章……很多年后,几经周折,高蓓终于到自己热爱的北京做了记者,于是真正体验到古人的感叹:看似寻常最崎崛,成如容易却艰辛。

高蓓说:"回首近十年的记者生涯,酸甜苦辣,得失寸心知。但无论怎样,都是自己心甘情愿的选择。""心中常常充满感激。真的很庆幸曾经选择了记者这个职业,让自己拥有使命、良知、真诚、勇气;让自己拥有许多无比珍贵的瞬间,去接近那些大家,那些广博的胸怀,那些臻于完美的人。"这是她的感想,也是我的感慨。

高蓓在倾听心灵的倾诉时,她自己也在走向卓越的未来。

我和《绿杨城郭》

现在有了电视,广播就很少听了。但在若干年前,广播曾经是我们获取各种信息的最重要的渠道。母亲听广播,是为了知道时间;岳父听广播,是为了天气预报。在很长一段时间里,我一早起床,必定先打开我那黄色塑料壳的长方形半导体收音机,一边吃早饭,一边听新闻,这成了我那时候经常的生活习惯。不过,多少年来广播和我的关系,也就仅限于此。

广播第一次真正走进我——或者毋宁说,我第一次真正走进广播,是在上世纪八十年代初。那时我还在南京工作。有一天,一位姓吴的同事告诉我,江苏电台将要播送我的文章,这使我颇感意外。这位吴师傅是个广播迷,不但天天听广播,而且每期广播电视报都要从头到尾仔细地读。他告诉我,近期的《江苏广播电视报》上有一篇预告,说省电台即将配乐播送我的散文《瑰丽的彼岸》。我于是急忙买来报纸,果然看到这条消息说,我的散文《瑰丽的彼岸》将由知名广播员王彻朗诵,并且配乐。这篇散文原是我发表在南京《青春》文学杂志上的,当时江苏电台要播送它,事先并没有征求我的意见。现在看来,这样做当然是不尊重作者。但在那时候,大家都没有版权意识。看到报纸的预告中吹捧说,韦明铧的散文能够给人以"力与美的享受",有了这样的好评,我心中还暗暗自得了一番。

到扬州工作后,我和电台的关系变得密切起来了,尤其是和《绿杨城郭》栏目的关系。这种关系的开始,大约要追溯到二十年前。

有一天,有一位扬州人民广播电台的女主持人来找我,说想做一档《绿杨城郭》文化访谈节目。这是我第一回听说《绿杨城郭》栏目,了解到它是扬州电台关于本地文化的一个专栏。按照主持人的意思,是要采访我,我的父亲,还有我的弟弟。那时,我刚刚投入扬州文化的探索,兴趣正浓,也已经在各种报刊上陆续发表了不少谈扬州文化的文章。父亲韦人是一个老文化工作者,对于地方戏剧、曲艺、民歌、风俗素有研究。弟弟韦光华那时好像正在创作一座关于扬州城市的大型标志性雕塑,也即后来树立在西门广场的《扬州鹤》。这样,韦氏家族在扬州文化方面的影响就引起了媒体的关注。我记得,我是在沙北三村寓所里接受采访的,当时说了些什么,现在已经忘记。采访我的主持人是方虹女士。那档节目还在当时的《扬州广播电视报》上作了预告。

后来,我又在位于梅岭的扬州电台做过几次直播节目,主持人是晨薇小姐。第一次坐在播音室里面对话筒,心里有点紧张,不过很快就谈吐自如了。节目的主题,一次是我的新著《扬州文化谈片》刚刚出版,主持人让我谈谈写作的情况,并且和听众做些交流。《扬州文化谈片》一书是由三联书店出版的,也是我用力最勤的一本书,书中的内容自然是烂熟于心,听众提什么问题我都能够侃侃而谈。这次直播的结果,是使我对于广播这种东西消除了神秘感。另一次节目,好像是谈古典文学的欣赏,例如小说、诗歌什么的,也主要是和听众对话。

从那以后,《绿杨城郭》和扬州电台就成了我的朋友。

在我和《绿杨城郭》的多年交往中,接触最多的是主持人石翔女士。我是什么时候认识石翔的,已经不大记得。我和她做的节目,至少也有五六次吧。她的负责,认真,敏锐,热情,给我留下了深刻的印象。主要的合作有这么几次——

1999年12月,我的《维扬优伶》一书出版。石翔得知这一消息,马上电话联系我,要做一档采访节目。我对她说,《维扬优伶》主要是讲古代戏曲的,现在戏曲市场很不景气,还是不要做了吧!但是她坚持要做。她认为戏曲越是不景气,电台就越是要普及戏曲,宣传戏曲,弘扬戏曲。这在道理上当然是不错的。我拗不过她,只得同意她来采访。我在《维扬优伶》里曾说过:"我至今仍想窥探故乡戏院的大幕,看幕后到底隐藏些什么秘密。"刘鹏春后来在晚报上写了一篇《一记醒木》,评论道:"拜读全书以后,我以为明铧不仅是窥探者,他更像一个说书人,以一记脆响的醒木,让酣睡太久、犹如尘封多年的兵马俑一般的扬州优伶,从沉梦中苏醒,在我们心中生动起来。许多远去的身影复活了;一些久远的绝唱,变得清晰可闻。"他又说:"历史景象的再现,不管多么具体,终究只是一个表层。明铧的一记醒木,不仅仅是为了唤醒昨天的优伶,自然也是想唤醒今天的我们对古老的戏剧有一个再认识。他努力从一方水土的生存环境,各个时代的复杂背景,探讨扬州优伶的方方面面,企图从历史的高处分析解释扬州表演艺术繁荣昌盛的深层原因。尽管说太浓的恋家情结使他对传统文化厚爱有加,妨碍了他对扬州文化过多休闲意味的深刻反思,毕竟给了我们一个重要启示:不要菲薄我们的历史文化,不要轻视我们的传统艺术。重新审视传统文化,让其在新的时代获得新的生命,这是摆在我们面前的重要使命。"

我坦白承认,我写《维扬优伶》这本书,完全不是因为图书市场有客观需求,而只是出于我对揭示扬州历史文化具体方面的使命般的主观愿望,所以书中侧重于史实的钩稽与考证,而疏略于理论的梳理与剖析。正因为如此,就扬州戏剧文化而言,刘鹏春一方面觉得"明铧的大作使我有了一个全面了解的可能,并从中得到有益的启示",另一方面又觉得"明铧的一记醒木,还不够有力,我总想看到他能离开扬州本土,从民族文化、世界文化更大、更宏阔的背景上,做一点比较文化的努力,让我们在看到历史辉煌一面的同时,看看它令人沉思的一面。何以扬州没有留下震撼人心的作品?扬州戏剧文化在滋润许多天南地北的剧种的同时,为何不能让四海的营养丰腴她自己?"当然,他说的这一切都是非常重要的。问题是《维扬优伶》这本书的使命,仅仅在于挖掘历史而已。《绿杨城郭》要做这样的广播专题,我很担心会做得枯燥无味。但由于石翔的潜心准备,节目竟然做得有声有色,这使我对她的能力刮目相看,也觉得"女人一漂亮头脑就简单"的话没有什么道理。

1999年9月,我出版了一本《两淮盐商》;四年之后的2003年8月,我又出版了一本《风雨豪门》。这样,我在扬州盐商方面的研究,也就有了点小小的名气。石翔要做一档徽商的节目,我自然在她的采访名单之中。就在《风雨豪门》出版之后不久,扬州召开了一次"扬州盐文化与经济发展研讨会"。与会者一致认为,扬州经济与文化的发展,有两个因素不可或缺,一是运河,一是盐业。盐业经济促进了扬州文化,扬州文化又滋养了盐业经济,"盐文化"与园林、戏曲、美食、八怪、会馆、书院等一样,也是扬州文化精髓和灵魂。盐业促进了扬州昔日的繁华,盐文化则积淀了扬州深厚的文化底蕴。在新的历史时期,传承和开发盐文化,将会有力地促进扬州社会经济的发展。过去,人们常常挖苦盐商,称他们是暴发户、投机商,只看到他们灯红酒绿、纸醉金迷的一面,看不到他们白手起家、艰苦创业的一面,这是不公道的,我们实在有必要重新认识和评价扬州盐商。扬州文化的发展与盐商在文化上的投入有着极大的关系。清代扬州是两淮地区的经济中心与文化中心,正是因为盐商的雄厚财力,才吸引来各地的文人学士,促进了扬州文化的繁荣。而随着两淮盐业的衰落、两淮盐商的衰败,扬州往昔的经济繁荣、文化昌盛也就风光不再。清代扬州盐商在汇聚人才方面的理念与行为,概括起来主要有爱才、惜才、引才和育才等,这些至今仍值得借鉴和发扬。

我在这次会议上提出,扬州盐商大多是外地人,许多人刚来扬州时身无分文,但他们勤奋创业,惨淡经营,终成豪富。这种积极创业、开拓进取的精神是应该充分予以肯定的。我还提出,我们一定要下气力盘活历史遗产。建设"扬州盐商博物馆"的想法,扬州人已经空喊了多年,因为种种原因,迄今未能实现。这些年来,我们经过实地调查,发现老城区现仍有近三十座结构相当完整、具有一定规模的盐商老宅。鉴于扬州盐商老宅院数量之多、规模之大,我建议根据各个盐商旧址的具体情况,建成不同特色的专题馆,如盐商艺术博物馆、盐商学术博物馆、盐商风俗博物馆、盐业历史博物馆、近代盐商博物馆等。经过五年、十年的努力,扬州现存的盐商大宅院如果有一半开发成旅游产品的话,则不但对加快名城建设、复兴扬州文化大有裨益,而且必定会给旅游产业带来巨大效益。现在,扬州盐商绝大部分故居已经破败不堪,有些随时可能倒塌,有些则时刻遭受人为拆毁、改建。所以我呼吁:全社会都来抢救扬州盐商故居,这是扬州盐文化的物质精华所在,让它们从现在的负担变成城市的骄傲吧!我的这些发言,后来被记者整理成文,发表在 2003 年 11 月 24 日《扬州日报》上。在《绿杨城郭》的访谈录中,我着重谈了盐商与文化之间的关系,尤其是扬州盐商在经营理念和诚信道德方面的精神遗产,扬州盐商对儒风的自觉追求及对社会的反哺行为等,这些都需要我们认真进行研究和开发,使扬州的文化遗产得到科学的扬弃。

和石翔交谈,是一件愉快的事。她的发问自然而有条理,还不时宕开主题,问一些看似题外其实仍与主题相关的话。记得有一次,她来采访伊斯兰文化在扬州的专题。采访照例在我的治淮新村书房里进行。在那个安静而随意的下午,波斯村、普哈丁、仙鹤寺,成了我和石翔对话的几个关键词。我们从杜甫的"商胡离别下扬州",谈到马可·波罗的《东方见闻录》,从扬州出土的波斯陶瓷,谈到菱塘的回族自治乡,我们的思绪就在历史与现实之间穿梭。

有一件事情我差一点忘了,石翔提起来我才想起。大约两年前,市里要求电台做一档宣传扬州历史文化的直播节目,石翔约了我。那时我恰好胆结石病发作,腹痛难忍,就谢绝了。可是,石翔也够顽强的,我若不答应她就不肯罢休。结果是我妥协,同意先录音,再插到直播节目中去。那天她用小车把我接到电台的直播室,我勉强接受了她的采访。她对我的配合,再三表示了歉意。那次谈的内容好像是关于扬州八怪和扬州学派,不过这已经无所谓了,现在还记得的就是她的不屈不挠的精神。

石翔的节目常常得奖,其中也包括了我和她合作的那些节目。

这些年,在许多文化活动的场合,我都常常与石翔不期而遇。她问我的第一句话常常是:"最近您又出了什么书啦?"我据实以告后,她就立刻和我预约:"书出版后一定要签名送我哦,我一定好好拜读。"我知道,她接下来的话一定是:"我打算做一档专题节目呢。"

石翔对我说过,我写的书她基本上都有。有的是我送她的,有的是她自己买的。有的书她甚至买了两本,如《扬州瘦马》。但是,一谈起广播来,我便有些惭愧和惶恐,因为她做的《绿杨城郭》节目我实在很少有机会听到。我的那只黄色塑料壳的长方形半导体收音机,早在从沙北三村搬家到治淮新村时就不得不扔掉了,它不但外壳破了,用绳子绑着,声音也嘶哑模糊得几乎听不清楚。

为了收听《绿杨城郭》,我确实应该买一台新收音机。

《扬州十日记》三题

《扬州十日记》的作者和译者

《读书》杂志上有一篇文章,题目叫做《扬州:选择与遗忘》。文章如何姑且不论,但有一点是弄错了:《扬州十日记》的作者不叫"杨秀楚",而叫王秀楚。

关于《扬州十日记》的作者,历来没有什么疑问。凡是谈到《扬州十日记》的,都知道它的作者是王秀楚,而不是"杨秀楚"。例如《剑桥中国晚清史》写道:"梁启超和他的同事们的政治激进主义还含有排满种族主义的鲜明色彩。在他为学生札记所写的评语中,有时直言不讳地提到悬为严禁而不许涉及的事实,即在十七世纪征服中国过程中满人犯下的可怕的屠杀暴行。而且,他和同事们还传印和散发了成千本王秀楚的《扬州十日记》,这是据说有关满人在扬州所犯暴行的惊人的、但禁止传播的记述。"王元化先生《帮闲文学与帮忙文学》写道:"王秀楚的《扬州十日记》描写清兵杀人如麻,流血有声,读了之后,令人毛骨悚然,如游地狱,忘掉人间。"

苏雪林先生《文学写作的修养》写道:"人生经验若十分特殊,则其为文动人力量也出奇的大。笔者在另一文中曾谈到中国历史之长,历代战争之繁,何以能记录此种血腥痕迹者,仅有王秀楚的《扬州十日记》、张茂滋《劫后馀生录》等寥寥数篇。是盖宛转烽火兵刃之间者,多非文人,偶有文人,事后亦不愿记录之故。"

我只在一本清代禁书目录中看到,清代禁毁《扬州十日记》一书时,曾经把它的作者说成是"佚名"。这表明当时可能有各种《扬州十日记》的版本在民间流传,而其中有一些是隐匿了作者名字的。

王秀楚的生平,至今无考。上世纪八十年代,我和上海戏剧学院已故教授陈汝衡先生闲谈此书。陈先生说,他因为是扬州人,多年来留心乡邦文献,一直想查到王秀楚其人的点滴事迹,然而总是失望。他还说,世人都以为清兵入扬州后屠城十日,此大谬也。清兵屠城不过五六日,《扬州十日记》书中可考。王秀楚的书名叫做《扬州十日记》,不过是说作者记其"十日"中的见闻而已,并非说清兵"屠城十日"。而且,杀死的人也没有书中说的"八十万"那么多。我问陈先生,《扬州十日记》的作者王秀楚究竟是什么人?陈先生说,至今未能考出其人事迹。

关于王秀楚的身份,除了"明末扬州秀才"这一条之外,可以说我们别无所知。但是最近见到京华出版社2001年8月出版的《四库禁书》(全十六卷),内收《扬州十日记》,注明此书系"明人王秀楚"所著,而简介写道:"本书作者是史可法的幕僚,《扬州十日记》是'身所亲历,目所亲睹'的记史著作祖本。书中记述了清军攻破扬州,肆意奸淫妇女,泣声盈野的人间地狱惨相。"何以知道王秀楚是"史可法的幕僚"呢?未见说明出处。

陈汝衡先生给我看过一本英译本的《扬州十日记》,却是一本罕见的书。译者毛如升,当时并不了解是谁。但说起来,我与英译本《扬州十日记》和毛如升先生仿佛有些特别的缘分。

那是十几年前,我在上海戏剧学院陈汝衡教授家,见到他珍藏多年的英汉对照本《扬州十日记》,系毛如升先生翻译,由林语堂先生主持的上海西风社于民国二十九年九月初版,三十年五月再版。这是我第一次见到《扬州十日记》的英译本,觉得十分惊奇。打开书,见书前有美国密西根大学贝德(A·L·Bader)博士的序,对《扬州十日记》及其译文评价甚高,称它在"近年来中英互译之作"中"占一重要地位"。我因对此有浓厚兴趣,便伏在陈教授家的饭桌上将序言抄了下来,但当时对译者的情况一无所知。

几年前,百花文艺出版社约我编一本《绿杨梦访》,搜集民国年间有关扬州的散文为一编,当时我就想到要把贝德博士的《〈扬州十日记〉英译本序》收入书中。但因序言原译为文言文,于体例不合,我便让女儿韦艾佳用现代散文笔法将序文重译了一遍。贝德的序中多次褒奖《扬州十日记》的英译者毛如升先生,说他的译文保持了原文的质朴的本色,可惜那时我仍对毛先生毫无了解。

不久前,我照例到扬州天宁寺去逛古玩市场。偶见地摊上有几本旧杂志,就随手拿来翻阅。正巧见到一册民国二十九年(1940)出版的《西风副刊》,系林语堂先生主编,封面上赫然用黑体字写着"扬州十日记"五个大字。打开一看,见竟是毛如升先生所译《扬州十日记》(汉英对照)的最后一段,我这才知道毛译《扬州十日记》在成书之前是先在杂志上面连载的。于是,便立刻买下了这册六十年前的老杂志,并在心中隐隐觉得我与毛先生有缘。

更巧的是,那天我和几位朋友到扬州文华大酒店吃饭,没想到酒店的主人竟是我从前的学生毛静扬。毛静扬同学一见我就对我说,她的祖父就是我在书中提到过的《扬州十日记》的英译者毛如升!而且,她祖父是邵伯人,算起来和我还是同乡。这一奇遇使我对毛如升先生不但充满了敬意,也顿时充满了好奇心,觉得应该把他的生平介绍给世人。在毛静扬同学的安排下,我终于得以和毛如升先生的公子毛成权先生畅谈了半日,对翻译家毛如升先生的生平有了大致的了解。

　　毛如升先生,原名毛如杰,1911年生于江都邵伯的一个书香门第,父亲是塾师。他在邵伯读完小学后,考入扬州中学读初中。初中毕业后辍学,在家艰苦自修二年,翻烂了两本英汉字典。因无高中文凭,他只好借用兄长毛如一的高中文凭,将"一"字改为"升"字,考入南京中央大学外文系。因为成绩优异,毕业后留校,在中美文化交流中心供职,得以结交来华工作的美国朋友贝德教授,并深得贝德赏识。当时正值二战期间,毛如升先生一面勉力工作,一面勤奋译文,始终不忘国难当头。他把《扬州十日记》译为英文,先后在《天下》、《西风》等杂志上发表,还把抗日烈士华椿的诗篇《纪念之歌——奉献给奴隶们》译为英文发表在美国密西根大学学报上,以期激励国人御侮之志,让全世界都知道中国人是不甘做亡国奴的。此外,他又把诗人徐志摩、卞之琳、邵洵美等人的新诗译为英文发表,以促进中外文化交流。南京沦陷后,中央大学撤退到后方,毛如升先生因家累未能随校撤离,便前往上海肇光中学教授英文。在此期间,他主编《长风》英语半月刊,继续推进中西文化交流,并将朱自清先生编选的《中国新文学大系·诗集》全部译成英文,寄给已经回国的贝德教授,拟在美国出版。可惜因太平洋战争爆发,这一富有伟大意义的出版计划付之东流,饱含毛先生无数心血的译稿也在战争期间不知下落。更加令人扼腕痛惜的是,就在毛如升先生1940年暑假回邵伯探亲时,突患伤寒去世。一代英才,鸿图未展,遽归道山,岂不哀哉!

　　毛先生翻译《扬州十日记》的时间,正是在南京大屠杀之后,我想他极有可能是因为激愤于日寇的暴行而联想到明清之间的那场民族悲剧,才进行他的译事的。他是用译笔来抒写愤懑,诅咒战争。

　　史可法的悲壮牺牲,和扬州城的血腥屠杀,是发生在明清之交的令国人永难忘怀的惨烈事件。《扬州十日记》的作者是扬州人王秀楚,译者是扬州人毛如升,其间似乎有一种缘分。《扬州十日记》的篇幅并不大,但由于它真实记录了战争的残酷,因而影响极其深远。无论是辛亥革命,还是抗日战争,《扬州十日记》都曾经作为一种特殊的教材,激励过国人奋力抗争的斗志。因此,无论是这本书的作者还是译者,都值得纪念。

《扬州十日记》的是非真伪

　　《扬州十日记》虽是一本数千字的小书,在历史上却影响深远,命运奇特。有人推崇它对战争惨烈的写实,有人利用它来鼓吹民族革命,有人赞美它的文笔深沉酣畅,有人着眼于它文本的是非真伪。这本小书,几乎牵动着所有关心明清鼎革与辛亥革命这两段重要历史的人。

　　好多年前,我一直想寻找《扬州十日记》的早期刻本,但未能如愿。后来读《四库禁毁丛刊目录》,见《扬州十日记》赫然在内:"《扬州十日记》一卷,清王秀楚撰,清钞本,史部。"实际上,在所有清代禁书目录中,《扬州十日记》总是榜上有名,无一例外。而它的书名或被写成《扬州十日》,或被写成《扬州十日录》,作者或被写成"无名氏",或被写成"无书人姓名"。据此可以推断,王秀楚的《扬州十日记》在写成之后,因其内容的极端犯忌,根本没有可能付梓。在清初文字狱的高压政策之下,没有人敢以九族性命为代价刊刻这本小书。所以,它最初的遭遇只能是以各种抄本形式在民间暗中流传,因彼此提防,无从互校,故书名、作者甚至内容都不免有所出入。

　　毫无疑问,在整个清代,《扬州十日记》都是一部被定为铁案的禁书。因此它到底有多少种抄本，永远是一个谜。据台湾有关资料披露，《扬州十日记》有日本天保五年，即清道光十四年（1834）自修馆刊本，但这并不是最早的刊本。有材料说，《扬州十日记》和《嘉定屠城纪略》正式出版的时间可能是1828年，这比太平天国利用它来反清更早。无论如何，有一点是大家公认的，即《扬州十日记》在国内几乎匿迹了一二百年之久，在那无声的长夜里国人无一言提及此书。《扬州十日记》的重现人间，是在远离祖国的海外，这为它的命运抹上了一层传奇性的戏剧色彩。据说，这部记录了明清交替那段血泪历史的小书幸好传到东邻日本，并得以保存，清末留日学生才在东京和大阪的图书馆里发现了它。于是那些满怀爱国热忱的留日学生便埋头把它抄写下来，在东亚和南洋一带自费大量出版，然后冒死运回国内，散发给广大民众，使之成为革命的助产士。《扬州十日记》在经过漫长的沉寂之后，终于以新的价值和面貌重现于世。

自那以后，《扬州十日记》开始了它问世以来最为炫目的时期。光绪年间国内出版的《明季稗史汇编》，收录了包括《扬州十日记》在内的晚明史料十六种，也即《烈皇小识》、《圣安本纪》、《行在阳秋》、《嘉定屠城纪略》、《幸存录》、《续幸存录》、《求野录》、《也是录》、《江南见闻录》、《粤游见闻》、《赐姓始末》、《两广纪略》、《东明闻见录》、《青燐屑》、《吴耿尚孔四王合传》和《扬州十日记》。谁也不会料到，这些发黄发脆的史料，居然成为革命党人的号角。据谢国桢先生《增订晚明史籍考》记载，仅《明季稗史汇编》版的《扬州十日记》，就有光绪十三年（1887）尊闻阁刻本、民国二年（1913）中华图书馆影印本和商务印书馆印本等。《扬州十日记》的版本当然远远不止这些。仅我后来接触过的，至少就还有国学扶轮社的《中国内乱外祸历史丛书》本，上海书店的《中国历史研究资料丛书》本，上海西风社的英汉对照本，以及陈恒和书林的《扬州丛刻》本。晚清时代的《扬州十日记》，通常与邹容的《革命军》一道刊行，彼此呼应，相互发明，激发民众的反清情绪。

对于《扬州十日记》的真实性，晚清时人并未产生过任何怀疑。例如陈天华先生在著名的《狮子吼》里写道："有当时一个遗民，于万死一生之中，逃出性命，做了一本《扬州十日记》，叙述杀戮之惨。"对《扬州十日记》的具体内容最先提出质疑的，是张德芳先生的《〈扬州十日记〉辨误》。这篇文章主要辨误了两点：第一，书名《扬州十日记》不等于"屠城十日"；第二，《扬州十日记》说扬城被杀人数"约八十余万"是错误的。文章指出了这两个错误，但是并未认为它是"伪书"。

可是此后，便有人把王秀楚的《扬州十日记》、宋应星的《天工开物》乃至岳飞的《满江红》都列为"假书"。其关键的观点，是否认"扬州十日"的存在，认为《扬州十日记》是孙中山先生为了丑化满族而伪造的。理由是：此书是孤本不足信；书中文字描述混乱；作者说屠城八十万人有误；扬州屠城乃是汉族将领所为。这个不负责任的观点一出现，立即遭到猛烈的抨击。

从根本上否定《扬州十日记》真实性的代表作，是佚名的《〈扬州十日记〉证讹》一文。该文认为："《扬州十日记》中纰漏很多，不能不使人对它的真实性产生怀疑。"具体的理由，一是认为扬州并未形成南明和满清两军的主战场；二是认为书中对扬州府城人口的估算有误；三是认为对清军可能投入扬州战役的兵力记述不确；四是列举了"几个可以说明《扬州十日记》不可信的问题"，如清军纪律状况的严明、清军在五六天内手刃八十万余人的不可能、屠城的善后事宜无法进行等；五是《扬州十日记》一文自身的矛盾。文章最后认定："上述几点，仅举荦荦大端者，纵观全文，矛盾重重，破绽百出，这样的记录，怎能成为严肃的史料？"

这一论调的出现，马上引起了众多的反驳意见。第一，攻打扬城的清朝将领多铎本人已在《谕南京等处文武官员人等》的公告中承认:"嗣后大兵到处,官员军民抗拒不降,维扬可鉴。"说明扬州屠城完全属实。第二,张德芳指出了八十万数字有误,但他并没有否定扬州十日,也说扬州十日杀人甚众。第三,《扬州十日记》作者立场比较客观,没有袒护明廷的倾向,对明军纪律败坏并不隐讳,作者本人也无意把自己打扮成抗清志士,坦陈自己只想苟安于乱世。至于文中有些矛盾,根本不足道。

显然,《扬州十日记》作为一个战争幸存者的私人日记,在那种严酷的环境中,没有可能也没有必要对整个战争进行准确全面的描述。《扬州十日记》的作者王秀楚在书中已经申明:"自四月二十五日起,至五月五日止,共十日,其间皆身所亲历,目所亲睹,故漫记之如此,远处风闻者不载也。"因此,以反映战争不全面、记录数字不准确为理由来否定它,是没有道理的。

最近看到两个有意义的材料。一是《尚书》、《左氏春秋》、《山海经》、《史记》、《汉书》、《水经》、《大唐西域记》、《资治通鉴》、《百夷传》、《扬州十日记》被评为"史地十大奇书"。既然是"史地奇书",自然都是纪实的作品。二是《四库禁书》在收入《扬州十日记》时,第一次对作者王秀楚作了如下介绍:"本书作者是史可法的幕僚,《扬州十日记》是'身所亲历,目所亲睹'的记史著作祖本。书中记述了清军攻破扬州,肆意奸淫妇女,泣声盈野的人间地狱惨相。"王秀楚既然是"史可法的幕僚",那么《扬州十日记》的记事容或有出入,真伪却不言而喻。

"扬州十日"的真相

在任何一部写中国通史的著作中,任何一篇谈明清掌故的文章中,必然会提到"扬州十日"事件,或者"扬州十日"惨案。但是,对于"扬州十日"的真相,世人的看法似乎不无可议之处。有人以为"扬州十日"就是屠城十天,又有人以为"扬州十日"乃是出于虚构。那么,"扬州十日"的真相究竟如何?

"扬州十日"之说出于王秀楚《扬州十日记》。1645年农历二十五日,清兵攻破扬州城,有一个名叫王秀楚的扬州人幸而未死。他目睹清兵的所作所为,将自己从破城那一天起的十日内的亲见亲闻记录下来,题为《扬州十日记》。《扬州十日记》一书既是"扬州十日"之说的原始由来,又是"扬州十日"的第一手资料,所以我们首先应该看看这本书的内容到底写了什么,作者经历的十天到底发生了什么。

四月二十五日下午,"大兵入城"的消息在扬州城内迅速流传,但是所谓"大兵"究竟是指明朝靖南侯黄得功的援军,还是指清朝豫亲王多铎的北兵不得而知。王秀楚在街上亲眼看见几十个人骑马拥着史可法狼狈南去,这才确认是"敌兵入城无疑"。不久,王秀楚的大哥来告诉他,此时大街上已经血肉横飞,"中衢血溅矣"。天快要晚时,清兵的大屠杀掀起了高潮,"大兵杀人声已彻门外"。同时,他们开始放火,"城中四周火起,近者十余处,远者不计其数"。

四月二十六日,大火烧了一夜后,势头稍减。王秀楚亲见清兵"持刃"到处追人屠杀,"追蹑如飞";并且抢劫财物,"搜余兄弟金皆尽";同时又掠夺妇女,"数十人如驱牛羊,稍不前,即加椎挞,或即杀之"。这时的扬州城已经是人间地狱,"堆尸贮积,手足相枕","屋宇深邃,处处皆有积尸"。到了晚上,清兵又到处放火,"外复四面火起,倍于昨夕"。显然,屠城达到了高峰。

四月二十七日,作者躲藏在乱坟堆中,亲耳听见清兵的杀掠声、刀环的响声和百姓的哭声。"至午后,积尸如山,杀掠更甚"。屠城在继续进行。

四月二十八日,清兵越来越多,气势也越来越汹。有一清兵"掳一少妇、一小儿,儿呼母索食,卒怒,一击脑碎而死"。有一群妇女藏在草垛里,"户外有卒,一时手杀二人"。惨烈的屠城仍在延续中。

四月二十九日,"又纷纷传洗城之说,城中残喘冒死縋城逃去者大半"。清兵大肆放火,"烈火四起,何家坟前后多草房,燃则立刻成烬"。屋内居民为火所逼,无不外逃,"亦有闭户焚死者,由数口至百口,一室之中,正不知积骨多少"。王秀楚听到一个红衣人传言说:"明日王爷下令封刀。"看来,屠城这时已经到了尾声。既然"封刀"要王爷"下令",可见当初屠城也一定是王爷"下令"所为。

五月初一,清兵虽说已经"封刀",但杀人之事仍然不止,"势虽不甚烈,然未尝不杀掠"。

五月初二,有官吏安抚百姓,"毋得惊惧"。各寺院僧人开始焚化积尸,"查焚尸簿载数,共八十余万",还不包括落井、投河、焚死、自缢、被掳的人。

五月初三,官方"出示放赈",作者到缺口关去领米,当时发生了"抢米"现象。

五月初四,扬州城里"烈日蒸熏,尸气熏人"。前后左右,到处焚尸,"烟结如雾,腥闻数十里"。

五月初五,躲藏的百姓开始出来走动,但仍有抢劫事件发生,"初不知为清兵,为镇兵,为乱民也"。作者一家"亲共八人,今仅存三人"。

王秀楚十天的记载,大致就是如此。从他的记载可以看出,清兵在攻破扬州城后,"王爷"多铎的确下过屠城的命令。这一残暴的命令整整执行了五天,在第六天下令"封刀"。"封刀"之后的五天,虽然仍有杀人现象,但和前五天的公然杀掠、大肆焚烧相比毕竟有所收敛。因此,把"扬州十日"理解为"屠城十日"固然与史实不符合,而企图根本否认"扬州十日"的史实更是毫无道理!

有人说《扬州十日记》只是扬州大屠杀的孤证,我们便有必要给出一种众所周知的旁证。实际上,最有力的证据就是清军发出的公告:"所过州县地方,有能削发投顺,开城纳款,即与爵禄,世守富贵。如有抗拒不遵,大兵一到,玉石俱焚,尽行屠戮!"扬州既然抗清最激烈,破城而入的清军怎能不执行这一命令,施行"玉石俱焚,尽行屠戮"?

关于清兵屠杀扬州城的惨案,史籍多有记述,清初计六奇《明季南略》的记载尤为详细。书中引《甲乙史》说:"甲戌,清师渡淮,是晚猝至扬州新城,破之,悉屠其民。"计六奇认为,清兵在渡淮当天就破扬州城可能有误,但是屠城之说是无疑的。他在康熙六年遇见一个人,自称久居扬州,是清兵破城后逃出来的,对扬州屠城一事知道得很多。那人说,破城那天,扬州新城的老百姓忽然喧哗起来:"鞑子已入旧城杀人矣!"大家纷纷出城逃走,"走不及者被杀,凡杀数十万人,所掠妇女称是,无一人得存者,扬城遂空"。还有一种说法是,扬城被破之日,清兵首领发出令箭,每一个城门杀一百人,以报复攻城时明军对清军的杀伤。既而在传递令箭中,变成了每一个城门杀一千人。杀完后,复又传令,再杀一千。如此"连续传箭,直杀至数十万,扬州烟爨四十八万,至是遂空"。还有一说,当初扬州城被明朝军阀高杰就屠杀过两次,"及豫王(清将多铎)至,复尽屠之,总计前后杀人八十万,诚生民一大劫也!"

关于"扬州十日"死亡人数,历来有不同的说法。据王秀楚《扬州十日记》记载,五月初二是各寺院僧人开始焚化积尸的日子,至于总共焚烧了多少尸体,按理说最后清点时才能得知。但王秀楚在五月初二这天紧接着写道:"查焚尸簿载数,共八十余万",这显然是事后补上去的数字。近人张德芳先生《〈扬州十日记〉辨误》一文曾经根据有关资料考证当时扬州人口,说《明史·地理志》记载的万历年间扬州人口为"八十一万七千五十六";《扬州府志》所载人口较为复杂,在成化、嘉靖年间扬州府属全区人口在"七八十万左右"。这样,估计到了"扬州十日"发生的1645年,扬州府人口"不会超过一百万"。考虑到各种因素,这一年集中在扬州城里的人口"至多不会超过二三十万","八十余万"的数字似有夸大失实之嫌。然而,"扬州十日"到底死了多少人,张德芳先生也没有说。

"八十余万"虽是估计的数字,可是清兵屠城,血证如山。清兵攻克南京后,在《谕南京等处文武官员人等》中自供道:"昨大兵至维扬,城内官员军民攖城固守,予痛惜民命,不忍加兵,先将祸福谆谆晓谕。迟延数日,官员终于抗命,然后攻城屠戮,妻子为俘。是岂予之本怀,盖不得已而行之。嗣后大兵到处,官员军民抗拒不降,维扬可鉴。"连杀人者都已经承认自己"攻城屠戮",纵然有谁想利用"教科书"一类的伎俩来信口雌黄,又岂能任意地篡改历史!

> 229
>
> 己酉夏四月十四日督镇史可法从白洋河失守踉跄奔扬州,坚闭城以攖敌。至余四日未破城前禁门之内各有兵守,予兵宅西城楷梯将守焉吏卒悲置予宅二卒左右亦然踏所不庄供给日费钱千余不得已共谋为主者檐予更器需恭敬顿好渐给主者喜诫卒稍逮去主者喜晋绰蓄琵琶思异名妓以娱军暇是夕邀予饮满振缨献彭督镇以寸帧至主者览之色变遽登城予乘赤散去
>
> 越次早督镇牌谕至『内有一人当之不累百姓』之语闻者莫不感泣又传惹军小捷人人加额焉午后有娼氏自瓜洲来漂莫不佑逃兵(兴平伯高杰也督镇檄之出城遵避)予婚缘别久和昧唯而敝兵入城之噩已在二三为予言者予急出谒落人或曰『靖南侯黄得功援兵至』旋製城上守城者尚严整不乱再至市上人言淘淘披发跣足者礼庚而至闻之心急宣临莫知所對忽数十骑自北面南奔疑狼狈如波汹中挥一人则督镇也是时如敌兵入城无疑衣突有一骑由北而南撒
>
> 东城外兵逼城不得出欲奔南圃故之此是时如敌兵入城无疑衣突有一骑由北而南撒

关于《孙烈士竹丹遗事》

虽然天气渐寒,但是扬州天宁寺的古玩市场依然人气很旺。近几周来,在此淘得的旧书竟然十分可观。其中除了一些本地坊刻本之外,最有价值的要数《孙烈士竹丹遗事》了。

那天在天宁寺冷摊上,忽然发现一册旧书,书名《孙烈士竹丹遗事》。拿起来一翻,书中辛亥烈士熊成基的史料赫然在目,便立即买了下来。书很薄,内容主要是柳亚子先生写的《公启》、《孙竹丹传》、《孙竹丹后传》、《孙竹丹事略一》、《孙竹丹事略二》,及《熊烈士供词》、《熊案始末记》、《跋》等文,书为柳亚子于民国六年(1917)所编,书名为蔡寅所题。

值得注意的是,柳亚子和蔡寅两位先生都是南社中人物。柳亚子人所共知,蔡寅字清任,一号纯纯、冶民,江南平江人。自幼聪明,有神童之誉。少年时作诗言志:"攻错得石友,磨砺资国器。"希冀自己坚如磐石,成为国家大器。蔡寅之妻是柳亚子二姑母,因此柳亚子称他姑夫。柳亚子和蔡寅虽是两辈人,但志同道合。中日甲午战争爆发后,内忧外患,民不聊生,蔡寅与金松岑、陈去病效法

"桃园三结义",义结金兰。金松岑最长,取号壮游,陈去病第二,取号壮图,蔡寅排行老三,取号壮怀。他们组织雪耻学会,呼吁救国图存。

蔡寅与邹容是好友,性情经历近似。邹容为蔡寅题写过一幅扇面,是七个篆书:"保罗心事卢梭书。"落款:"邹容为吴江壮怀画像。"短短七字,言简意赅地概括了蔡寅其人。震惊中外的"苏报案"发生后,章太炎和邹容身陷囹圄,蔡寅四出奔走,积极营救,出资请英国律师琼斯为章、邹二人辩护。但营救最终失败,蔡寅只得离沪返乡。半年后,蔡寅东渡日本,见到孙中山和黄兴,欣然加入同盟会。

蔡寅于辛亥年参加南社。民国建立后,他在温州出任浙江高等法院院长,公务之余常游览山水。在登屿拜谒文天祥祠时,有吊古诗云:"尚余正气镇东瓯,忍使江山付浊流。淘尽英雄存砥柱,要回天地入扁舟。盟心日月今犹炳,落照桑榆不可收。孤屿千积遗大节,陆沉何以挽神州。"蔡寅擅书法,初学苏欧晚学颜,平正之中含险绝。但时至今日,蔡寅留下的墨迹很少,《孙烈士竹丹遗事》书名是我仅见的蔡寅书法。

孙竹丹的名字比较生疏。读此书后才知道,他本名孙元,一名负沈,字幼符,号竹丹,江苏江宁人。据书中介绍,他原是南京陆师学堂学生,卒业后转入将备学堂。因心怀天下之志,故与长江沿岸诸会党多有联系。东渡日本后,入振武学校学习,同盟会一成立,他就加入,为在安徽起事而回国。孙竹丹能言善辩,高谈阔论,自称善于催眠术。曾经在大庭广众之中试其术,有时灵验,有时不灵,而他端然高坐,暗示不辍,友人传为笑谈。赴安徽后,厕身军中,因遭猜忌,消息泄露,又回日本,此后行踪不定。后来,扬州人熊成基在关东就义,案件牵涉到孙竹丹。柳亚子组织南社时,因孙竹丹长于文词,即加入南社。辛亥革命爆发后,留日的流亡之士纷纷回国参加起义,唯有孙竹丹音信杳然。有人告诉柳亚子,孙竹丹可能死了,否则不会毫无音讯。没过几个月,有朋友奔走来告,说孙竹丹真的死了,而且死得很惨。原来,孙竹丹喜欢下棋,他的仇敌派人诱他来对局。当孙竹丹聚精会神举棋不定之时,埋伏者从身后猛然而起,以铁椎击其脑,孙竹丹当场毙命,又被肢解尸体,沉于大海。柳亚子说过:"革命建帜以来,死事者多矣,君独为仇家所中,不列于国殇,论者惜之。君为人坦白,无城府,而锋芒过露。又好为大言,行事或不能相掩,卒以是罹祸。余识君数年,相处未及旬日。顾风雨中宵,一灯独对,冥然遐思,犹恍若见君,酒酣起舞,英姿飒爽,诵伊藤博文'醉枕美人膝,醒握天下权'句时也。呜呼,伤矣!"

柳亚子先生的著作除了《磨剑室诗集·词集·文集》,还有他所编辑的《苏曼殊全集》、《孙竹丹烈士遗集》等。柳亚子是个富有激情的政治诗人,他有《赠孙竹丹》咏道:"千里皖江凭掌握,会看天际起风云。"诗写得乐观豪迈,高昂阔大,可惜孙竹丹的安徽之行并无什么业绩。

书中提到的熊成基,一名承基,字味根,曾用名张建勋、龙潜,扬州甘泉人。幼年入私塾,稍长曾学医,以后立志学军事。他曾说:"大丈夫不能为国家出力是很可耻的。于今国势衰弱,受到列强欺侮,只有从军学武才能强国雪耻。"1904年夏,他到达安庆,考入安徽武备学堂,很快受到共和思想的影响,开始了革命生涯。1906年,被派任南京新军陆军第九镇炮兵排长,后任安庆炮兵队官。1908年率部起义,因准备未周而失败,逃亡日本。1909年初,在日本加入同盟会,旋由日本返东北,只身至长春,与同仁密会,商定革命方略。

关于孙竹丹与熊成基的关系,《孙烈士竹丹遗事》有重要的交代。熊成基因在长春听到孙竹丹的议论,心中激赏,到日本后便与孙竹丹同居于澄吉馆。熊成基到日本是为了躲避清人耳目,踪迹神秘。孙竹丹便为他改名换姓为龙潜,字望云。孙竹丹又与友人集资,供熊成基使用,熊成基这才得以安居日本。此时日本参谋部有所谓"军事计划秘密书",事关辽沈战局,孙竹丹设法谋得,打算让熊成基卖给俄国人,得到重金后供革命党使用。于是这年秋天,熊成基带着"军事计划秘密书"回国。熊成基化妆返回长春后,寓于臧冠三家,后为售书抵达哈尔滨。临行前答应臧冠三,如售书成功,将以赠款相谢。抵哈后,有孙元、商震等人与熊成基密谋在蜂蜜山从事开垦,以便存粮购械,再联络革命党人和关东胡子伺机举行反清起义。不料事情泄露,到处风传熊成基要刺杀清廷海军大臣载洵。吉林巡抚陈昭常惊慌万状,张贴告示,重赏举报熊成基等革命党人的奸细。臧冠三乘机告密,清兵包围客栈,熊成基被捕,并由哈尔滨押解至吉林。启程时观者如堵,他笑道:"诸君为国珍重,我虽死如生,愿以一腔热血,灌自由之花。我愿继我而起者,大有人也。"闻者莫不感泣。不久,熊成基在吉林就义。

熊成基死得壮烈,孙竹丹却死得窝囊。徐润周《围棋纪事诗》咏道:"除暴无功避海东,待时聊且作潜龙。谁知玉局藏机阱,终古涛声吊鬼雄。"注云:"孙元字竹丹,江宁人,留学日本,同盟会会员。参加民族革命,清季与熊成基密谋起义,事泄,熊被害。竹丹得讯早,得脱,赴日本。每日研读《周易》,杜门不出。或从事翻译工作,以供旅费。暇则与宋教仁、钱北湖等往来而已。竹丹喜弈,仇家某使人诱之对局,竹丹欣然往。方凝思间,伏者突起于身后,持铁椎猛击其颅,立死。复支解遗体,投之大海,时一九一一年六月二十九日。柳亚子为作传记。"

值得一说的是,鲁迅先生曾在孙竹丹编辑的《河南》杂志发表文章。《河南》是清末留日学生1907年创办于东京的刊物,由程克、孙竹丹等主编。鲁迅是浙江绍兴人,他的文章发表在《浙江潮》

上理所当然,但后来为什么一些重要作品发表于《河南》上呢?有学者认为,鲁迅兄弟在日本留学时期,已逐渐跨越狭隘的同乡樊篱。鲁迅曾计划刊行文艺杂志,未能成功,后来得到在《河南》发表言论的机会。周作人也十分重视《河南》的作用,以为《河南》虽系河南同乡会所办,实已跨越省界,约写文章的"乃是安徽寿州的朋友孙竹丹;而《河南》的总编辑,则是江苏仪征的刘申叔"。由此看出,鲁迅兄弟一开始就打破了地域的界限,或者"圈子"。

据说有一天,一位朋友忽然来访正在日本的周作人,他就是孙竹丹。周作人和他是在南京时认识的。周作人来日本时,孙竹丹曾托他带一把黄砂茶壶和一件羊皮背心送给宫崎寅藏。鲁迅也因此与宫崎两次会见,其中一次在日本社会主义者所办的平民新闻社内,并买了一套《社会主义研究》。孙竹丹对周作人说,河南留学生办了一个杂志《河南》,缺少稿子,故请周作人帮忙。这个杂志的总编是刘申叔,大家都知道,于是周作人等人爽快地答应下来。后来,周作人写的稿子很少,倒是鲁迅给《河南》写的稿子最多,其中重要的如《摩罗诗力说》、《破恶声论》等。《摩罗诗力说》的题目,翻译成白话就是"恶魔派诗人的精神"。鲁迅喜欢诗人拜伦,而拜伦在英国被称为"撒旦派诗人",也即"恶魔派诗人"。因"恶魔"二字不古,而"魔"字旧译"魔罗",他便使用了《摩罗诗力说》的题目。在鲁迅看来,凡是反抗权威、争取自由的文学,都包括在"摩罗诗力"之中。这个期间,鲁迅在《河南》杂志上发表的文章,均用"迅行"或"令飞"的笔名。

《孙烈士竹丹遗事》印于将近百年之前。它虽是薄薄的一册,但却是柳亚子亲自所编,不但保存了孙竹丹与熊成基交往的珍贵的原始资料,也充满了柳亚子对于故人的一片深情。在辛亥革命百年纪念即将来到之时,在扬州熊成基故居即将修复之日,重睹这本旧书,殊有特别的感慨。

扬州的方言

方言是乡情的见证,无论在天涯海角,听到方言就使人热泪盈眶;

方言是文学的珠玑,不管是戏曲小说,使用方言总让人倍感亲切。

方言是历史的印记,它以特殊的方式记载着历史的风云变幻;

方言是城市的名片,它用独特的符号刻录着城市的前世今生。

乡情的见证

中国的方言很多,一张口就知道谁是什么地方人。有个南京朋友说,他在楼上听楼下的叫卖声,一听便知道叫"修绷子床"的是南通人,叫"收旧衣裳"的是徐州人,叫"卖麻将牌"的是泰州人。

扬州话是一种特色鲜明的方言,它在古代就已经引起了人们的广泛重视。从古代文学中寻找例证,我发现至少在明代,"扬州话"就成了一种人们一听便知的方言。有一部明代小说叫做《欢喜冤家》,第四回写道:"香菜根见了,打着扬州话叫声:'奶奶万福!'"作者特别点明是"打着扬州话",证明当时人一听扬州话,就知道是扬州人了。第十七回又写道:"见了孔相公,便打扬州官话。"可见当时的扬州话,已有"官话"和"土话"之别。"扬州官话"应该是上层社会流行的雅正的扬州话,与市井间通行的俚俗的"扬州土话"不同。

根据话音就能识别是否扬州人,这在清代小说《合浦珠》中也有描述。如《合浦珠》第六回有个女子友梅对一老者说:"妾是维扬人,细听先生口气,亦像扬州。"这是从语音推断扬州籍贯的例子。

方言是不容易改变的,朱自清先生在清华教了那么多年书,还是说一口扬州话。他在《我是扬州人》里说:"我也是一个江北佬,一大堆扬州口音就是招牌。"

对于远方的游子,方言往往寄托着浓郁的乡愁。扬州女词人丁宁曾用扬州土语填词,题为《南歌子·索居无俚,缀扬州土语,忆湖上旧游,兼怀船娃小四》,其中用了许多扬州土语:

小艇偏生稳,双鬟滴溜光。几回兜搭搁帘张,却到凫庄那块顶风凉。　　杨柳耶些绿,荷花实在香。清溪虽说没多长,可是紧干派遣也难忘。

点个风儿没,丝毫雨也无。讨嫌偏是鹁鸪鹁,冷不溜丢花外一声呼。　　索度邻家妪,唠叨故里书。大清早上费踌躇,无理无辜耽误好功夫。

这中间,"那块"、"紧干"、"点个"、"索度"和"无理无辜"现在还是我们的常用语。刘梦芙先生《二十世纪名家词评述》称赞丁宁这些作品"清新流利,活色活香,真可夺易安(李清照)之席"。丁宁生于镇江,后随父迁居扬州。先后师承扬州宿儒陈含光、扬州名士程善之和著名词家夏承焘,并与龙榆生等名词人酬和。

方言可以说是乡情的最好见证。古人说"乡音无改鬓毛衰",《鹿鼎记》第六回写韦小宝"心中一急,扬州话冲口而出!"看到这里,扬州人不能不会心地一笑。但《鹿鼎记》也有一处明显的败笔,至今没有人指出。第六回中海公公夸奖韦小宝说:"你的京片子学得也差不多了。几个月之前,倘若就会说这样的话,不带丝毫扬州腔调,倒也不容易发觉。"表明韦小宝已经完全改掉了扬州腔,用北京腔说话了。但到了第三十九回,马巡抚却对韦小宝说:"韦大人,听大人口音,似乎也在淮扬一带住过的。"早就说北京话的韦小宝,仍然流露出扬州口音来,这是金庸先生的一个美丽的疏忽。

文学的珠玑

扬州方言是文学的构成材料。扬州评话不用说了,它是用扬州方言讲说故事的曲艺形式,流行于苏北、江南等地。扬州曾出土汉代说书俑,说明扬州说书有悠久的历史。明末说书家柳敬亭曾在南京秦淮河说书,声名远扬,并与东林、复社名士多有交往。黄宗羲《柳敬亭传》说他:"每发一声,使人闻之,或如刀剑铁骑,飒然净空;或如风号雨泣,鸟悲兽骇。亡国之恨,檀板之声无绝。"我相信柳敬亭所说的语言,基本上是扬州话。

扬州话的影响和地位,还反映在它在昆曲中的使用。昆曲基本上是以讲苏州话为主的,但特定场合、特定人物则规定要讲扬州话,称为"扬州白"。昆曲《绣襦记·教歌》中的阿二,《儿孙福·势僧》中的和尚,《红梨记·醉皂》中的陆凤萱,都是说的"扬州白"。郑振铎先生在《大众语文学的"遗产"》里曾说:"在文学里使用大众语或是地方的方言是一种自然的趋势……屠隆的《修文记》,除了苏白之外,还用到扬州白等等的方言……有一出昆腔的笑剧,叫做《借靴》的,便是一个人物说苏白,一个人物说扬州白,而都恰如其口吻身份,单是那土白的腔调便可博得采声不少。"昆曲中的"扬州白",当然是一种艺术化了的扬州话。

《红楼梦》和扬州话的关系,一直为人津津乐道。《红楼梦》女主角林黛玉说的是什么话呢？基本上也是扬州话。有学者形容林黛玉"满口下江官话"，下江是指长江下游，也即扬州、南京一带。还有学者认为林黛玉写的诗"用扬州方言押韵"，只有用扬州话来念，才有韵味。

从《红楼梦》里的描述来看，林黛玉的确一开口就带着扬州口音，尤其是"这会子"、"才将"、"嚼蛆"等扬州土话，几乎不离口。

最多的是"这会子"，意为这时候。北方话一般说成"这会儿"，但扬州话说成"这会子"。例如书中黛玉经常说："偏说死！我这会子就死！""彼时不能答，就算输了，这会子答上也不为出奇。""你这会子打那里来？""这会子夜深了，我也要歇着。"

还有"才将"，意为不久前。北方话一般说成"刚才"，但扬州人说成"才将"。书中黛玉说："才将太太打发人，叫你明儿一早快过大舅母那边去。""才将做了五首，一时困倦起来，撂在那里。"

"嚼蛆"是道地的扬州俗话，也出现在林黛玉口中，令人忍俊不禁。书中第五十七回写黛玉和紫鹃有一段对话，黛玉啐道："你这几天还不乏，趁这会子不歇一歇，还嚼什么蛆！"紫鹃笑道："倒不是白嚼蛆，我倒是一片真心为姑娘。替你愁了这几年了，无父无母无兄弟，谁是知疼着热的人？""嚼蛆"本来是骂人多嘴的话，扬州人对那些没话找话、造谣生事、胡说八道的长舌妇，常常叱责为"嚼蛆"。但是，这个词有时候也用于亲密的人之间，是一种善意和亲热的"骂"。

林黛玉写的诗，大体也是用扬州话押韵的。第四十五回中，黛玉有一首题为《秋窗风雨夕》的诗，其中有几句是："助秋风雨来何速，惊破秋窗秋梦绿。抱得秋情不忍眠，自向秋屏移泪烛。"这首诗如果用北方话去读，"速"（su）、"绿"（lü）、"烛"（zhu）几个字并不押韵，但是如果用扬州方言去读，就很押韵。第七十回黛玉有一首《桃花行》，也全用扬州方言押韵的。

据统计,在《红楼梦》中,约有扬州话一百五十多例。除了上面的例子之外,还有:

"寻死",即自杀。第一回:"夫妻二人……昼夜啼哭,几乎不曾寻死。"

"消停",即安逸。第四回:慢慢的着人去收拾,岂不消停些。

"这们",即这么。第六回:"你都这们大了。"

"家去",即回家。第七回:"你且家去等我。"

"不是顽的",不是开玩笑的事。第九回:"别和他们一处顽闹,碰见老爷不是顽的。"

"肏鬼",即怪异。第十六回:"我说呢……原来你这小蹄子肏鬼。"

"稀破",即很破。第三十九回:"那庙门却倒是朝南开,也是稀破的。"

"不好过",即生病。第四十二回:"老太太也被风吹病了,睡觉说不好过。"

"挺尸",即睡觉。第四十四回:"下流东西,灌了黄汤,不说安分守己的挺尸去,倒打起老婆来了。"

"浇头",即加在食物上的菜。第六十一回:"通共留下这几个,预备菜上的浇头。"

"后手",即后来。第六十二回:"如今若不省俭,必致后手不接。"

"一递一声",即一声接着一声依次叫唤。第八十七回:"忽听房上两个猫儿一递一声厮叫。"

数量如此众多的扬州话出现在《红楼梦》里,证明曹雪芹与扬州有着密不可分的关系。

历史的印记

现在的扬州青年,已经不再把"战争"读成"见争",把"善良"读成"献良",把上街读成"上该",把"社会"读成"现会"。扬州方言的这种悄无声息但不可阻挡的变化,引起了我的莫大兴趣和担忧。这种变化是无可奈何的,梳理这些变化可以发现历史的印记。

我曾注意到,历史上不少与扬州有关的词语,已经渐行渐远。比方,清代社会流行过一个词叫做"扬气",它的意思大约有两点,即:体面,神气;傲慢,自大。"这家伙真扬气,目中无人!"这一说法直到近代仍有,不过很少有人觉得这个"扬气"与扬州有什么关系。

不久前有北京记者来访,问起"扬气"本是什么意思。我回答说:"'扬气'就是扬州味儿,或者扬州派头。什么东西奢华、讲究到极致,就是'扬气'。"在清代中叶,扬州是领天下风气之先的时尚之都,那时即便是上海人,也"慕苏扬之余风"。扬州盐商们夸奢斗富,锦衣玉食,居处有楼台,无日不歌舞,因此扬州生活方式为海内所艳羡,称为"扬气"。到了晚清,"扬气"二字不知不觉换成了"洋气"。《夷患备尝记》说:"作事轩昂,向曰'扬气',以江南盐商扬州为多,其作事尽事奢华也。今则竟曰'洋气'。"这是从词语看城市盛衰的一例。

"扬气"一词的出现,不知在何时。明人杨昌敬《慎修公家训》中有"得意曾扬气,产情且折腰"之句,此处"扬气"就是"洋洋得意"之意,是否来自扬州不得而知。但晚清小说里常见的"扬气",肯定与扬州有关。如《品花宝鉴》云:"京里的戏是甲于天下的,我听得说那些小旦称呼相公,好不扬气!就是王公大人,也与他们并起并坐。"《官场现形记》云:"后来他丈夫在山东捐了官,当了差使,越发把他扬气的了不得,俨然一位诰命夫人了!"评书《雍正剑侠图》中也有这样的话:"这个童林我虽然没见着,但你教徒弟时,如果不是这样扬气,目中无人,弟子们怎么敢这么讲话呢?"看得出来,"扬气"的意思大抵就是趾高气扬,不可一世。

与"扬气"相似的是"苏气",意为苏州气派。至今在一些方言中,还有"苏气"一词。因此有人说,扬州的"扬气"虽曾盛极一时,但在今日各地方言中已无痕迹,只能通过历史家的考证才得以浮出水面;而苏州的"苏气"则远播四川,并成为四川方言的有机部分存留下来。他们认为,虽然苏州和扬州都在近代走向了衰落,但"扬气"在吴方言中的消失可能与"洋气"所代表的洋场文化的强势有关。因为近代中国的半殖民命运,直接承受者是沿海城市如上海。资本主义洋场文化的恶性爆发,导致"洋气"迅速取代"扬气",成为国人崇拜的新生活方式。实际上,当"苏气"保留在四川方言中的时候,"扬气"也保留在天津方言里。天津方言的词汇有许多特殊之处。例如"吃嘛嘛香"的"嘛",是"什么"的意思,天津味很浓。但还有一个"扬气",乃是指傲慢、炫耀之意,似乎尚未被学者指出源于扬州。而天津在清代中叶,曾被称为"小扬州"。

"扬气"一词在清人笔下运用的例子,可以举出《北东园笔录三编》里的一则故事。说有一个忤逆的孙子,责骂他的祖父说:"尔又何扬气之为?"等于说"你还神气什么",文中"扬气"的用法一如后来。

但是,等到洋钱、洋货、洋烟等词流行之后,"扬气"就被"洋气"代替了,它也就渐渐淡出了人们的语言。"扬气"、"乌师"、"紧干"等扬州土话都曾远远走出扬州,成为流行词语,而今却成了扬州走向衰落的印痕。

城市的名片

几年前的一天下午,台湾《中国时报》记者朱建陵先生专程来访。他采访的题目乍一听让人吃惊,是寻找韦小宝的有关事迹!

据朱先生说,在台湾和东南亚的华人圈中,韦小宝是非常有知名度的,许多人想了解他的原型、故居、遗址和轶事什么的。因为韦小宝是扬州人,海外华人都以为扬州人对韦小宝最为了解。

朱建陵最感兴趣的问题之一,是韦小宝一张嘴就进出的那些口头禅,究竟是不是真正的扬州话。韦小宝的口头禅,主要有三句话:"乖乖弄的东"、"小娘皮"和"辣块妈妈"。这三句话在韦小宝嘴里不时进出,金庸先生无疑是把它们当作典型的扬州土话来写的。

"乖乖弄的东"首见《鹿鼎记》第三回:"咱丽春院在扬州,也算得上是数一数二的漂亮大院子了,比这里可又差得远啦。乖乖弄的东……"所谓"乖乖弄的东",要算是一句真正的扬州土话,可是金庸笔下的"弄"字的发音已经吴语化了。扬州人通常说的是"乖乖咙的咚",后面往往还要跟上一句"韭菜炒大葱"。"乖乖咙的咚,韭菜炒大葱"是什么意思呢?是扬州人表达的一种极其夸张的惊讶和感叹之情。"韭菜炒大葱"只取其发音朗朗上口,并不像台湾朋友理解的那样,真有那样一道扬州炒菜。

"小娘皮"绝不是扬州话,而是吴语中的骂人话,譬如宁波话中著名的"娘希匹"一样。《鹿鼎记》第十回写韦小宝骂道:"辣块妈妈,臭小娘皮,你还倔强!睁开眼睛来,瞧着我!"这是金庸在写得酣畅淋漓的辰光,把扬州话和他熟悉的吴语混淆起来了。其实韦小宝作为扬州人,不会说这句话。

在《鹿鼎记》中,韦小宝说得最多的口头禅是"辣块妈妈"。但是恰恰这一句话却并不是地道的扬州话,而是金庸杜撰的一句假扬州话。谁要是读了《鹿鼎记》,以为扬州人满口"辣块妈妈",那一定上了金庸先生的当。不过,金庸误把"辣块妈妈"当成扬州话,也有历史的原因。

"辣块"就是"那块"、"哪块"。扬州土语把"那里"、"哪里",说成"那块"、"哪块",其发音如同"辣块"或者"腊块"。晚清时代,大量扬州人涌到上海谋生,人生地疏,举目无亲,经常挂在嘴边的就是"那块"、"哪块",充满了惶恐和焦急。时间一长,"辣块"或者"腊块"就成了外地人识别、讥嘲扬州人的一个话柄,被广为流传。我们从民国小说里,常常看到相关的描写。如《九尾龟》云:"我生平最不赏识的就是扬州人,如今见了许多的扬州螃蟹,满口'辣块''辣块'的。"《情海春潮》云:"那个丫环莲香倒还伶俐,做事也极巴结,只是她一口江北土音,'这块''腊块'的,委实难听。"这些民国小说,无意中记录了当年不被人重视的社会一角,而从未到过扬州的金庸,有可能是从这些小说中获得了关于扬州方言的"知识"。

但是,无论怎么说,方言总是识别你是哪里人的最直接的名片。你说"阿拉",你就是上海人;你说"颠儿了",你就是北京人;你说"乖乖咙的咚",你就是扬州人!

广陵藏书记

春节是在寒冷和阴沉的日子里度过的。带冻的雨雪与刺骨的风沙,把扬州天宁寺里的古玩商们都赶跑了。偌大的寺庙里空空荡荡,难得见到一两个人影。只有天宁寺门口的那一对石狮子,仍是精神抖擞。谁能想得到,它们从三百年前曹寅奉旨在此刊刻《全唐诗》那会儿起,就已经伫立在这儿了呢?

正月里,天气渐渐暖和起来,扬州的旧书市也便随之复苏。如果是星期天,太阳又好,那就可以在口袋里揣一点钱,悠然逛出门去。经过扬州北护城河时,会偶尔看见有人从河中捞出一把锈蚀的铜剑,不知是不是当年史可法抗清的遗物?也会在不经意间,瞥见人家墙脚里有一块长着青苔的清代城砖,上面也许有道光或咸丰的铭文。

只要天气晴朗,天宁寺里一定人气旺盛,到处是兜售汉罐、唐镜、宋钱和民国邮票的商贩,明清旧书当然也厕身其间。山门前后,满地是书,但拣来拣去,中意的不多。或许刚要转身离去,忽见角落里有一本线装的《增广尺牍句解》,平江桃花馆主编,镇江文成堂刊于光绪二十四年(1898)。虽非珍籍,但亦是百年之物。问价多少,答十二元,还价八元,于是成交。归来检索《江苏清代刻书书坊名称索引》,见"镇江"条下只录文光阁、快志堂、善化堂,独无文成堂,心头便不觉一喜。

扬州的旧书摊虽然不少，但所卖的线装书多属医籍残本，如《本草》、《内经》之类。昔日扬州多悬壶世家，故医籍藏量颇丰，层出不穷，取之不竭。但我对此并无太大兴趣，只得仍往前走。这时候需要的是耐心加运气。转了一圈，可能已经不抱奢望，但在临出门时惊鸿一瞥，却见一位卖紫砂茶壶的老者脚下，隐约有两本旧书。转身取来一看，却是一部《江都王氏族谱》。封面有些残缺，内容倒还完整。扉页上刻着"民国岁次丁卯年重修"，"邗东吴百川编辑"。民国丁卯为1927年，邗东犹言扬州城东。记得旅港马氏宗亲会曾经来函，称香港的马姓先人来自扬州，请求有关方面协助寻根。此后，我在扬州书摊上陆续觅得《维扬马氏族谱》三卷，竟是一套。如今见到《江都王氏族谱》两卷，又勾起了我的兴趣。原以为索价很高，一问，才二十五元。于是还价十五元，以二十元成交。半年之内，得到了扬州马、王二氏家谱，亦奇遇也。

淘书之乐，在于意外得之。譬如购得《江都王氏族谱》后，本拟打道回府，因时间还早，便又折回大雄宝殿坡下。偶见一书，乃是《奔流》，泛黄的封面上赫然印着"1928"、"第一卷"等字样。拿来一翻，竟是七八十多年前的出版物，依然见其精神矍铄。因书中有高尔基照片、周树人译文，便试探着问价钱。此时老板正忙别的生意，有一年轻女子对我说："五块钱。"我随口还道："四块吧。"女子爽快地说："拿去好了。"于是立刻掏出五元钱给她，她又找了我一元。这时老板来了，惊讶地说："《奔流》怎么只卖四块钱？"那女子娇媚地一笑，说："这么一点主，我就做不得么？"老板语塞，正欲再讲什么，我却趁机走开了。回家从书架上取下《鲁迅全集》一查，才知道《奔流》是鲁迅和郁达夫在上海办的刊物，1928年6月创刊，1929年12月停刊。我无意中得到的第一卷第一期，竟是《奔流》的创刊号！鲁迅1928年3月14日致章廷谦信云："五月间，我们也许要再出一种期刊玩一下子。"这种"玩一下子"的期刊，就是

《奔流》。

藏书要靠运气,自己也要有定力。在天宁寺里,曾淘得从未见过的《马可波罗》一册,乃是扬州报社藏书,不知因何流落至此。关于《马可波罗游记》的各种版本,以及介绍马可波罗之书,我已拥有数十册。史载马可波罗做过扬州总管三年,所以我对马可波罗的书见到必买。闲来摊看各种《马可波罗游记》,雅俗粗精,良莠得失,一目了然。藏书须有个性,多固然好,专更重要。

旧书摊乐趣无穷,新书店也不容冷淡。扬州新华书店最大的门市部在汶河路。傍晚时分,百无聊赖,不妨去汶河路书店消遣。书店经过整治,重新开放,但书籍的分布似乎有点乱。社会科学类图书标明在楼下,但只要看看易中天的几摞新书都码在二楼,就奇怪它们为什么不属于社会科学?新华书店的好处是新书多,而选书最便捷的办法是迅速遍览各书架,挑得十七八种新书,然后再加取舍。手捧一大摞书,最终选定的可能只有一本而已,比方《明清上海稀见文献五种》。《明清上海稀见文献五种》内含《云间人物志》、《释柯集》、《侯岐曾日记》、《淞南随笔》、《三略汇编》五种,多为稿本,向未付梓,人民文学出版社 2006 年 6 月出版。买来快读一过,有言及陶澍、盐商、江善人等等者,可广见闻。往往付完账后再回头看看,说不定又会在书丛里发现一本《湖北竹枝词》,为湖北人民出版社 2007 年 1 月版。我对竹枝词情有独钟,舍间原有《武汉竹枝词》与《汉口竹枝词校注》二种,然所收皆不及《湖北竹枝词》之丰。收集竹枝词多年,成绩并不佳。其间,以《历代竹枝词》、《历代竹枝词选》、《历代竹枝词赏析》与《中华竹枝词》六卷为综合性集子,其他地方性集子有《清代北京竹枝词》、《北京风俗杂录》、《上海洋场竹枝词》、《成都竹枝词》、《锦城旧事竹枝词》、《安徽竹枝词》、《四川竹枝词》、《江苏竹枝词》及《扬州竹枝词》等,线装本只有《扬州竹枝词》、《海陵竹枝词》数种。最近获见王利器等先生所辑《历代竹枝词》五卷本(陕西人民出版社出版),与往日雷梦水等先生所编《中华竹枝词》六卷本(北京古籍出版社出版)并非一书,可称藏书之快事!竹枝词始于唐代刘禹锡,以元代杨维桢《西湖竹枝词》、清代董伟业《扬州竹枝词》为最盛。其中所记人物掌故、风俗变迁,资料丰赡而翔实。

扬州古籍书店素负盛名,但近年来衰落得可以,产权也已归属新华书店。它的长处,是古籍品种稳定,而且离我的居处也近。下午无事,可以一逛,以解终日伏案之倦。一楼的东侧是书画类图书,西侧是社科类图书,特设扬州地方文献专柜。如果在一楼未见中意的书,可以上二楼特价书柜碰碰运气。我的印象是,特价书里往往更有好的东西。比如《民国章回小说大观》,秦和鸣主编,十六开精装一大册,中国文联出版公司2001年7月版。原价七十五元,今才三折,不可谓不便宜。此书分语怪、义侠、讲史、言情等部,叙录作品百余种。最有价值的是详列各书章回题目,以便概览。我对民国小说有偏嗜,尤其是民初之鸳蝴派,又尤其是鸳蝴派中之扬州派。对于这一课题之认识,前几年曾有专文论之,发表于《藏书家》。但民国小说数量众多,建国后再版者寥寥,欲观全豹竟如痴人说梦,有了《民国章回小说大观》则可稍免遗憾。最妙的是,在低价书中也会有意外的发现。《淮系人物列传》两种就是这样买到的,一是《淮系人物列传——文职·北洋海军·洋员》,一是《淮系人物列传——李鸿章家族成员·武职》,二书皆黄山书社1995年12月版,四折。近年来对湘系、淮系人物甚感兴趣,可惜资料不多。旧藏有《粤军志》,民国版,品相稍差。后购得淮军资料数种,均较单薄。淮军与扬州的关系不可小觑,去岁曾作《晚清悍将李长乐》一文,李长乐即淮系人物,今扬州东关街有其故居。其他如周馥,乃扬州小盘谷主人,列于《淮系人物列传——文职·北洋海军·洋员》之首,可见其重要。这一类书资料性强,可读性差,即使置于特价柜上亦少人问津。是为作者之耻耶,抑读者之耻耶?

在古籍书店淘到的好书,还有胡适的《章实斋年谱·齐白石年谱》。原价十三元,五折,六元五角。胡适先生的书,向来喜欢。《章实斋年谱·齐白石年谱》一书早知其名,未曾遇见。此书为安徽教育出版社1999年10月版,只印三千册,至今没有卖完,可知好书未必畅销。治人最好从治其年谱做起,这是笨方法,但舍此别无捷径。我也做过年谱,计算起来有如下六种:《陈汝衡年表》、《边寿民年谱》、《陈撰年谱》、《杨法年谱》、《李葂年谱》、《闵贞年谱》。前一种收入《扬州曲艺论文集》(江苏文艺出版社),后五种收入《风尘未归客》(上海人民出版社)。因为亲自动手做过,深知此事不易。

古籍书店还有一道风景,是能遇见一位年逾古稀而热情健谈的陈先生。每次见面,他会照例向你大声寒暄,介绍书讯。他曾在著名的陈恒和书林工作过。他的退休,宣告了扬州旧书业一个时代的终结。

扬州私营书店不少,常去的是先锋书店。这里很安静。一些难得的书,如《天一阁藏书史志》,可以在此觅得。《天一阁藏书史志》为上海古籍出版社2005年3月版,印数仅两千多册。内容分书楼志、藏书志、碑帖志、书画志、人物志、艺文志,将天一阁史料一网打尽。编者骆兆平,舍间有其《书城琐记》。关于藏书楼研究,寒舍还藏有《藏书纪事诗》、《中国藏书楼》、《中国藏书通史》、《中国近代藏书文化》、《现代江苏藏书研究》等。不过其中言及扬州者不多。近年来,我为《藏书家》写过《沧桑测海楼》、《寂寞丛书楼》、《遥祭文汇阁》、《何处文选楼》诸文,实在是想拾掇旧闻,以补史家之阙也。在先锋淘到的书,还有《伶人往事》、《选堂序跋集》、《续夷坚志等二种》等。《伶人往事》,章诒和先生著,湖南文艺出版社2006年10月版,内容已如书名所述,应无违碍。

目录如《尽大江东去,余情还绕——尚小云往事》、《可萌绿,亦可枯黄——言慧珠往事》、《知否,知否,应是绿肥红瘦——杨宝忠往事》、《留连,批风抹月四十年——叶盛兰往事》、《梨园一叶——叶盛长往事》、《一缕余香在此——奚啸伯往事》、《细雨连芳草,都被他带将春去了——程砚秋往事》,均堪玩味咏叹。不意出书后颇有风闻,以致作者有《我的声明和态度》发表,也是一件书林逸事。《选堂序跋集》为中华书局2006年11月版。开本异形,作者自署,封面缀以兰花,甚为素雅。选堂即香港饶宗颐先生,于敦煌学深有造诣。昔日扬州任中敏先生在世,意见多与之相左,而今哲人萎矣。《续夷坚志等二种》为中华书局2006年9月版,除金人元好问《续夷坚志》,又有无名氏《湖海新闻夷坚续志》。三十年前流寓金陵,曾向成贤街南京图书馆借阅宋人洪迈《夷坚志》,光怪陆离,心向往之。而后回扬州,得中华书局排印本《夷坚志》。继而又得广陵书社《小说笔记大观》影印本《夷坚志》,其字甚小,读之伤目,然而有之,强于无有。此书以怪力乱神取胜,实为聊斋先声,可惜续书难得。今此书将《续夷坚志》、《湖海新闻夷坚续志》合为一册,喜之不胜。

南京五台山的先锋书店也可以去。曾在此淘得《食养拾慧录》、《蔬食斋随笔》等书,作者为故人聂凤乔先生,笔名老凤,江苏兴化人。当初撰写《扬州文化丛书》时,《扬州掌故》由我执笔,《扬州美食》拟请聂凤乔撰写,不料他只参加了一次会议,就遽归道山,因此我与他只有一面之缘。手捧故人书,不禁默然。

有趣的倒还是天宁寺。倘若两个礼拜不去,便有一个书摊女主人招呼:"上周没有来吧?我在电视上看到你的。"上周大约因为开会,未来淘书,故有此语。打过招呼,也就低头看起书来。她的好书不多,但《苏中抗日斗争》、《苏南抗日斗争史稿》等"新四军丛书",均在此获得。《苏中抗日斗争》述及郭村、黄桥、高邮等战役,书后附录《国民党江苏省政府对内反共教材》、《日军十二军团派往苏北视察清乡实况报告》等,皆不常见,可资参考。《苏南抗日斗争史稿》的篇幅,只有《苏中抗日斗争》一半,但照片不少。这一类书,去年曾经淘得《苏中人民反扫荡清乡斗争》上下册,为《江苏档案史料丛编》之一。近代史料相对易得,而又极易为人忽视,其实应当予以特别的注意才是。

　　藏书的经验,各人不尽相同。但有几点,应该有人赞成:一是买书如选美,遇与不遇,皆由缘定,不可强求;二是聚书如交友,韩信点兵,多多益善,永无尽时;三是藏书如娶妻,日夜厮守,晨昏相对,虽然熟谙已极,终难割舍。

扬州天宁寺

五十年往事 一百卷藏书
——我和扬州曲艺书

整理——正好是一百本。

"一百"这个数字,使我联想到五十年前建立的扬州市曲艺团,联想到五十年来我读书、著书、藏书的经历与扬州曲艺的许多故事。

把抄扬州清曲当成作业

扬州市曲艺团成立的那一年——1960年,我才十岁。说来也奇怪,那时候我竟然把抄写扬州清曲的唱词,当成一种每天必做的课外作业。

那时我住在广陵路的一座老宅里。老宅的名字,叫做丘园。后来看到白居易的诗里经常提到"丘园",如"高人乐丘园,中人慕官职";"甘心谢名利,灭迹归丘园"。还有一首写的是:"丘园共谁卜,山水共谁寻,风月共谁赏,诗篇共谁吟,花开共谁看,酒熟共谁斟。"这才领悟,诗人心中的丘园,原来是隐逸的地方。但我住的这座老宅,可没有这样的风雅。丘园的确有过一个很好的园子,有假山,有书斋,有花木,但它之所以叫"丘园",不过是因为主人姓丘罢了。

我住在丘园东侧的一个小院里。这个小院如今还在。大约是在一个暑假，父亲用报纸包了一大摞发黄的稿纸回来。打开一看，那些订成一本本的粗糙稿纸上，全是写的一行行的歌词。歌词的题目，记得有《望江楼》、《青荷叶》、《渔樵耕读》、《风花雪月》之类，还有《梳妆台》、《银纽丝》、《杨柳青》、《鲜花调》之类的曲牌。父亲说，你暑假没事，就抄抄这些歌词吧。我也乐得练字，就天天坐在小院门口的过道里，埋头抄写那些我并不很明白的东西。火巷里吹来凉风，带有潮湿的气味。直到母亲喊我吃饭，我才停下笔来。

后来我知道，父亲叫我抄这些东西，也不是为了让我学习传统文化，而是"抄书都为稻粱谋"，抄一页可得几分钱或者一角钱报酬。不管怎么说，这种枯燥无味的抄写，是我接触一个有六百年历史的古老曲种的开始。这大约是上世纪六十年代初的事。

我再次接触这些发黄的歌本，已是在二十年后。1981年初，我从南京调回扬州，在文艺创作组上班。最初几年的工作，就是整理扬州清曲的旧唱词。这一回可不像二十年前那样，照着原本抄写就行，现在却必须从若干不同时期、不同写手、不同传授系统的抄本中整理出一个最完善的文本来。比方说，有一个著名曲目叫做《黛玉悲秋》，它可能有二十种不同的抄本，文字有同有异。我要从中整理出最好的定本，须把二十种本子同时摊在面前，逐句对照，加以比较，然后选择最好的句子，另抄在稿纸上。如此整理了近千首唱词，花费了我极大的精力。糟糕的是，那时我刚从南京回来，暂住在西门的贾庄新村，家中徒有四壁，任何像样的家具都没有。我在比对那些唱本时，只能把它们铺在地下，然后把床当作写字台。许多稿子是散页，风一吹就飘走。所以尽管天热如蒸，也不能开风扇，怕把稿纸吹乱。那几年的夏天，我身上总是生满了痱子。

因为有了这样扎实的工作基础,才有了上海文艺出版社1985年出版的那本我和父亲合编的《扬州清曲》。尽管这是一个选本,它却是我最早的书。那些年,我常到上海戏剧学院拜访曲艺理论家陈汝衡教授,向他请教曲艺史的若干问题。陈教授送给我的一本扬州市文联编、江苏人民出版社1957年出版的《扬州清曲选》,使得我眼界大开。2006年,父亲编著的三卷本《扬州清曲》由广陵书社出版,当年由我辛勤整理的清曲唱词终于悉数收入。

扬州评话牵动家庭感情

扬州评话的书最多。扬州清曲和扬州弹词的书加起来,也没有扬州评话的书多。中学时代,我常做的事情是放学后为祖父朗读扬州评话。祖父眯眼聆听的情景,至今想来,犹在目前。

我最早看到的扬州评话书,是王少堂的《武松》。但谁也想不到,这部书后来在我们家庭里,竟引发了剧烈的情感危机。

王少堂的《武松》上下册,深蓝硬皮封面,江苏文艺出版社出版,时间为1959年。珍贵的是我看到的这套《武松》,是王少堂本人赠送我父亲的,扉页有王少堂亲笔签名和印章。王少堂的签名是用毛笔写的,笔画遒劲清秀。因为这部书太精美的缘故,乃至我们兄弟都会背诵开头的四句诗:"武二英雄胆气强,挺身直上景阳冈。精拳打死山中虎,从此威名天下扬!"

风波出在"文化大革命"期间。为避免抄家的灾难,我们兄弟在一个夜晚将家中大部分书搬到花局巷北头的垃圾箱前偷偷焚烧。被烧的书中,有《瞿秋白文集》、《关汉卿戏曲集》和《中国古典戏曲论著集成》。在挑选烧什么书时,惟独王少堂的《武松》被我的母亲暗中藏匿了起来。我至今不明白母亲单单把《武松》藏匿起来的原因是什么,其实她并不认识多少字。城里的运动搞得人心惶惶,乡下稍好一些,于是母亲把王少堂的那套《武松》包裹好,再三嘱咐我在江都的表哥带回去收藏。等到十年浩劫之后,母亲向表哥问起《武松》的下落,不料表哥竟无言以对。那套《武松》究竟是被人拿走遗失了,还是被人当作引火之物烧了,至今真相不明。有着王少堂签名钤章的那套《武松》,从此消失。因为这件事情,母亲和表哥几乎决裂。我们兄弟和表哥之间的感情,自小犹如手足,但是"《武松》事件"发生后,便也产生了难愈的裂痕。

"文革"结束后,王少堂的《武松》再版,王少堂的公子又送了一套新版《武松》给我父亲。接着,王少堂的《宋江》也得到出版。扬州评话的春天来了,康重华的《火烧赤壁》、余又春的《皮五辣子》等传统书目相继整理问世,王筱堂的《后水浒》、王丽堂的《石秀》、《卢俊义》等王派书目以强大阵容集体亮相。这些书,都陆续插到了我的书架上。

我也写过扬州评话。我参与创作的惟一话本,是和李信堂合作的《闹寿堂》,由李信堂在广陵书荟表演并获奖。扬州评话有数百年历史,历代名家不胜枚举。但是我相信,李信堂会以他充满谐谑的说表和高度夸张的神韵,在扬州说书史上留下他的名字。我和李信堂认识近三十年。他给我最深的印象有两点,一是对说新书特别用力,二是在表演上追求谐趣。1982年初夏,因为年底要在镇江举行第二届广陵书荟的缘故,我和他打算合作一篇新书,题材是长江游击队的故事。那一段时间,我们几乎隔三差五甚至每天通宵达旦地研究话本。而在上海奇芳居书场切磋话本的那些日子,尤为难忘,我称之为"奇芳居论剑"。

为扬州弹词彻夜长谈

扬州弹词的书不多,可以说很少。如果要开一个书单的话,只有寥寥几行：一，有一套江苏省剧目工作委员会编印的《江苏戏曲资料丛刊》，淡绿封面，内部资料，曾印行张慧侬说唱的《刁刘氏》、《双金锭》等书，时在上世纪五六十年代，现存世极少。二，还有一套中国文联出版公司印行的《话本小说》，出版过张慧侬、夏耘编写的《落金扇》、《珍珠塔》等书，将弹词形式改为小说体裁，降低了文本价值，时在上世纪八十年代。

真正公开出版的扬州弹词话本，最早是我和我父亲整理的《珍珠塔》。这部书是在著名的俗文学研究家薛汕的催促下，由张慧侬口述，我们父子整理，花山文艺出版社1988年出版的。事隔二十年，我又将张慧侬的《刁刘氏》整理完毕，并由广陵书社于2010年4月出版。这样，扬州弹词的"张家四宝"，有两部经过我的整理而公开问世。

我觉得我对于扬州曲艺的贡献，一是和父亲合作出版了《扬州曲艺史话》、《扬州清曲》，二是我自己出版了《扬州曲艺论文集》、《把栏杆拍遍——扬州曲艺新论》、《弦歌不了情——扬州弹词艺术》，三是整理出版了《珍珠塔》、《审刁案》（原名《刁刘氏》），第四是潜心撰写了张家弹词的传承史——而张家弹词的传承史，得益于我和张慧侬在苏州参加曲艺会演时的彻夜长谈。

历史上关于扬州弹词艺人的记载特别少。即便杰出如张丽夫，也不过只有一些片言只语而已。陈汝衡在1936年出版的《说书小史》中谈到扬州弹词时，曾经简略地说："昔有张丽夫以此名一时。"1944年《扬州新报》刊载《李涵秋拜倒张丽夫》一文，说《广陵潮》的作者李涵秋很爱听张丽夫的弹词，每日风雨无阻，按时必到。李涵秋对友人说，假使张丽夫愿意提笔卖文的话，我一定搁笔，不敢与他争衡。关于这样一个杰出艺人，文字记载却如此贫乏。经过仔细的搜寻，我才发现有关张丽夫的几条新材料：其一是倪澄瀛《再续扬州竹枝词劫余稿》中的一首诗："绝调弦词张丽夫，装成白瞎态模糊。无言更比多言好，摸索频将顺子呼。"其二是吴索园《扬州竹枝词》中的一首诗："高踞雄谈兴不孤，座无雅俗尽胡卢。午亭名著清风闸，白瞎今传张丽夫。"诗后有注："昔之龚午亭以《清风闸》著，今之张丽夫以《白瞎》弦词著，是皆脍炙人口，罕与俦者。"两首诗都提到张丽夫最擅长的书目是"白瞎"。"白瞎"即"卜瞎"，实指长篇弹词《玉蜻蜓》里的一段《卜瞎子算命》。张丽夫继承其叔父张敬轩的"藏瞳"绝技，在表演《玉蜻蜓》中的卜瞎子时，一言一语，一姿一态，无不与生活中的算命先生酷肖，故享誉一时。

张慧侬对其祖父张丽夫有比较详细的描述。张慧侬说，张家表演的书目除了"四宝"之说而外，还有"八宝"之说，即在《双金锭》、《珍珠塔》、《落金扇》、《刁刘氏》之外，再加上《双珠凤》、《玉蜻蜓》、《白蛇传》、《双剪发》。但是，张丽夫最为人道的书目还是《卜瞎子算命》。"祖父一生谨慎处事，不卑不亢，品学兼优。他独创一角色，就是《玉蜻蜓》中的卜瞎子算命。曾叔祖本人是个瞎子，祖父便处处留心生活，观察不少瞎先生，最后模仿一位'有眼无珠'的先生，将眼珠向上翻，只见眼白子，从腔调到一举一动无不相像，成功为一绝技专家。"张慧侬回忆他的家风，说他祖父的传法是因材施教，他共有五子，适合学弹词就学弹词，适合学评话就学评话。张丽夫的五子是张幼夫，学的是弹词，然后传张慧侬，张慧侬又教三弟慧祥。张慧侬认为弹词有"四难"：难教、难学、难好、难卖。难教，是因为没有脚本，只用口传。难学，是因为文化不够，全靠死背。难好和难卖，是和评话比较而言，"评话有个半瓶醋就能混饭，弹词如学不好就猪不闻狗不嚼，所以能继承的就少了"。如今，张家弹词已经不再为一家所私，扬州弹词艺术已为更多的年轻人所继承。

我希望"张家四宝"的另外两宝也能得到科学审慎的整理，并插进所有曲艺爱好者的书架。

2010年4月出版的扬州弹词《审刁案》

读河山记

运河纪行

沿运河行走对于我来说,是一次梦寐以求之旅,也是一次喜忧参半之旅。河道的漫长与风光的壮阔令人喜,而水源的匮乏与船舶的停航令人忧。

干涸:运河对水的渴望

"中国运河城市纪行"活动于 2006 年 4 月 9 日上午正式拉开帷幕。整个活动分成两路进行,一路南下杭州,一路北上通州,然后从京杭大运河的两端逐站向扬州靠拢。我所在的北路,于上午九时发车,一路上马不停蹄,直到晚上九时才到达大运河的最北端——通州。

通州是林妹妹从维扬乘舟北上的终点。黛玉进京是《红楼梦》第三回描写的故事,但曹雪芹对林妹妹的行程,十分吝惜笔墨,比方她乘坐什么船只、经过哪些地方、流连多少名胜等都一笔带过。有一点是肯定的,黛玉是坐船进京的。在《红楼梦》的时代,林妹妹要从扬州去京师,除却大运河之外没有其他更便捷的途径。

这一个夜晚我们住在通州的红旗宾馆。在睡梦中,依稀想到的是从扬州一路北上的印象:从江淮的"麦苗青来菜花黄"、山东的"桃花盛开的地方",直到河北的"千树万树梨花开",纬度的变化给运河沿岸风光带来了明显的差异。

次日清晨醒来，我便在枕上翻阅随身携带的《北游录》和《燕程日记》。《北游录》是明末历史学家谈迁沿运河旅行的日记，他从扬州至通州的路程，以乘船为主，费时八九十天。《燕程日记》是清人程穆衡从江南沿运河进京的日记，他从扬州到通州的路程，只用了三十多天，原因是他在济宁之前是坐船，济宁以北便舍舟登车。无论是《北游录》还是《燕程日记》，都表明运河是南北交通的必经之路。

通州人对于运河有着深深的情结。放眼到处可见"运河路"、"运河旅馆"、"运河饭店"等等亲切的名字。前几年，通州还专门成立过运河文化开发办公室。但是显然，运河文化的开发是一项综合工程，不是一个办公室所能够承担得了的。

通州政协的王昆先生对当地文史颇为熟悉。也许每个地方总有一些文人，钟情于研讨乡土文化，没有这样的地方文化专家，当地的文化就会寂寞。王先生带领我们探望了通惠河、永通桥、燃灯塔和李卓吾墓。最令人震撼的当然是京杭大运河的最北端，原是通惠河与大运河的交汇处，理应舟船繁忙，商旅拥塞。然而如今，有一道土坝将通惠河与大运河截断，坝北的通惠河里尚有些许死水，坝南的大运河则完全干涸。伫立在没有一滴水的运河河床上，看到枯黄的野草在北国寒风中瑟瑟颤抖，我仿佛听到通州运河对水的渴望与呼喊。想到了这一点，在通州宾馆的宴席上尝到的海鲜，就索然无味。对于通州乃至北方来说，运河固然是一张文化牌，也许更是生态危机的坐标。

我们在10日下午离开通州南下。在天津，看到古运河里有几台挖土机在挖土。路旁的老乡告诉我们，天津也正在整治古运河，这倒是一个好消息。但是，想到天津的严重缺水，心里便担忧，即使疏浚了运河，水又从何处而来？

杨柳青古镇依然紧紧偎依在大运河畔。运河当地人也称为"御河",是康乾南巡带给本地人的荣耀。现在的杨柳青,不再是一个远离城市喧嚣的世外桃源,而是天津的一个闹市区。原来担心会失传的年画业,现在已经开设了一座规模宏大的商贸中心,里面是一家挨一家的年画作坊和店铺。将民间技艺集中保护,包装推销,显然是能够见效的办法。我们一行在那里也都买了大名鼎鼎的杨柳青年画。但在对杨柳青年画的命运感到放心的同时,也对过于豪华的杨柳青年画建筑群,产生了一种不谐调之感。民间的艺术,是不是一定要用宫廷化的风格来包装?联想到即将要改造的扬州教场,觉得还是应该走自己的路。

这一天虽然赶路很紧,还是到了下一站沧州,住在沧州的花园大酒店。因为一天的劳累,夜里睡得很熟,不过没有梦见林冲发配此地时待过的草料场和山神庙,却不时惦记着幼时便听说的沧州铁狮子。

11日一早,先驱车去看运河。沧州的运河绕城而过,惟有城区一段尚有水,不远处是坝,坝外则是一片裸露干裂的河床。闻名已久的沧州铁狮子,位于城外大约二十公里处。狮身用若干块铁拼焊而成,口、足皆已破损,身上也用许多铁棍支撑着,有岌岌可危之感。在北方的干旱气候下,连铁狮子尚且破裂,何况运河?

沧州和扬州在历史上都是重要的运河码头,两地客商常有往来。记得《金瓶梅》里描写的"扬州盐商"王四峰,同时也是一位"沧州盐客",说明两地经济交往的密切。中午,沧州报社的朋友在饭桌上谈到扬州琼花,有人以为就是"昙花一现"的昙花。我于是把扬州琼花的故事大谈一通,主人极感兴趣。在沧州政协旁边的一家阳光书店里,我居然看到有扬州八怪的成套传记卖,心里顿感一种亲切的暖意。

下午,沧州政协的刘增祥先生带领我们到大运河边的青县去看晚清马厂炮台。炮台西侧不远处就是运河故道,而今河底滴水全无,惟有一道道行人和车辆的足迹与辙印。为了亲自体会在运河的河底行走的感觉,我特地从东岸步行到西岸。西岸是一望无际的华北平原,麦子倒是绿油油的,可是当年运河的帆樯和纤夫已经不见踪影。青县传说是盘古留下遗迹最多的地方,县城里有一个宽阔的盘古广场,广场上有一尊盘古开天辟地的塑像。无论传说的真实性如何,在这遥远的河北县城里看到那么多盘古的遗迹,总是让人感动。

离开马厂炮台时,忽然一阵沙尘暴从天而降,几乎是在刹那之间,黄沙扑面,遮天蔽日,竟让人不知置身何处。我们躲在车内,车外数米即不见道路。锐利的风啸和张狂的砂砾,使我们对大自然不由得不生敬畏。而苍凉的马厂炮台,立刻隐没在那风沙之后。幸而沙尘暴不久过去,我们得以继续前行。傍晚时分,终于赶到了吴桥。吴桥的杂技世界有名,它也是运河孕育出来的民间艺术奇葩。沧州朋友所推崇的"吴桥杂技大世界",实际上是一组宏大的仿古建筑群,里面有表演各种民间杂耍的大棚、舞台、院落等等,每天为游客开放。像这种集中展示运河城市艺术的建筑群,犹如天津的杨柳青,真值得扬州好好借鉴。

离开了吴桥,汽车继续南驰,不久便进入山东境内,来到运河要镇德州。对于德州,我过去对于它的了解只限于扒鸡而已,凡是坐火车经过德州时没有人不知道这种香喷喷的德州特产。德州是北方运河的重镇,市容整洁,商业繁华。不过,德州的运河也仅仅在沿城一段有水,出了城就是干旱的河床。

过了德州,又路过夏泽,抵达运河上久已闻名的城市临清时,天色早已黑了。我们住在临清宾馆。偌大的宾馆,门前冷落,旅客稀少,使我感到与史书所写反差极大。运河兴则临清兴,运河衰则临清衰,这是一点也不错的。

临清的名字,在《金瓶梅》等古典小说里如雷贯耳。最近听说,安徽黄山徽州区西溪南以《金瓶梅》故事为文化背景,要开发建设"金瓶梅遗址公园",其理由是《金瓶梅》的作者有可能是徽州人汪道昆,而他的诞生地在西溪南。这些年来,借《金瓶梅》开发旅游项目的地方不止一处。北京曾要建设"金瓶梅宫",南京曾推出"金瓶梅宴"。聊城阳谷县曾开发《水浒传》、《金瓶梅》旅游区,点缀有狮子楼、武大郎炊饼铺、王婆茶馆、西门庆七进庭院等景点。而临清也提出建立《金瓶梅》文化旅游区项目,规划以实景实貌来表现武家与西门家矛盾冲突的发展过程,预计总投资高达亿元。开发资源,弘扬文化,促进发展,并非坏事,关键是怎么做。如果未经论证,随意开发,也许只会让宝贵的文化资源遭到破坏。

比较起来,临清和《金瓶梅》关系最为接近。据考证,《金瓶梅》中所描写的地名与地理特征同临清现存的明代文化遗迹完全相符的有十余处。书中第五十八回写道:"韩大叔在杭州置了一万两银子的缎绢货,见今直抵临清钞关……"这个临清钞关为明宣德年间设立,是运河漕船纳税处,当时是运河上的钞关之一,所征收的课税银列各大钞关之首。目前,临清钞关为国内仅存的保存比较完整的运河钞关,是全国重点文物保护单位。此外,《金瓶梅》中的很多风俗、特产、方言也与临清相仿。例如写潘金莲喂养雪狮猫,让猫抓扑官哥,官哥被吓而死,其狮猫就为临清特产。当时,临清狮猫是大户人家常养的宠物,曾被作为贡品送入皇宫,供宫人娱乐。遗憾的是,因为时间关系,我们没有找到临清钞关遗址。

12日清晨在临清邂逅的一场风雪,是我们事先无论如何没有料到的。时已农历三月,在扬州正是花柳如烟的季节,怎么会下雪?但这里真的是雨雪交加,更兼狂风助威,使得气温骤降。在萧瑟的寒风中,我们驱车到临清城外去,终于寻到了古运河,并且登临了运河四塔之一的舍利塔。塔高九层,里面的楼梯只容一人上下,体胖者不能通过。塔砖上有若干明代铭文,显然是数百年前的旧物。塔南就是运河,河水甚是清澈,然而放眼望去,并无一舟一帆,表明这里的运河航运早已成了历史的记忆。

临清运河的另一处运河名胜是鳌头矶,为元明运河交汇处。《马可波罗游记》中说:"沿途见有环墙之城村甚众,皆隶属大汗,其中商业茂盛,为大汗征收赋税,其额甚巨。此强格里城(临清)中央有一宽而深之河流经过,河上运输有丝、香料及其他巨价货物不少。"文中所说的河流,当即运河。鳌头矶是一座两层砖楼,门额上镌刻"独占"二字,里面陈列各种临清产的古砖。临清贡砖,扣之如磬,古代乃是皇家专用的名品,民间不得擅用。

流水:运河最美的风景

现在临清属于聊城管辖。聊城的规模看起来大于扬州,而且市面也十分繁华。城外的运河显然经过美化,栏杆、花圃、假山、道路,都酷似扬州。想不到在齐鲁大地上,也能领略到如此的江南风光。聊城为鲁西历史名城重镇,民间流传有"三黑儿",指乌枣子、香疙瘩和熏鸡儿这三样特产。但我们此行对"三黑儿"并无多大兴趣。我们寻觅到紧靠运河边的山陕会馆,在此看到了当年山陕商人的行踪。山陕商人早在徽商之前,就已经足迹遍天下。今天扬州东关街还剩下山陕会馆的少许建筑,比起聊城的山陕会馆来,自然不可同日而语。在聊城山陕会馆的旁边,还保存着一条老街,叫做米市街。条石铺成的地面,碎砖码成的老墙,处处令人想象当年的繁华,又处处教人感受今日的萧条。

聊城在历史上和扬州也多有交往。聊城在历史上曾属东平郡、东平府、东平州。元杂剧曾写到东平府商人在扬州经商的故事,如在秦简夫的杂剧《东堂老》里,商人东堂老说:"本贯东平府人氏,因做买卖,流落在扬州东门里牌楼巷居住。老夫幼年也曾看过几行经书,自号东堂居士。如今老了,人就叫我东堂老子。"这个知书识理、既商亦儒的东堂老,是就是从聊城到扬州定居的儒商。清代扬州藏书家季振宜所藏的宋元珍本,后来都流入聊城藏书家杨氏的海源阁。而1975年中日邦交正常化时,中方赠送田中角荣首相的《楚辞集注》是扬州根据海源阁藏书影印的。

从聊城南下,路经东阿,闻见阿胶的沁人香气。再行不远处就是我们心中期盼的济宁了。

济宁现在是京杭大运河通航段的北端,城市壮美而繁华,经济发达程度不让扬州。大道通衢,宛如南国。城中有运河故道,虽已淤塞,但我们去时正在疏浚整治,看样子是想把它建成城内的沿河文化商业走廊。运河故道的一边是工艺品交易市场,另一边是餐饮业一条街。当晚我们吃饭的地方,就紧靠着运河故道,店名叫"水司饭店",水司是当年济宁管理河道的一个衙门。这一天晚上,我们下榻于济宁城内的长城宾馆。

13日的上午,先在济宁日立汽车销售处座谈,"欢迎扬州朋友来到孔孟之乡"的大红充气拱门教人心头一热。接着,当地报社的史先生带领我们参观城内运河边的古清真寺,俗称"东大寺"。寺中大殿,极为宏伟,据称为全国之最。接着到城外考察运河,这是自通州南来第一次看到有水、有船的真正意义上的大运河!河中船只极多,岸边还有不少码头和船厂,我顿时觉得运河的生命在济宁复活了。当运河只是作为城市风光的点缀时,它其实并没有生命;当运河作为交通运输的水道时,它才是一条有生命的河流。

在济宁城里吃了当地有名的特色小吃"甏肉干饭",其实是用捆肉、豆食杂烩而成的快餐。但其味香甜,宛如淮扬菜。午后离开济宁,在曲阜、邹县远远地瞻仰了孔孟圣人的遗迹。路过兖州时,想到扬州古代曾经名叫南兖州,不由得产生一种亲切感。傍晚时分,到达鲁南的微山,大运河的航道就在微山湖中穿过。

是晚投宿于微湖酒店,条件十分简陋,看来是刚开业不久。因为房间无水,只得到楼下就浴。其水碧绿,温润如玉,置身其中,遍体滑腻,有入浴华清池之遐想。

14日早上,驱车赶到微山湖边,只为遥望湖中的微山小岛与运河航道,深感古人利用湖泊通航的智慧。之后便向江苏疾驰,于中午时分到达淮安。此间报社王先生在清江浦岸边的老侯汤馆请我们吃饭,馆中的饭菜,以药酒、药膳为主,是其特色。门前有一湾流水,数道涵闸,即是历史上屡屡提到的清江浦。过去南船北马,往往在此交接。旁边有御碑亭,有运河广场,都见得到淮安人强烈的运河意识。从而想到,扬州为什么不可以建设一座以古运河命名的广场?

这一天下午的最大期望,是寻访邗沟入淮的古末口,和淮安老城的河下街。可惜因为给我们带路的晚报记者小陈不熟悉道路,转了好长时间,还是没有找到古末口。不过,沿着淮安的运河大堤,我们看到了沿岸的垂柳、芦荻、野草,俨然保持着不加雕琢的自然状态;岸边的古枚里、漂母祠、韩信碑,以及城里的镇淮楼、漕运府,也处处表明淮安历史的悠久和丰富。

好不容易找到一处居民密集的地方,乡人都说就是古末口。如今这里只剩一座涵闸和一道沟渠,难道就是当年邗沟入淮之处?河下街倒是被我们找到了。一条长长而默默的老街,向我们诉说着当年的繁华。淮安的河下街,原来是仿扬州的河下街而建的。不同的是,扬州河下街是盐商聚居地,所以屋宇高峻,而淮安河下街只是运河边的货物交易所,所以全是低矮的平房。至今在淮安的河下街上,还不时看到烟店巷、酒店巷等名字。

晚间仍由淮安朋友做东。席间,大家随便谈起淮安文化与扬州文化的关系,例如淮扬菜之类。使我感到意外的是,除了淮扬菜之外,其他有关两地文化的话题,例如扬州八怪之一的边寿民是淮安人,淮安的传统曲艺淮书曾流传扬州等,在座的主人竟然闻所未闻。文化需要记录和传播,否则再美好的文化也容易在时间的长河中消逝殆尽。

晚上住在淮安的清怡园宾馆。从宾馆二楼可以看见一组老房子,据说是当年漕运官员所居,可惜没有时间探访。

15日大早,我们就离开淮安,直奔扬州了。中午抵达扬州东关古渡,与南下的一行会师,"中国运河城市纪行"至此结束。此刻,我凝望着扬州运河中的流水和行船,忽然觉得没有什么比这更加珍贵与美丽的了。

航行:运河真正的生命

古运河正在受到万众瞩目的关注,但它所引发的思考远远超出了一条河。

当我们忍耐着燕赵的干旱风沙,聆听着齐鲁的呜咽涛声,呼吸着淮扬的滋润空气,沐浴着吴越的明媚春光的时候,我们一面惊叹古运河的伟大,一面惋惜母亲河的苍老。她的苍老,有北京、天津、河北和山东的龟裂河床作为证明,而这些龟裂河床的长度几乎占了京杭大运河的一半。

通州的燃灯塔虽然依旧矗立在运河的最北端,但是塔下那一汪浑浊的潭水,难道就是当年林妹妹从维扬北上京师舍舟登岸之处?沧州当年为林教头遮蔽风雪的山神庙早已不见踪影,当我们踏着裸露的运河河床从东岸步行到西岸时,实在难以想象李鸿章在这里修建马厂炮台时的水陆之便。实际上,我们从北京一路南下,看到的几乎全是干涸的运河,惟有在天津、沧州、德州、临清和聊城的城区河段,还有人工积蓄的一泓止水,聊作思古之点缀。一直行至山东境内的济宁,才第一次看到宽阔的水面和航运的船只,精神为之一振。而济宁,已经位于整个大运河的中点,如今它却是京杭大运河能够通航的河道最北端!

一切历史遗产最终总会消失在时间的长河里,这一规律谁也无法抗拒。可以自慰的是,只要人类存在,就还会有新的遗产出现。古运河是人类最伟大的工程之一,无论联合国的官员们什么时候把它列入保护名单,它都是中国人永远的骄傲。实际上,在世界十大人工运河中,没有一条运河比中国的京杭大运河更长、更古,而且至今仍在发挥运输的功能。但是,对于这样一条曾经对中华民族作出巨大贡献的运河,我们究竟应该如何来保护呢?

据说,很多沿河城市有这样的"共识",要尽量淡化古运河的交通运输功能,从而把运河逐渐变成一条纯粹观光旅游的河流。这是一种危险的想法。

人类的历史遗产至少有两种情况,一是静态的,一是动态的。一座古宅、一段城墙,是静态的遗产;一棵老树、一条河流,是动态的遗产。它们的共同之处,是以各自的方式见证了人类文明的进程;它们不同的地方,在于前者没有生命,后者却具有生命。古宅和城墙一旦成为历史遗产,子孙们就有责任尽可能维护它们,不让它的结构与风貌有所增损。而老树和河流成为遗产之后,人们要做的事并不是简单地把它放进博物馆的恒温室里,而是尽量为它提供适合的环境,让它发挥自己的功能,以便使它存活得更久。

运河显然和长城不同。长城抵御游牧民族入侵的历史使命早已完成,作为一种单纯的历史遗存,我们只要不再让它遭到人为的破坏和自然的侵蚀就行了。但是,运河的历史使命尚未完结。济宁以北的干涸河床让人触目惊心,但济宁以南的运河依然是一条充满生机的黄金水道。一艘艘大大小小的船舶,满载着煤炭、砂石以及其他货物,穿梭来往于古运河上,给这条千年河流带来了无限的活力。而这,正是运河的价值所在、意义所在、魅力所在,也是它的生命所在。假如把运河的运输功能取消,并且美其名曰"保护",

那么这种"保护"实际上是抽取了运河的鲜活的生命,使之成为一具没有生命的干尸,犹如把一个活着的美人放进博物馆的玻璃柜里展览一样。

对于历史遗产保护的认识,随着实践与思考的不断深入,我们已经变得越来越理性。一方面,粗暴地割断历史、践踏传统,到头来只会使自己变成历史虚无主义者,注定会遭到我们子孙的耻笑。另一方面,我们如果一味地抱残守缺、毫无创见,只知道守望着祖先的遗产而不思进取,最终也不能算是有出息的民族。在相当长的时期内,甚至包括今天的某些地方,随意毁坏古运河堤坝、涵闸、桥梁的现象屡见不鲜。但现在,有人也许要走向另一个极端,要把还活着的运河提前放进博物馆。

对于运河,我们要做的其实是两方面的工作。一是尽可能多地保留古运河沿线的各种古迹,使其发挥见证历史、科学研究、观光旅游等作用;另一方面,我们更要下大气力使得运河的运输功能长久得以延续,只有帆樯争流和画舫轻荡才是大运河最美的风光。否则,我们只是拥有一条放大了若干倍的秦淮河和瘦西湖而已,即便是从观光旅游的角度来看,它也不可能有多大的吸引力。

在保护运河古迹方面,无锡有过正反两方面的经验教训。他们起先是对运河古岸大加改造翻新,使得旧貌荡然无存,事后才发现还是维护旧貌更利于发展旅游业。济宁的做法是值得借鉴的,他们在充分利用大运河航道进行运输的同时,把城里的废弃古运河两岸,着力打造成文化休闲的走廊,让保护与利用完美结合。淮安的古运河至今依然保持着水草丰美的自然生态,令人赏心悦目,惟一担心的是这种生态还会保持多久。扬州的古运河,无疑是沿岸古迹最多、河中水质最好的一段,足以引为扬州人自豪。

运河是人类理想主义的创造物。它是在本来没有河道的地方挥锹挖土,开沟凿渠,引水造坝,行船运输,让它为人类造福。然而,京杭大运河并不是一开始就有完整的蓝图,然后按图施工、一步到位的,它是在从春秋到元代的漫长岁月里,逐步形成今天这样的格局的。运河存在的意义也许就在于时刻提醒后人,要保持大运河式的始创和累进精神,而不要一味因循,自缚手脚。"尊重历史"是一句容易引起歧义的口号,有人以为把前人创造的所有东西都原封不动地放在博物馆里,才算对历史尊重。殊不知,夫差如果这么想,我们就不会有邗沟;杨广如果这么想,我们就不会有通济渠和永济渠;忽必烈如果这么想,我们就不会有济州河、会通河、坝河和通惠河,也就不会有今天的京杭大运河。

运河的生命在于流动,在于河上的白帆,岸边的号子。运河不是仅供欣赏的花瓶和美人。它是搏动的遗产,流淌的史诗,我们应该用理性的态度去保护它,才是对它的尊重。

申遗:时髦、商机还是责任?

"申遗"像一阵强劲的旋风,使散布在世界各处的知名与不知名的超级古董,一下子掀开了神秘的盖头。它们或者是山川绝域,或者是先民胜迹,因其自然和人文的特殊价值被赋予"世界遗产"的桂冠,引起了举世瞩目。京杭大运河现在也被列入了中国申遗的名单之中。对于沿河城市来说,这意味着什么呢?时髦,机遇,抑或是责任?

据了解,京杭大运河沿岸城市,北至通州、聊城、临清、宿迁,南至杭州、嘉兴、无锡、常州,近年来都先后打起了"运河牌"。有的筹备"古运河文化研讨会",有的开发"古运河风光游览线"。思路各别,目的相似,都是借古运河来扩大城市的知名度,发展旅游,促进经济。我们固然不能说这样的思路不对,但不能不指出,如果仅仅把古运河看成是"摇钱树",这种观点绝对是片面和有害的!

古运河如要申遗,应该首先把它看成文物。文物一般是指历代遗留下来的在社会发展史上具有相当价值的东西,像建筑、碑刻、工具、武器、器皿和各种艺术品等。但文物不仅仅是静止的东西,也可以是流动的东西,比如古运河。古运河既然是遗产和文物,我们就应该按照遗产和文物的本来面貌来保护它,修复它,再现它,否则它就丧失了宝贵的价值。由此出发,我们以前对古运河的一些认识和做法,就有了许多值得反省的地方。有些时候,我们花了巨大代价去"保护"它,结果却适得其反,问题就在于我们并没有把运河看成是遗产和文物。

京杭大运河从北到南,流经京、冀、津、鲁、苏、浙六省市。要拿它申遗,必须各地协同努力,让这条造福黎民千余年的人工河流尽可能保持历史风貌才有成功希望。作为扬州人,对于扬州境内古运河的保护当然义不容辞,责无旁贷。古运河扬州段从瓜洲到宝应,大致可以分为城区和郊县两种情况。在城区段,沿岸文物分布密集,有高旻寺、宝轮寺、文峰塔、龙衣庵、福缘寺、南河下、天主堂、长生寺阁、普哈丁墓园、吴道台宅第、东关古渡、湾头古镇等,均可以访古探胜。在郊县段,除了优美的自然风光,还有瓜洲渡、凤凰岛、盂城驿、宝应湖等,也足资登岸流连。为了使古运河扬州段的历史文化内涵得到充分展示,沿河树立有关运河的人物雕塑与诗碑,择地修建"伊斯兰文化博物馆"与"马可波罗纪念馆"等,都是富有建设性和可行性的建议。

扬州市政协目前正在进行加强对古运河资源保护和利用的专题调查,调查组最近考察了江南的杭州、绍兴、湖州、无锡等城市。这些城市在古运河资源保护和利用方面,既有成功的经验,也有失败的教训。绍兴利用浙东运河的荒废堤岸,建成了一座集历史、文化、生态为一体的综合性园林——"运河园"。堤岸总长四点五公里,绿化面积十一万平方米。园分"运河纪事"、"沿河风情"、"古桥遗存"、"浪桨风帆"、"唐诗之路"、"缘木古渡"六个部分。园中用浮雕形式再现了运河的重大事件,其中包含鉴真和尚东渡经此的内容;又把旧城改造时拆迁下的古桥梁、古牌坊、古碑刻等错落安置其间,并免费向游人开放。这应该是显现运河文化的一个成功例子,值得借鉴。无锡正在加大保护开发古运河的步伐,但他们也有深刻的教训。无锡早在八十年代初就推出了"古运河之旅",一时中外游客如云,好评如潮。由于当时无锡运河段还保持着浓郁的江南民俗、民情、民风,被海外人士誉为"神奇的旅游"。进入九十年代后,随着旧城改造,沿河建筑大量拆除,岸边古迹年久失修,加上河水严重污染,"古运河之旅"由盛而衰,乃至引起了无锡各界的高度关注。去年制定的《无锡历史文化保护规划》明确了"全面控制,重点保护,分段改造"的原则,现在正努力凸现古运河无锡段的六大特色,即"祠堂建筑"、"米市码头"、"都市风光"、"文化长廊"、"运河人家"、"古代窑群"。

　　切实维护古运河扬州段的历史风貌,是扬州人的历史责任,也是扬州人为古运河申遗必须作出的努力。这种努力也许在短时期内看不出经济效益,但是必将产生深远的社会影响。这条在历史上为扬州带来繁荣和富丽的河流,承载着自然、文化、科技、运输等丰富的历史信息,必将成为昭示后人了解历史、热爱家国的鲜活教科书。仅把古运河视为房产开发、旅游资源的理念显然是短视的。为了无愧于母亲河的过去和未来,扬州人应该具有前瞻的目光和历史的意识。

　　对于任何遗产而言,抱着急功近利的心情去开发和申遗显然都是不可取的。未经充分论证的"开发",对历史风貌可能造成难以挽回的损失,最终使得遗产失去申遗成功的可能。而即便申遗成功,也绝不是保护遗产的最终目的。世界遗产的根本性质,是保护性、公益性、传世性,没有一个国家把世界遗产仅仅当成旅游资源。功利意识的危害,一方面导致对于重要历史遗产的过度开发和短期行为,另一方面也导致人们往往忽视那些同样是历史遗产但看起来不那么重要的传统文化如工艺、戏曲等,听凭其自生自灭。而这,恰恰与申遗的宗旨背道而驰。

古运河即将申遗了,扬州人应该做些什么呢?我认为,扬州人不应该把申遗当作一种时髦的话题,一种发财的商机,而应该多一些自觉的历史责任。

江南走马

江南是一个动听的名字。虽说扬州在历史上、文化上属于江南的范畴,但在我心眼里的某一角落,还是觉得长江之南,更加"江南"得道地一些。

2004年6月下旬,因为扬州市政协组织调查古运河资源的保护和利用,我也忝列其中,这就给了我一个机会,与调查组一行人到江南考察了一番。调查组由市政协、文化局、文物局、旅游局和扬州大学的几位同志组成。出去的时间很短,从6月21日到25日不过几天工夫,但马不停蹄,去了杭州、绍兴、湖州、无锡等几个城市。

尽管走马观花,然而所见所闻,亦有可记者。于是在一个空闲的上午,开始动笔把此次旅行印象写出来。

题为"江南走马"。

重见西子湖

我第一次见到西湖,是在文化大革命中的1966年9月。记得那次随着拥挤的火车到达杭州站后,我看到的是一个古老而低矮的城市。住在一个简陋的街道招待所里,条件虽然不好,但是很洁净。服务员是一位大妈,一口吴侬软语,让你觉得她就是你的大妈。那次在杭州,我除了去浙江大学和杭州大学看大字报,便是去看向往已久的西湖。我是沿着湖畔的长堤步行的,印象中西湖好像很大。但是好不容易走到岳坟时,却见它的大门被红卫兵封了,不能进去,非常失望。

现在有了高速公路,从扬州去杭州是便捷多了。6月21日早上约八点钟由扬州出发,途中经过盛泽、嘉兴等地,中午就到了杭州。杭州政协的同行,在一家叫做鸿运轩的饭店替我们接风。这一顿杭州菜,我只能用"雅洁"二字来形容——不但味道好,而且做工细,数量也不那么多。

饭后下榻于杭州香溢浣纱宾馆,与文物局的一个朋友同舍。宾馆位于离西湖东岸不远的浣纱路,"浣纱"两个字使人马上想起西施的故事。小憩至两点半,主人就陪我们游览西湖。

经过大名鼎鼎的断桥和岳坟,来到新开辟的西湖西区,只见到处青山绿水,甚是宜人。可惜的是,这一回我依然从岳坟门前经过,而无暇入内。我们的车子一直开进了灵隐寺里。寺颇宏伟,依山而建,其中有济公和尚的纪念堂。虽然很累,我们几人还是相互勉励,登上了最顶层。我们看到里面的菩萨是新塑的,似乎还未最后完成。寺中最宝贵的应该是那几株古树——大概是樟树吧,树冠遮天,树干合抱,树龄当有几百年了。从灵隐寺出来,门前是一条小溪。事后我才知道,这条小溪就是有名的冷泉!而对面的小山,自然就是飞来峰了。记得有一副名联云:"泉自几时冷起?峰从何处飞来?"后来有人答道:"泉自冷时冷起;峰从飞处飞来!"即指此处。飞来峰名气很大,其实它不过是普通的石头山罢了。

离开灵隐寺,驱车到雷峰塔。现在的雷峰塔是新建的,但是在塔下还保留着原塔的塔基,供人凭吊。雷峰塔共五层,样式古朴而结构新颖,最大胆的地方是塔中使用电梯上下。登上顶层,四下俯瞰,白堤、苏堤、孤山、湖心亭、阮公墩、南屏晚钟、三潭印月、柳浪闻莺,乃至整个西湖和远处的城隍阁等,都尽收眼底!虽然鲁迅先生欢呼过旧雷峰塔的倒掉,但是这座新塔确实建得不错。

归去的途中,经过长桥。杭州朋友对我们说:"西湖有三怪:长桥不长,断桥不断,孤山不孤。"细细思之,也有意思。

晚饭是在香溢浣纱宾馆吃的。饭后无事,几人一同沿着西湖边散步。西湖四周无围墙,沿湖都是茶座和咖啡馆。游人一面聊天,一面看湖,真是神仙生涯。后来,我们又到附近的青藤茶社小坐,那里环境倒是不错,但茶资太贵,坐了片刻就回宾馆了。

这一夜我睡得很熟,可是既没有梦见西施,也没有梦见白娘子。

第二天在宾馆早餐时,倒有一段小插曲。在我用盘子取自助餐时,有个和尚打扮的人上来搭话,大意说我红光满面,气色很好,可是也有值得留意的地方。他叮嘱我,选好早餐后务必到他那里去一下。我听了很诧异,也就端着盘子去了,那和尚果然在等我。我一去,他就对我说了一套恭维话,我听着半信半疑。后来,他终于说:"我们是不化缘的。但是,施主如果能够给些钱做功德,一定对你有好处。"这一来,我便知道他是图穷匕首现了。这时正好有几个同行的人来与和尚攀谈,我也就借故辞去。

上午我们从涌金门上船,沿西湖转了一圈。船经湖心亭时,想起张岱《陶庵梦忆》里的那段小品,但是没有上去。经过孤山,但也没有上去,尽管扬州姑娘冯小青就葬在那里。船到小瀛洲,上去转了一遭。三潭印月就在小瀛洲旁,这可是我小时候就从图画上看到的名胜!

西湖是一个大湖泊。但比起我印象中的西湖来,它仿佛没有想象的那么大。

中午仍在香溢浣纱宾馆用饭,饭后就驱车去绍兴了。

沈园非复旧池台

6月22日午后，出杭州城东去，经过萧山，大约两个小时就到绍兴了。先住下来，住的地方叫做龙山饭店。饭店后面有山，山上有台，一问才知道是越王台。

在龙山饭店略微打点了一下，就与当地政协的朋友到绍兴市政协会议室小坐。约三点半，去参观鲁迅故里，也即东昌坊。周作人曾经写过一篇关于东昌坊故事的文章，就是纪念他的故家的。

鲁迅故居现在已经改称"鲁迅故里"，原因是供人参观的不仅是一座旧居，而是成片恢复了的旧居街坊。我们在很短时间内，走马观花地看了周家老台门、三味书屋、鲁迅故居、鲁迅纪念馆。虽然明知是新修复的，但是看起来也还古意盎然。三味书屋中那幅画着肥肥的梅花鹿的画，早在鲁迅的怀旧文章中看到过，这次终于见到了实物。最有意思的，还是百草园。百草园的名声真大，这完全得力于鲁迅的文章，实际上，这只是一大块闲地罢了。最有价值的大概是那堵土墙，据说是鲁迅时代百草园的原物。我们都在墙边拍了照。

鲁迅故里是一条老街，街心是一条河。周家老屋在一边，三味书屋在另一边。河里停着几条小小的乌篷船，是供游客坐的。我真想坐一下，哪怕坐一分钟！可是时间实在太紧，我只得多看了两眼。老街上照例有一些卖纪念品的。大家纷纷讨价还价，买了些霉干菜、豆腐乳、竹笋干和纸折扇等物，算是不虚此行，立此存照。原来想接着去看沈园，但时间被霉干菜和豆腐乳耽搁了，只得等待明天。

晚饭是在龙山饭店吃的，这里的菜肴和杭州又不同了。各种"霉"、"臭"、"糟"的食物，成了绍兴的一大特色。

晚饭后，沿着饭店门前的小河散步。见到一座城市广场，颇空旷。广场地下是商场,地上有古塔。塔名大善塔,原是绍兴最大的寺庙中的塔,现在庙已毁掉,惟剩此塔。再往前走,见一牌坊,上书"古轩亭口"四字,路中则是秋瑾纪念碑。在车水马龙的包围下,鉴湖女侠的英灵也不算寂寞了。牌坊对面有一家书店,进去看了看,没有看中的书。于是穿过"古轩亭口"返回,中途竟然看到一条古街,保护得很好。但仔细一看,便知是专为了旅游而开发出来的,兴味也就有些索然。绍兴是水城,河多,河边绿化也好。有许多人在河边乘凉,用沙哑的嗓子唱越剧《红楼梦》,我只听清了"林妹妹呀林妹妹"这一句。

一早在饭店醒来,就听到附近有人在吹唢呐,拉二胡。起来瞭望窗外,只见越王台高高地盘踞在山顶,我想大概已经有人登上去锻炼身体了。

上午先去了运河园。绍兴的运河属于浙东运河,他们利用废弃了的运河堤岸建了一座公园,叫做"运河园"。园从城西的喜临门大桥,到绍兴市县交界处,长约四五公里。据介绍,他们是按照"天人合一"、"古今同源"的理念规划,又按照"传承古越文脉,展示水乡风情"的主题建设的。园中共分六景:"运河纪事","沿河风情","古桥遗存","浪桨风帆","唐诗之路","缘木古渡"。最值得学习的,是他们把旧城改造时拆除的古石桥、古牌坊、古石屋、古碑刻等等,都一起移到这里,分门别类,参差错落,"废物"竟然变宝贝!有一幅浮雕上,刻着扬州高僧鉴真和他的弟子们东渡经过此地的情形,令人感动。

后来终于抽出时间,去了沈园。

据说沈园本来很小,是近年来才做大的。沈园的意义,不在于园林的水平有多高,而在于园子里发生过的故事。现在园子的确也不错,树木葱茏,亭台掩映,人工的痕迹还不是太浓。在沈园深处,有一座诗碑,刻着两首传诵千古的伤心词。一是陆游的《钗头凤》——

红酥手,黄藤酒,满城春色宫墙柳。东风恶,欢情薄,一怀愁绪,几年离索。错!错!错! 春如旧,人空瘦,泪痕红浥鲛绡透。桃花落,闲池阁,山盟虽在,锦书难托。莫!莫!莫!

一是唐琬的《钗头凤》——

世情薄,人情恶,雨送黄昏花易落。晓风干,泪痕残,欲笺心事,独语斜阑。难!难!难! 人成各,今非昨,病魂常似秋千索。角声寒,夜阑珊,怕人寻问,咽泪装欢。瞒!瞒!瞒!

陆游二十岁时与唐琬结合,不料唐琬的才华横溢与陆游的亲密感情,却引起了陆母的不满。虽经过陆游的种种哀告,他和心爱的人还是走到了"执手相看泪眼"的地步。数年之后,缘深分浅的这一对恋人于绍兴城南的沈园邂逅。陆游在沈园墙壁上题了一首《钗头凤》,恨恨而别。唐琬读此词后,和词一首,不久郁闷而死。此后,陆游北上抗金,赴蜀任职,几十年的风雨生涯,也无法排遣心中深深的眷恋。他晚年重游沈园,看到当年题写《钗头凤》的旧壁字迹仍在,不禁泪落沾襟,写诗述怀。序曰:"禹迹寺南有沈氏小园,四十年前尝题小阕壁间,偶复一到,而园主已三易其主,读之怅然。"他写诗哀悼唐琬:"泉路凭谁说断肠?断云幽梦事茫茫。"晚年的陆游就住在沈园附近,"每入城,必登寺眺望,不能胜情",又写下绝句《沈园二首》:

城上斜阳画角哀,沈园非复旧池台。
伤心桥下春波绿,曾是惊鸿照影来。

梦断香消四十年,沈园柳老不吹绵。
此身行作稽山土,犹吊遗踪一泫然。

这种深挚无告、令人窒息的爱情,至今让人心颤。而唐琬一女子,在死后那么多年里仍然不断被自己所钟爱的人悼念,也真是一种幸福。

同行的人谈起陆游和唐琬的故事,每每有所谓"婚外恋"之疑。我自语道:"在文学中,爱情愈是荒唐,人们反而觉得浪漫;而在生活,爱情愈是浪漫,人们反而觉得荒唐——世人对于爱情,就是这样采取双重标准的。"众人听了无言。

这次游沈园的另一话题,是陆游词中的"红酥手"到底指的什么。扬大单教授认为,那当然是指女性的手。但我最近看过一篇文章,说是指绍兴的一种食品——酱猪爪。这次在沈园问了当地人,也以为是吃的食品,不过可能是面粉做的,像手爪形状。无论怎么说,总是有些煞风景的。

中午在绍兴龙山饭店吃饭,主人以各种"霉"、"臭"、"糟"的绍兴食物招待。其中有一种带皮的竹笋,需要一层层剥去外面的笋皮,而后食其笋心,他处未见。又有一种小粽子,小如拇指,入口即化,也是平生第一次吃。主人说,今天恰好是端午节,所以用粽子招待大家。

端午年年有,在绍兴过端午,以后还会有这样的机会吗?

湖笔和湖绸

6月23日中午,在绍兴吃过饭,告别了热情的主人,我们就登车前往湖州。

沿途风光甚佳,青绿山水,如同小李将军画本。其间农舍成片,多作三层小楼,楼顶又常有一尖柱高耸,像教堂一般。由此可见浙江农村之富裕,但也隐隐担心,传统的浙江民居可能会逐渐消失。

大约两个小时后,我们就到了湖州。湖州位于浙江最北部,离江苏很近。由当地政协安排,我们下榻于白鹭迎宾馆。湖州是全国著名的蚕乡,也是世界丝绸文明的发祥地之一。在湖州市郊钱山漾出土的距今有四五千年的丝织物,据说是世界上迄今为止发现最早的丝织物。湖州具有十分典型的江南水乡风貌,其自然景观以"山水清远"见长。元代湖州书画家赵孟頫有云:"苍山北峙,群山西迤,双溪夹流,泓亭皎彻,山水映发,冲和修集",概括地形容了湖州山水的特色。唐代诗人张志和有一首《渔歌子》咏湖州,其中有"西塞山前白鹭飞,桃花流水鳜鱼肥"之句,称为千古绝唱。白鹭迎宾馆,也是得名于此词。

下午参观湖笔博物馆和赵孟頫纪念馆,这两个馆其实在一起。中国的文房四宝,以宣纸、端砚、徽墨、湖笔为上。湖笔的制作已有二千多年的历史,湖州为湖笔专门建立一个博物馆,实在是对中国文化的一大贡献。馆不大,但是尽可能用各种实物、模型、图片、书影等,展示了湖笔的漫长历史。二楼专辟一室,为湖笔制作工场,有两三个中年女工在此制作湖笔。工序虽然不很复杂,但是要求很高,每道工序都马虎不得。湖笔的名牌是"王一品",据说许多书画大家都用的"王一品"毛笔。作为湖笔老字号的"王一品斋笔庄",创业于清朝乾隆六年,迄今已有二三百年的历史。这家中国最早的生产和经营毛笔的笔庄,所制"天官"牌湖笔多达五百个品种。一支湖笔不仅仅出自于笔工们灵巧的双手,更出于他们智慧的心灵。湖笔为王一品斋积淀了深厚的人文底蕴,而王一品斋笔庄铸就了吐纳百川的湖笔之魂。我们在楼下的销售部,看到琳琅满目的各式湖笔,真爱不释手。我平时不大用毛笔写字,还是忍不住买了一盒,三支装,分别是狸毫、狼毫、羊毫所制,看起来美观精致,价格五十元。盒子上的"王一品斋笔庄"字样,为郭沫若题写。

赵孟頫纪念馆占了一层楼,其中有这位元代著名书画家的生平介绍和作品展示。赵孟頫字子昂,号松雪道人、鸥波、水晶宫道人等,浙江湖州人。他原为宋朝宗室,元统一中国后,于江南搜访遗逸时出仕,官至翰林学士承旨。赵孟頫博学广识,才气横溢,精音乐、擅文章、熟诗歌、开画风、工书法、嗜篆刻、通佛老,可谓集艺术、学术于一身。元人鲜于枢《困学斋集》云:"子昂篆、隶、真、行、颠草为当代第一,小楷又为子昂诸书第一。"近人马宗霍《书林记事》云:"元赵子昂以书法称雄一世,落笔如风雨,一日能书一万字。名既振,天竺有僧数万里来求其书,归国中宝之。"存世书迹有《洛神赋》、《赤壁赋》、《临兰亭帖》、《胆巴碑》等。

这天晚上,我们在白鹭迎宾馆用餐。湖州菜肴的风格,近似于江苏菜。用餐之前,每人饮一杯"熏豆茶",系用盐豆、胡萝卜丝及少许茶叶泡成,味香而咸,大约是湖州特有的茶。

晚饭后无事,与友人上街闲逛。湖州城市看起来不大,人口也不多,晚上没有什么热闹的去处。我们所住的迎宾馆附近,有一条繁华的街,叫做红旗路。湖州出产丝绸,我们见到一家丝绸服装店,便走了进去。店里有两件香油纱的衬衫,完全中式做法,几十年前曾见祖父那一辈人穿过。想买,又觉得穿不出去,最终还是作罢了。但是回到扬州后才感到懊悔——"湖绸",是天下有名的呀!

晚上躺在湖州的床上,忽然想起两件历史往事,都是与湖州、扬州有关的。一是唐代诗人杜牧,除在扬州做过"扬州梦"外,在湖州也有一段风流史。杜牧在宣州幕下任书记时,听说湖州美女如云,便到湖州游玩。湖州刺史崔君素知杜牧诗名,盛情款待。他把本州所有名妓唤来供杜挑选,又专门为其举行一次赛船水戏,引得全城仕女都出来观看。可惜,杜牧却没有相中一名美女。后来,他遇到一老妪带的十来岁的小姑娘,认为将来必成绝色佳人。于是他给老妪一些财帛定聘,约定十年之内,他必来当湖州刺史,再行迎娶,如十年不来,姑娘自可另嫁。后来,杜牧果然当了湖州刺史,但时已过了十四年。杜牧到任就寻找那姑娘,才知她三年前已嫁人,有了两个小孩,自己失约,徒叹奈何!于是作《怅诗》云:"自是寻春去较迟,不须惆怅怨芳时。狂风落尽深红色,绿叶成阴子满枝。"二是湖州书画家赵孟頫,曾经过扬州,题过一副名联。当时扬州有一个赵姓富商,新造了一座明月楼,请天下名士题联,均不满意。于是赵孟頫信笔题道:"春风阆苑三千客;明月扬州第一楼。"主人大喜,好好款待了他一番。历史上的风流逸事,总是以文人为多啊!

湖州这一夜,我睡得特别安宁。

古镇南浔

6月24日清晨,在湖州白鹭迎宾馆用过早点之后,我们就上路了。不久,就到了江南古镇——南浔。同乌镇、周庄、同里、甪直、西塘一样,南浔也是近年来声名远播的旅游热点之一。

说是古镇,风貌其实也破坏得相当厉害。至少古镇外围的马路、商店、民房,都已同一般市镇没有什么两样。我们在南浔看到的,主要是嘉业堂、小莲池、刘氏宗祠,还有一座大宅门。

嘉业堂藏书楼位于南浔镇南西街万古桥西,与江南名园小莲庄毗邻。嘉业堂藏书楼因清朝溥仪皇帝题赠"钦若嘉业"九龙金匾和赏赐"抗心希古"匾额而得名。1981年4月,被列为浙江省重点文物保护单位。藏书楼创始人刘承干,字贞一,号翰怡,生于1882年,卒于1963年,享年八十多岁。清光绪三十一年秀才,候补内务府卿御。1899年,其祖父刘镛逝世后,刘承干便以"承重孙"的身份,继承了长房刘安澜的财产,一夜之间顿成豪富。刘承干自幼嗜好就是读书、买书、校书、写书、藏书。他爱好目录版本之学,自谓"世守中垒旧业",平素交游知名人物。他正式开始藏书在1910年,年二十八岁的刘承干就这样投身于文化事业,开始了他的藏书家的生涯。

嘉业堂藏书楼是一座回廊式的两层建筑物,由七间两进和左右厢房组成,共有书库五十余间,中间有大天井。藏书楼主人刘承干于1920年至1924年建造了这座藏书楼。尔后又不惜重金,陆续增添,自称历时二十年,费银三十万两,得书六十万卷,共十六万册。其收藏有两大特点:一是不专重于宋元刊本,更着眼于明清两代;二是广收地方志,藏有一千二百余种。其中可称"海内秘籍"的珍本,就有六十多种。刘承干还以雕版印书蜚声海内,共刻书二百余种,版片三万多。他刻印了不少被清廷列为禁书的古籍,如《安龙逸史》、《闲渔闲闲录》等。鲁迅先生在《病后杂谈》一文说:"非傻公子如此公者,是不会刻的,所以他还不是毫无用处的人物。"

藏书楼的外围,以一衣带水的小河替代围墙,使书楼建筑、花园景物与四周村野浑成一体。东侧有桥临水,桥内有拱形大铁门以通出入。刘承干在《嘉业藏书楼记》一文中这样描述书楼的环境:"园之四周,环以溪水,平临块莽,直视无碍。门之左即吾家之小莲庄,而宗祠家塾悉在焉。比邻适园,又石铭观察之别业也。春花秋月,梅雪荷风,景物所需,取供悉办。灵瞩莹发,朝暮尤胜。人家历历,半住斜阳。林影幢幢,如耸危塔。庭石孤啸,橹声一鸣。负手微吟,诗境亦古。"楼南为小花园,花草遍地,藤萝漫布。这座园林的结构跟小莲庄一样,也是临池而建,从而显得视野宽阔,使人觉得园林大了许多。花园正中有一方约三四亩大的莲池,周环太湖石假山。池中垒石为岛,岛上有亭翼然,名曰"明瑟"。亭背竖立一石,高约二米,形似虎踞,中腹一孔,吹之声如虎啸。石上有清代扬州学者阮元题"啸石"隶书二字,为阮元故物,移自朱氏"述园"。我也近前对着孔吹了一回,果然有啸声传出。

小莲庄是晚清南浔首富刘镛的私家花园。庄园始建于清光绪十一年,中经其子刘锦藻的规划经营,最后由其长孙刘承干于民国十三年建成。前后经营凡四十年,占地近三十亩。因慕元代书画家赵孟頫"莲花庄"之名,故名"小莲庄"。小莲庄与嘉业堂藏书楼毗邻,园外为鹧鸪溪。群体建筑由刘氏义庄、刘氏家庙和园林三部分组成。小莲庄分外园、内园两部分。外园以荷花池为中心,池广十亩,古称挂瓢池。山石绕池而叠,池内植荷,每当夏日,风荷挺举,红晕照人,幽香清远。池南为法国式建筑"东升阁",登阁凭栏,全园美景尽收眼底。接着是"养新德斋"、"迟修小榭",均以回廊曲折相连。池西有四面厅,名为"净香诗窟",其顶格作斗笠状,素雅洁净,工艺精湛。池北柳堤,内侧植小竹千竿,凤尾森森,清风萧萧。绕至池东,五曲桥畔碧波荡漾。复进为内园,以假山为主体,假山以玲珑剔透的太湖石为点缀,高下迤逦。山巅小亭翼然,山下幽洞森然,石级小径曲绕其间,移步换景,幽曲成趣。

园西侧有刘氏家庙,厅堂高大,气宇轩昂。院外矗立着两座南北相对的牌坊,一为"贞节坊",一为"乐善好施坊",均建于清光绪年间。牌坊中间有两块"下马石",一对蹲坐的石狮子,镂刻精致,憨态可掬。小莲庄建筑艺术的特色,是以江南古典园林格局为基调,参照某些西式风格,堪称中西合璧。

但古镇的真正精华,是临水老街。我们在老街流连再三,觉得再也没有什么地方比这里更值得终老一生的了。

午饭是由南浔镇政府招待的,地点就在镇政府的食堂里。这是一顿具有浓郁的南浔乡土风味的饭。其中最有特色的几样菜,让我记在这里吧:酱煮鸡蛋、蒸臭干子和稻草捆排骨。

无锡古运河

6月24日午后,我们离开湖州古镇南浔。约两个小时后,到达无锡。途中大雨如注,到了无锡,雨仍不停。

为了充分利用时间,无锡朋友安排我们先参观了薛福成故居。故居前后好多进,颇为宏伟。后面有藏书楼一座,是模仿宁波天一阁而建。因为扬州测海楼也是模仿宁波天一阁而建的,故我坚持冒雨去看,果然觉得与扬州测海楼相似而小。

钦使第——薛福成故居始建于1890年,建成于1894年,是清末无锡籍著名思想家、外交家、资产阶级维新派代表人物薛福成的宅第。故居中轴线前后共六进,由门厅、轿厅、正厅、房厅以及转盘楼等组成,另有藏书楼、东花园、后花园、西花园等。占地总面积约两万平方米,现恢复一万多平方米,修复建筑面积六千余平方米。整组建筑气势雄伟,规模宏大,体现了清末西风东渐的时代特征,中西合璧的建筑风格。从2000年起,无锡市政府斥巨资全面修复故居。2003年1月1日,主体建筑群、东花园、后花园修复开放。2001年,薛福成故居建筑群被国务院颁布为第五批全国重点文物保护单位。

从薛福成故居出来,我们便住进了无锡梁溪饭店。这里看起来好像没有什么特别的地方,但据介绍,它却是林彪在"文革"中呆过的地方。

晚饭时间尚早,我便打车到人民路的新华书店去看看。书店规模很大,书籍品种也多。我挑选了《姹紫嫣红牡丹亭》、《鸳鸯蝴蝶派新说》、《历代宅京记》、《魏晋清谈》等几本书。又看到古吴轩新出版的我的《扬州旧闻》一书,欣喜之余,也买了两本,满载而归。到饭店时,满桌的主客都等候着呢。

这天夜里,下了一夜的大雨。

6月25日早上起来,雨仍下个不停。我们跟随着无锡主人,乘车到一家大厦的顶上,俯瞰流经无锡城内的古运河。因为雨太大,马马虎虎看了一下,就下楼去看运河诸景点,如吴桥、黄阜墩、西水墩、南禅寺、清名桥等。这些地方,现在都还没有修复成旅游景点。其中,西水墩为运河中的小岛,上有古戏台。清名桥一带未加整治,旧貌犹存。这都是扬州古运河所缺乏的。

中午是在一家叫做"山外山"的私营鲍鱼馆吃的。因为主人特别好客,饮白酒、红酒甚多。鲍鱼馆的菜,以鲍鱼为主,有各种各样的做法,确实鲜美异常,难怪前人以为绝品。

下午游灵山大佛,雨渐小。此处前几年来过,这次重来,见新添了一景——莲花宝座,系以音乐、喷泉为之,也颇壮观。

本拟看了灵山就返回扬州了,不料主人坚留晚饭,大家只得从命。晚饭是在太湖边上的景园湖鲜馆吃的,这好像是无锡市地震局下属的一家饭馆。菜的特点,是全用太湖里的鱼虾,多达十余种。湖鲜太多,主人又特别殷勤,这天晚上喝的红酒也不少。饭后,主客依依惜别,不忍分手,等我们回到扬州,已经时近夜分了。

江南之行,就这样匆匆结束。

广陵派和虞山派

邗城在蜀冈之上,史载乃夫差所筑;剑门在虞山之巅,相传为夫差所劈。春秋时代的吴王夫差在不经意之间,把蜀冈与虞山联系在一起,把扬州和常熟联系在一起。而千百年后,只要稍微回顾一下历史,就会发现"广陵派"与"虞山派"在许多领域里都双峰并峙,各领风骚。这一奇特而绮丽的文化现象,至今没有引起人们的重视。

中国的传统文化艺术,门类如繁花,遍布于天下。但如果加以仔细品评,就会发现它的精华和魅力所钟,往往集中在少数特定的地区,例如中原,例如江南。而江南的精华,又尤其集中在扬州和苏州两地。扬州和苏州的文化艺术流派之多,超过了江南其他任何城市。前些年我曾经写过一组文字,专门比较扬苏文化的异同,其中提到"苏州头,扬州脚"、"苏州胭脂扬州粉"等长期流传于民间的谚语,发现它们总是将扬苏两地并举。而"扬盘"与"苏意","扬帮"与"苏帮","扬虚子"与"苏空头","扬州调"与"苏州腔","扬州刀"与"苏州片",乃至园林、盆景、裱褙、绘画、戏曲、说书、文学、烹饪、叠石、古琴、学术等领域的"扬州派"与"苏州派",也无不卓有建树而又气象迥异。就中,"广陵派"和"虞山派"之文化比较尤应值得关注。

我的关注广陵派和虞山派,是从广陵琴派和虞山琴派同时以古琴流派身份进入国家首批非物质文化遗产名单开始的。对于广陵人和常熟人来说,这都是一件值得庆贺的事情。

古琴是联合国教科文组织宣布的世界第二批"人类口头和非物质遗产代表作"之一。有关古琴的记载最早见于《诗经》、《尚书》等文献,但称为"琴派",始自明末的虞山派和清初的广陵派。各个琴派之间的差别,主要决定于地区、师承和传谱等条件。琴派多以地区划分和命名,如虞山派以常熟为中心,广陵派以扬州为中心。历史上著名的琴派,有浙派、吴派、闽派、川派、松江派、金陵派、中州派、岭南派、九嶷派、诸城派、广陵派、虞山派、绍兴派、梅庵派等,而虞山派是中国古琴界出现的第一个派别。虞山横卧于常熟城西北,北濒长江,南临尚湖,因商周之际江南先祖虞仲卒葬于此而得名。虞山派的创始人是常熟人严天池。虞山派的琴谱主要有《松弦馆琴谱》、《大还阁琴谱》,曲目主要有《潇湘水云》、《梧叶舞秋风》等。继虞山琴派之后,顺治年间的徐常遇创立了广陵琴派。其二子精通古琴艺术,曾赴京演奏,名震京华,被誉为"江南二徐"。清中期之后,扬州琴家辈出,琴谱纷呈。广陵派的代表性琴谱就有《澄鉴堂琴谱》、《五知斋琴谱》、《自远堂琴谱》、《枯木禅琴谱》、《蕉庵琴谱》,代表性曲目有《樵歌》、《渔歌》、《佩兰》、《梅花三弄》、《平沙落雁》等。

虞山琴派的演奏风格为清微淡远,广陵琴派的演奏风格为刚柔跌宕,其间的区别,显而易见。要而言之,南主柔靡,北主清劲,大率如此。

在古琴之外,绘画也有广陵派和虞山派。虞山画派又称"虞山山水画派",领军人物为常熟人王翚。清初画家中,王翚、王鉴、王时敏、王原祁四人被称作"四王"。其中王鉴、王时敏、王原祁是太仓人,王翚是常熟人,他们之间有师生或亲友关系。在艺术思想和绘画风格上,他们都受到董其昌的影响。王翚字石谷,号耕烟散人、剑门樵客、乌目山人、清晖老人,出生文人世家,祖辈均善绘画。王翚曾被王鉴、王时敏收为弟子,得二王真传。他中年以后,画技成熟,成为一代大家,在四王中不但技法全面而且成就突出。曾被康熙召幸,主持绘制《南巡图》。王翚晚年因名声显赫,求画者多,故这个时期的作品多为应酬或代笔之作。常熟宗法王翚画风者很多,其中杨晋为虞山派中的佼佼者。杨晋字子鹤,号西亭,常熟人,工山水、人物、花鸟,尤擅画牛。此外,虞山派还有蔡远、胡节、徐瑢、唐俊、顾昉、宋骏业、释上睿等人,大都模仿王翚画风,少有新意。扬州画派又称"扬州八怪",系由清初画僧石涛开启风气,从康熙末年崛起到嘉庆初年消歇,前后近百年。扬州画派是清中期活动于扬州的一批风格相近的画家的总称,代表人物是郑燮,其他还有金农、黄慎、李鱓、高翔、罗聘、闵贞、李方膺、汪士慎、高凤翰、边寿民等人,俗称"八怪"。扬州画派主张师法自然,我写我心,藐视泥古,强调独创,尤以郑燮的影响最大。郑燮字克柔,号板桥,扬州兴化人,其诗、书、画被誉为"三绝"。郑燮长于画兰、竹、石。他认为,兰四时不谢,竹百节长青,石万古不败,正好与他清高的气质相合。他的画通常只有几竿竹、几叶兰,构图简单,布局巧妙,以墨色浓淡写兰竹的蓬勃生气。八怪其他诸人,也都追求自成一家面目,以追随他人为耻。

总的说来,虞山画派崇尚拟古,扬州画派刻意求新,两者的追求正好相反,也是两地风土习俗使然。

在诗词方面,虞山诗派和广陵词派都是卓有成就的。在明末清初的诗坛上,虞山诗派与云间诗派、娄东诗派鼎足而立。明代的诗歌,以李东阳为首的"前七子"和以王世贞为首的"后七子",把创作引向拟古主义的绝路。而"公安派"的三袁和"竟陵派"的钟谭,又使诗歌作品堕入狭隘肤浅的困境。这时,以钱谦益为领袖的虞山诗派提出,诗歌要不分时代,不奉偶像,重视学养,提倡真情。这样,虞山诗派就在明末清初的诗坛上逐渐形成了群星璀璨的局面。钱谦益字受之,号牧斋,晚号蒙叟、东涧老人,学者称虞山先生,常熟人。他是东林党领袖之一,官至礼部侍郎。但后来降清,旋即告病归隐,暗中与反清势力保持联系。他晚年的诗作,多抒发反清复明之心愿。虞山诗派的重要诗人有冯舒、钱曾、何云、瞿式耜、柳如是、陆贻典、钱龙惕、钱陆灿等,他们对清代诗坛产生了巨大影响。到了清初,王士禛游宦扬州,在他的影响之下,广陵词派逐渐形成。王士禛字贻上,号阮亭,晚号渔洋山人,山东新城人,顺治间出任扬州推官。后升礼部主事,官至刑部尚书。王渔洋在扬州期间,人称"昼了公事,夜接词人"。他主持的一系列词学活动,一方面激活了扬州词人的创作,一方面招来了各地有名的词人。因此,广陵词派包括了扬州本地词人、长期流寓扬州的外籍词人、短期游宦或居住扬州的词人,以及扬州附近与王渔洋等人有诗词唱酬的词人。广陵词派的词学活动,主要是雅集唱和与合作选词。在王士禛为官扬州的前后,扬州的词人雅集至少有十次之多。广陵词人又汇编刊刻了清代最早的一部规模宏大的词总集《国朝名家诗余》,对清初词坛影响深远。在扬州的历史文化中,扬州画派、广陵琴派、竹西谜派等早已熟在人口,惟独广陵词派不为人知。历来治词者在描述清初词坛时,多注意阳羡词派、浙西词派、岭南词派、柳州词派、西泠词派等,而忽略了还有一个为诸家流派先导的广陵词派。自上世纪九十年代以来,才有学者注意到清初广陵词人群体的历史存在,并对之进行了初步的考察与描述。

比较之下,虞山诗派多忧患社稷之作、凭吊故国之音,广陵词派则拉开清词中兴的序幕,有筚路蓝缕以启山林之功。两者之间,实有向后看与向前看之别。

在江南地区的藏书界,称得上蔚成风气而自成风格的,有广陵派与虞山派。扬州和苏州自隋唐以来即为东南重镇,入清以后,经济发达,文化昌盛,读书、刻书、藏书之风盛行。吴晗先生在《江苏藏书家史略》中认为,扬州与常熟、南京、苏州为江苏的四大藏书重心。曹培根先生曾从收藏志趣、收藏内容、藏用原则三个方面进行过专题研究,他在《古代藏书流派概论》中对于虞山派藏书家与浙东派藏书家的异同做过比较。他指出,虞山派的收藏特色是厚古薄今,也即好宋元刻本、抄本和稿本,与浙东派的厚今薄古相比,反映了不同区域的文化志趣。扬州的藏书,虽然一般不称"派",但其传统和影响都盛于国中。扬州有过许多大藏书家,汪中、焦循、阮元这些硕儒自然不必说,即使一般商人也是以藏书丰富自炫于世的。寒士没有多少家私,几簏旧书却是必备的家当。富豪也许不识多少字,但他们要跻身于上流社会,也会在后花园里建造一座拔地而起的藏书楼,把宋版元椠、话本弹词囊括其中。"为裁子弟缠头锦,不买儿孙满腹书",这是清人董耻夫《扬州竹枝词》说的一句反话。扬州个园主人蓄养了三百人的梨园弟子,缠头挥洒,如同泥沙,同时他家花园中也有一座丛书楼,承继清代著名藏书家"二马"(马曰琯、马曰璐兄弟)的儒风。当然,就更不用说旌忠寺里的文选楼如何书香绵长,吴道台家的测海楼曾经汗牛充栋了。文汇阁、文选楼、丛书楼、测海楼,以及它们的文化背景和历史影响,都远远超出了扬州地界。

　　虞山派藏书楼的代表是绛云楼、铁琴铜剑楼,扬州派藏书楼的代表是文汇阁、丛书楼。前者厚古,后者务博,其中风光,各有千秋。

　　在金石方面,扬州派和虞山派一先一后,也是辉耀印坛。清人称篆刻家林皋、汪关、沈世和等人为扬州派。林皋字鹤田、鹤颠、鹤道人,原是福建莆田人,著有《林鹤田印谱》、《林鹤田印书》、《林鹤田印存》、《林鹤田印稿》等。他的篆刻艺术,学术界称为林派,又与汪关、沈世和合称为扬州派,移居常熟后称为虞山派,或又称为莆田派。林皋生活于清初,治印风格以工稳、遒劲著称。他后来移居常熟,与当时虞山、娄东一带著名学者书画家王翚、吴历、杨晋、恽寿平、徐乾学等多有交往。到清末民初,常熟篆刻家赵石复又创立虞山派。赵石先后同吴昌硕的入室弟子李钟、沈石友交往,后又从吴昌硕本人游艺,其治印得法于封泥,作品古拙浑朴。

篆刻艺术上的扬州派和虞山派,都以林皋为代表,表明两地文人在审美观念上有若干相同之处。

与篆刻相关联的是微雕,广陵派与虞山派也各自独树一帜。虞山派微雕出现于明万历年间,其名家王毅字叔远,号初平山人,常熟人。王毅善雕刻,尤擅精雕核舟。代表作品有《东坡游赤壁图》,即魏学洢《核舟记》所云:"明有奇巧人曰王叔远,能以径寸之木,为宫室、器皿、人物,以至鸟兽、木石,罔不因势象形,各具情态。尝贻余核舟一,盖大苏泛赤壁云。"据文中介绍,核舟长约八分左右,高约二分上下。中间高大而宽敞的地方是船舱,用箬竹叶做成的船篷盖在顶上。两旁开小窗,左右各四,共八扇。打开窗户,有雕栏相对。关上窗子,右边刻着"山高月小,水落石出",左边刻着"清风徐来,水波不兴",并且涂以石青。"船头坐三人,中峨冠而多髯者为东坡,佛印居右,鲁直居左。苏黄共阅一手卷;东坡右手执卷端,左手抚鲁直背;鲁直左手执卷末,右手指卷,如有所语。东坡现右足,鲁直现左足,身各微侧;其两膝相比者,各隐卷底衣褶中。佛印绝类弥勒,袒胸露乳,矫首昂视,神情与苏黄不属。卧右膝,诎右臂支船,而竖其左膝,左臂挂念珠倚之,珠可历历数也。"船尾横搁一桨,左右各有船夫。右边的船夫绾着髻,仰着脸,左手靠着一根横木,右手抓着右脚趾,好像在高声叫喊的样子;左边的船夫右手持扇,左手按炉,眼神专注,面容沉静,好像在听煮茶声的样子。船底刻着如下文字:"天启壬戌秋日,虞山王毅叔远甫刻。"笔画细如蚊足，勾画分明。扬州派微雕兴于清代。清代的象牙雕刻多是内廷御用作坊生产，艺人多来自扬州。他们在继承传统技艺的基础上，把圆雕、浮雕和镂空雕等技法结合运用，融为一体，并从古代绘画、石雕、泥塑等艺术形式吸取丰富营养。扬州派微雕的代表人物是晚清的于啸轩，名硕，字宗庆，扬州江都人。于啸轩工书画，擅金石，精微雕。邓之诚先生《骨董琐记》云："今江都于啸轩，于径寸间刻千字，索值至一二百金，东西洋人竞求之。啸轩曾官知县，国变后弃官，鬻艺都中。其刻法无所授，以意为之。每字、每行第一笔刻成，即不寻行墨，暗中摩挲成之。人竭目力始辨，井然成行，无一败笔，真绝技也。"据《苏州文物资料选编》记载，于啸轩制有竹扇一柄，在小小扇骨上居然刻了三百四十字，而下署"江都于啸仙作于虞山客次"。据此，于啸轩鬻艺时曾经作客常熟。现代扬州微雕名家黄汉侯，字良伟，扬州人，生于盐业之家。其父黄敬之，好书画金石，与画家陈锡蕃、儒医耿耀庭素有交往。黄汉侯长于牙刻，曾用铁笔临摹各家法书。而立之后，专攻牙刻，能在方寸牙板上刻四千余字。民国间，黄汉侯在上海举办展览，受到广泛赞誉。

纵观历史，广陵派与虞山派之间多有交往。广陵词派领袖王士禛曾经受到虞山诗派领袖钱谦益的奖掖，王称钱为自己"生平第一知己"。广陵琴派宗师徐祺在《五知斋琴谱》中所收的琴曲，以虞山派为多，并对各曲进行了加工发展。篆刻大家林皋先后与扬州派印人、虞山派印人有密切的往来，并成为两派领军人物。扬州微雕家于啸轩，在售艺生涯中还曾经客居常熟。从这些史实，我们可以看到广陵派文化与虞山派文化之间的密切联系。同时，我们更可以从中理出广陵派风格和虞山派风格之间既彼此交融又互相独立的旖旎风光。

马可波罗之谜

扬州天宁寺有一座马可波罗纪念馆,是纪念七百年前到过中国并在扬州做过官的意大利威尼斯人——马可波罗的。在中欧关系日益发展的今天,扬州正打算扩建马可波罗纪念馆。

马可波罗曾经写过一本书,叫做《马可波罗游记》。这本书在七百年前问世之后,就轰动了整个欧洲。哥伦布就是读了他的游记,才想到东方探险,却意外地发现了美洲大陆。《马可波罗游记》的原始版本这样评论他的主人公:

> 从上帝创造亚当直到现在,从来没有人,无论是基督徒、异教徒、鞑靼人、印度人或任何种族的人,像马可波罗那样到过世界上那么多的地方观察和探险,知道那么多的奇风异俗。

马可波罗有各种各样的身份,如商人、官员、旅行家、冒险家、友好使者、马可百万等等,那么他究竟是一个什么样的人呢?

马可波罗到过中国的许多城市,这些城市都有理由来纪念马可波罗,为什么说扬州最有理由来建立一座马可波罗纪念馆呢?

其实关于马可波罗,还存在着许多的谜。

一 马可波罗到过中国吗？

马可波罗一家是个商人之家，马可波罗的父亲和叔父曾经到过中国。1271年，他们开始第二次东方之旅，这次同行的还有对世界充满好奇的、年仅十七岁的马可波罗。他们一行三人先到以色列，再穿过叙利亚、伊朗、阿富汗，翻过帕米尔高原，走过塔克拉玛干沙漠进入新疆，然后到甘肃，经过了敦煌和酒泉。直到1275年，才来到距离北京不远的行宫上都，见到当时很渴望了解欧洲的元世祖忽必烈。在旅途中，马可波罗因为高原缺氧而病了一年多。其他必须克服的凶险，包括沙暴、雪崩、干旱、土匪、饥饿、瘟疫等等，还有十字军和伊斯兰教徒的战火。忽必烈很钦佩他们的毅力，对聪明好学并懂得东方风俗和语言的马可波罗更是器重。在元帝国生活的十七年里，马可波罗最高做到扬州总督，还出使过越南、爪哇、苏门答腊。1292年夏天，马可波罗一家利用护送蒙古公主到波斯的机会，从泉州出发，花了三年多时间，才奇迹般地回到故乡威尼斯。他们带回许多东方珍宝，因而被称为"百万先生"。但同时也得到了"百万谎言的人"的称号，因为很多威尼斯人认为马可波罗的"天方夜谭"不可尽信。《马可波罗游记》说，杭州有房屋一百六十万栋、工场十四万家，还说城内石桥有一万座，桥下都可通大船。对于这些，威尼斯人怎么能够轻信？有一个威尼斯铁匠说过，即使打死他，他也不相信马可波罗说的那些话。

七百年来，人们不断质疑《马可波罗游记》，甚至怀疑马可波罗是否真的到过中国。疑问集中在以下几点：

第一，马可波罗自称在中国深受忽必烈器重，但是为何元朝史书中找不到一条可供考证的记录？他自称扬州做官三年，扬州地方志里为什么无从考稽？

第二，马可波罗提到的许多地方、人名、动物、器件，都使用波斯叫法,他自称学会了蒙古语和汉语,为什么用波斯叫法?

第三,马可波罗只是泛泛地描写了一些中国资料,但最富中国特色的汉字、印刷、茶叶、筷子以及其他引人注目的东西没有提到,甚至没有提到长城。

第四,马可波罗描述了许多明显不符合史实的场面,例如他自称献抛石机帮助攻打襄阳,实际上襄阳在他到中国前一年就撤围了。

对于这些质疑意见,中国学者有自己的看法。国学大师钱穆先生的回答妙趣横生,他说他"宁愿"相信他真的到过中国,因为他对马可波罗怀有一种"温情的敬意"。真正对那些怀疑派进行有力的批驳的,是以杨志玖教授为代表的中国学者。杨教授皓首穷经,在《永乐大典》残本《站赤》中找到一条"兀鲁得、阿必失和火者取道马二八往阿鲁浑大王位下"的记载,与《马可波罗游记》中的记载一致。可惜的是,这条记载没有提到马可波罗的名字,只能说明此事与马可波罗的叙述一致,而不能证明马可波罗与此事确有联系,更不能证明他到过中国。

关于马可波罗没有提到长城的问题,中国学者认为元代长城年久失修破败不堪,所以不会像我们今天看到的明长城那样引人注目。但怀疑派说,金人修建的长城受战乱损坏并不严重,如果马可波罗真的游遍中国,必然数经长城,不可能视而不见。

关于马可波罗没有提到茶叶的问题,中国学者认为蒙古人不喜饮茶,因此马可波罗对此也无印象。但怀疑派说,忽必烈于1268年开始征购四川茶叶,1275年逐渐征购江南茶叶,1276年设立专门机构"采摘茶芽,以供内府",而且八九世纪西域商人苏来曼所写的《中国印度见闻录》明确提到了茶叶。

关于马可波罗没有提到汉字书法和印刷术的问题,中国学者的解释是马可波罗不认识汉字,所以对汉字书法和印刷术不会做记载。然而怀疑派说,当马可波罗写书的时候,正当欧洲处于手抄书本的年代,他必然会联想到独特的汉字书法和先进的印刷技术,比他早三十年到蒙古的传教士鲁不鲁乞就记载了中国的书法和印刷术。

此外,还有马可波罗没有提到筷子、缠足、鱼鹰等问题,中国学者觉得这些问题根本不成问题:马可波罗只用刀叉,所以不用筷子;他生活在蒙古人圈子里,所以没见过缠足的妇女;他居住在城市里,所以不熟悉渔民以鱼鹰捕鱼。可是怀疑派说,其他外国人如曼德维尔爵士的《爵士游记》、裕尔上校的《中国和通向中国之路》都有相关的记述。

有一件事是最让人对《马可波罗游记》的真实性产生怀疑的。马可波罗自称蒙古军久攻襄阳不下,于是他献出了威力巨大的抛石机,迫使襄阳守将出降。事实上,1273年蒙古军攻襄阳时,他还在来中国的路上,献抛石机的不是他而是波斯的亦思玛因和阿老瓦丁,《元史》和其他资料都有明确记载。中国学者对此也有解释,认为这是后人在传抄《马可波罗游记》时随意添加上去的,因为马可波罗的原稿已经流失了。

有的怀疑派学者进一步指出,马可波罗可能从来没有到比黑海沿岸和君士坦丁堡更远的地方,有关中国的种种描述是他从经过那里的波斯商人们口中打听来,并加以自己的想象形成的。理由是:

——马可波罗自称懂得蒙古语和汉语,但他在意大利用法文写成此书时,书中的很多名称却偏偏采用了波斯语;当时来往的商人们以波斯人居多,可以证明游记内容是听来的。

——马可波罗在书中很少提到他的父亲和叔父,也从未提到他们的生意,没有提到在中国符合他们身份的任何经商活动,这说明他们没有到过中国,所以经商也无从谈起。

——马可波罗回国时没有携带任何中国特有的东西,威尼斯珍宝馆收藏的"马可波罗罐",其实上与他毫无关系;而他带回的宝石,倒是波斯的特产。

——马可波罗书中道听途说的痕迹比比皆是,除扬州做官和襄阳献炮外,还把成吉思汗的病死说成是膝上中箭而死等等;他动辄使用"百万"这个词,以至于人们送他"百万先生"的外号加以揶揄和讽刺。

那么,马可波罗为什么要编造在中国的经历呢?德国的徐尔曼教授认为,他企图借以激发蒙古贵族对西方人士的热情和帮助,以及西方人士对东方古国的向往和兴趣。《详编不列颠百科全书》指出,这可能与他的社会地位较低而又想向上层社会爬有关。据说,和马可波罗同时代的约翰·曼德维尔也写过一本《约翰·曼德维尔爵士的游记》,声称自己和大汗共同生活了一年半。他的书和《马可波罗游记》一样轰动一时,后来却证明他是一个剽窃者,大量抄袭了其他人关于中国的记述。这说明,马可波罗谎称自己到过中国,有可能是为了追逐名利。

有关马可波罗在华的身份,目前有枢案副使、扬州总管、斡脱商人等三种看法。所谓"斡脱商人",是当时借助于朝廷的牌符圣旨而往来各处,为官府权要牟取重利的官商,其经营内容与经营方式都不同于正常的商业活动。因此,他们不需要深入到普通汉人社会中去。马可波罗如果真是朝廷任命的官商,有关他奉大汗命居扬州三年而担任官员的说法,也就能够自圆其说。

学者们指出,对于《马可波罗游记》其实不必过于苛求。马可波罗在中国虽然长达十七年,但他接触的人事范围毕竟有限。这一点,从同时代欧洲来华人士所留下的记述中,可以得到证明。例如孟德科尔维诺主教是 1293 年左右来华的,在大都留居三十五年,可是他写给罗马教皇的信件内容却很简单,而且限于宗教活动,完全看不到汉文化气息。有一位约在1321年由海道进入中国的意大利旅行家奥多里克,在遍历广州、泉州、福州、杭州之后北至大都,并在这里居住三年,然后经过甘肃、吐蕃返回西方,留下的游记《东域记程录丛》在内容、风格上与《马可波罗行纪》十分相近。但是,从没有人对他到过中国提出疑问。

一部《马可波罗游记》使作者名垂青史,也使它成了海内外专家研究的热点。如同敦煌研究成为"敦煌学"一样,马可波罗研究实际上已经成为"马可波罗学"。《马可波罗游记》在全世界的译本,现在已经超过了一百种。

《马可波罗行纪》共分四卷,第一卷记载马可波罗东游沿途见闻,直至上都为止;第二卷记载蒙古大汗忽必烈及其宫殿、都城、朝政、游猎等事,以及从大都南行至扬州、杭州、福州、泉州等事;第三卷记载日本、越南、东印度、南印度、印度洋沿岸及诸岛屿,和非洲东部;第四卷记载成吉思汗后裔诸鞑靼宗王的战争,和亚洲北部。每卷分章,全书共有二百二十九章。书中记述的国家、城市的地名达一百多个。

《马可波罗游记》和中国玄奘的《大唐西域记》、日本圆仁的《入唐求法巡礼行记》被称为东方三大旅行记。玄奘到印度、圆仁到中国都毫无疑问,可是马可波罗到中国却成了谜。

二 马可波罗做过扬州总管吗?

扬州人在谈到马可波罗的时候,最引以自豪的一件事,是这位外国人曾经做过三年扬州总管。那么,在《马可波罗游记》里,究竟是怎样谈到扬州的呢?打开这本书的第一百四十三章《扬州城》,原文是这样写的:

从泰州出发,向东南方向骑马走一天,就到达扬州。

扬州城很大，它所属的二十七座城市，都是美好的地方。扬州很强盛，大汗的十二男爵之一驻扎在此地，因为这里曾经被作为十二行省之一。我要向诸位说明的，是本书主人公马可波罗先生，曾奉大汗之命，在扬州城治理达三年之久。扬州的居民是偶像教徒，使用纸币，倚靠工商业为生。这里制造骑兵装备的工匠与作坊很多，因为在城里和附近驻扎着大量皇帝的士兵。此外就没有什么可说的了，下面请允许我谈谈西面的两个大州，这两个大州也在南方蛮子境内，先说南京城。

上面一段话显然包含着一点错误的信息，也即说从泰州出发向东南方向骑马走一天到达扬州，这显然不对，因为扬州在泰州西南而不是东南。但是，其他内容基本正确。如说扬州管理二十七座城市，是元代十二行省之一，都是对的。尤其说扬州很强盛，工商业发达，有很多佛教寺庙和皮货市场，这都符合扬州的历史。问题在于，马可波罗还说他曾奉大汗忽必烈之命治理扬州三年，这件事在学术界引起了轩然大波，学者对此有完全相反的看法。

关于马可波罗在扬州做官一说，流传广泛，影响巨大。当代作家冰心女士在《冰心文集》第五卷说过这样一段话："威尼斯是意大利东海岸对东方贸易的三大港口之一，其余的两个是它南边的巴利和北边的特利斯提。在它的繁盛的时代，就是公元后十三世纪，那时是中国的元朝，有个商人名叫马可波罗曾到过中国，在扬州作过官。"美国记者埃德加·斯诺先生在《我在旧中国十三年》一书中也写道："我到过长江下游和大运河沿岸所有历史上有名的地方……在忽必烈统治的时间，马可·波罗管理扬州城达三年。"冰心和斯诺是作家和记者，但是他们都知道马可波罗在扬州做过官。

然而，有的研究者怀疑此说的真实性。他们认为，扬州居于元朝中心，地位相当重要，而且纯为汉人城市，马可波罗不懂汉语而竟然治理此城三年，简直是不可能的。而且，当时马可波罗不过二十三岁，到中国才两年时间，绝不可能出任这样高职位的行政长官。扬州为十二省城之一，是元朝的大都会，总管是级别很高的行政长官，担任职务三年，时间不可谓短，可是元代史料及扬州方志从未提及此事，这也是不可想象的。元世祖规定："以蒙古人任各路达鲁花赤（最高长官），汉人充总管，回回人充同知，永为定制。"这一规定清楚地表明，扬州总官的重任不可能落在外国人的马可波罗身上。马可波罗在扬州作官三年，资料来源只是他本人的《游记》，因而不可相信。

这些学者提出，古代中国的官僚体系发达，大小事项都会被记录在案，每个城市的历任地方官都不会被漏掉。扬州地方志明确记载了元代的大小官员，包括外国人的详尽名单，但没有关于马可波罗的记录。因此可以推断，马可波罗不可能做过扬州地方官。另外，扬州也没有留下有关马可波罗的历史遗迹和民间传说。

于是，另外一些学者考证，马可波罗在扬州做的可能不是地方官，而是"枢密副使"。如法国学者鲍梯先生于1865年出版的《威尼斯人马可波罗游记》中据《元史·世祖纪》至元十四年（1277）二月"以大司农、御史大夫、宣徽使兼领侍仪司事孛罗为枢密副使，兼宣徽使，领侍仪司事"等记载，认为此枢密副使即马可波罗。中国学者张星烺先生又撰写了《中国史书上之马哥孛罗》一文，详搜《元史》及其他资料，确证了这一说法。后来束世澂先生著《中国史书上之马哥孛罗考》，所搜孛罗资料更为完备。但他也提出一点"存疑"，即《元史》上的孛罗，在任枢密副使以前，至迟在至元七年（1270）已任御史中丞，若其人果为马可波罗，则他到中国至迟亦在是年，而据《游记》，其抵华时间，当在至元十二年（1275）。他说："岂枢密副使孛罗非马哥孛罗欤？然其行事与《游记》何无一不合者也?"这本是一个击中要害的问题,然而因为束先生同意枢密副史说,最后以《游记》记载可能有误而未作追究。至于《元史》上的枢密副使孛罗,已有人对其生平经历作了详尽的考证。余大钧教授在《蒙古朵儿边氏孛罗事辑》长文中指出,孛罗是蒙古朵儿边部人,生年约在1246年左右,1283年夏奉旨出使波斯伊利汗国,从此一去不返,于1313年4月去世。可见此人与马可波罗毫不相干。

马可波罗在扬州担任的官职,除了扬州总管之外,还有扬州宣慰使、扬州都督、扬州总督等说。有的学者认为,总管、都督、总督等都是汉译者用的官名,与马可波罗实际在扬州担任的职位都不相干。马可波罗说扬州被选为十二省城之一,所以大可汗的十二总督之一驻在这城里,又说他自己曾亲受大可汗的命令治理这城三年之久。这是把扬州作为一个行省的省会而说的,扬州确实曾有一段时间为江淮行省的治所。在元代,行省的长官称"平章政事",这用欧洲文字无法表达出来。从外文译成汉语,译为总管、总督或都督均无可指责。但元代行省以下的路,恰好有总管一职,因此马可波罗便由西方人理解的行省长官变为中国人理解的扬州路总管了。总之,有人认为,所谓马可波罗任扬州总管一说,只是文字翻译的偶合或巧合。至于总督、都督,意思与总管相同,可是元代行省并无此官衔,可不必讨论了。

怀疑马可波罗在扬州做官的学者指出,此说可能出于版本之误。有一种《马可波罗游记》版本说马可波罗奉大汗命"居住"此城三年,而非"治理"此城三年。但也有学者提出质疑,如果仅仅是"居住",为何要奉大汗之命?

坚持马可波罗的确做过扬州官员的学者,有自己的理由:

首先,中国史籍未提马可波罗之名有一定的历史背景,这不是判断这一事件真伪的惟一标准。对于《元史》和方就志为什么没有提及马可波罗的问题,扬州学者朱江先生指出,根本原因在于元朝以少数民族统治者入主中原,采取高压政策欺压汉民以维持其统治,因此必然引起尖锐激烈的民族矛盾。明朝在夺取元朝政权过程中,每得一城一池,无不大量毁去蒙古人和色目人的文化遗迹。出于上述缘故,明人在编写官方史书和地方志书的过程中,除了必不可少的史实以外,会删去大量有关蒙古人和色目人的事迹,而不载入史册。因此,作为色目人的马可波罗在中国的事迹,也就自然没有为后世留下可资考证的史料了。杨志玖教授进一步指出,在马可波罗前后到达蒙古的西方传教士、使臣、商人留有行记的不下十人,但他们的名字和事迹同样很少见于汉文记载。他说:"如以不见人名为准,是不是可以断定这些人都没到过中国,他们的著述是听来的或抄来的呢?为什么对马可波罗如此苛刻要求呢?"

其次,从现存的扬州地方志和有关记载,可以搜寻到有关马可波罗的踪迹。韦培春、吴献中先生在《从扬州地方志印证马可波罗在扬州的踪迹》一文中指出,将《游记》中提及的两淮盐务、扬州屯兵、瓜洲与运河等问题与扬州地方志作一些对照,就可进一步印证马可波罗在扬州的真实性。他们认为,马可波罗关于两淮盐务的叙述是完全有根据的,对扬州有许多军队屯驻的说法是符合当时事实的,有关瓜洲的记载是对元初瓜洲的真实写照,对扬州段运河的记载与《水经注》的记载也是非常吻合的。因此他们得出结论:"马可波罗到过扬州及所属的宝应、高邮、泰州、仪征、瓜洲等地,这是无庸置疑的。"

再次,《游记》说马可波罗在扬州做官三年之久,这与《元史》记载"定内外官以三年为考,满任者迁叙,未满者不许超迁"的记载完全相合,说明马可波罗在扬州为官正是在元世祖忽必烈钦定元朝官员三年一任制以后的事。

至于马可波罗在扬州做什么官,说法较多。一说是江淮行省总督,二说是扬州路任总管或达鲁花赤,三说是在扬州担任盐务管理的官。一些学者指出:马可波罗精明能干,学识广博,长期在大汗身边应差,被委以某一重要城市的官员是有可能的。《游记》之所以没有写明他担任什么官,可能与他的官职较低有关。

无论马可波罗在扬州任官情况如何,他在扬州住过三年是没有问题的。可是,究竟是哪三年,说法不一。有学者论证:第一,当时扬州有二十七个城市附属于它,它又是十二省城之一,那应在1282年至1284年之间;第二,马可波罗说他治理扬州三年,那应在1282年元世祖颁定"内外官以三年为考"之后;第三,当时扬州使用纸币,那应在1280年江淮行省颁发元钞规定以后;第四,马可波罗说从瓜洲由河湖运粮食到大都,应是1285年海运以前。结论是,马可波罗在扬州的时间当在1282年至1285年期间。

扬州天宁寺中有一座马可波罗纪念馆,门前的铜狮雕像是由马可波罗的故乡意大利威尼斯人赠给该馆的。马可波罗临终时曾说:"我所写下的还不及我看到的一半。"他究竟是否曾在扬州做过官,做过什么官,也许就在他没有写出的那一半之中。

三 马可波罗之谜能够揭开吗?

马可波罗有没有到过中国?有没有在扬州做官?所有学者都是以文献和推理来研究。一些学者断言,除了文献上找不到马可波罗的任何记载,而且扬州本地也没有留下马可波罗的历史遗迹和民间传说。其实这种说法是不对的。

据我的研究,扬州与马可波罗有关的历史遗迹和民间传说,至少有三项——

第一,据民间传说,扬州紫藤园的紫藤系马可波罗手植。《扬州紫藤园饭店介绍》说:"扬州紫藤园饭店(又名扬州市人民政府第二招待所)坐落在扬州市中心文昌阁西南侧,……店内庭院深深,古木参天,万绿深锁,山环水绕,环境宜人,故而是闹中取静的佳处。因店内有一株元代时意大利旅行家马可波罗种植的紫藤,饭店故名焉。"

第二,上世纪二三十年代,扬州有过马可波罗石像。1929年,美国记者埃德加·斯诺先生旅行至扬州亲眼看到石像,后来他在《我在旧中国十三年》一书中回忆了"扬州的优美渡桥和马可波罗像"。

第三,同样在上世纪上半叶,扬州出现过一方雕刻着马可波罗像的砚台,这是充满了传奇意味的一件文物。这则珍闻系本人得自恩师陈汝衡先生。上世纪八十年代,陈先生在上海亲口对我说:扬州教场一家古玩店收购过一方古砚,背面刻着马可波罗像。砚台后为当时扬州美汉中学校长、美国人韩忭明购去。韩忭明其人后来回到美国,砚台即不知下落,很有可能流落到美国。我在《醒堂书品》书中写道:"那方砚台是何处而来,何时制作,何人使用的?它为什么会刻上马可波罗的像?砚台上有无铭文?它是不是马可波罗本人使用过的东西?这一切都是谜。今天如能重新发现这方古砚,那不仅会为马可波罗在中国、在扬州的活动提供物证,而且将是马可波罗本研究史上的一个重大事件。"我至今仍然期待着这方古砚能够重现于世。

基于上述数点,我认为,断言马可波罗没有到过中国、没有在扬州做官的结论是轻率的。

事实上,到目前为止,无论是否定或肯定的意见,都缺少直接有力的证据。肯定马可波罗来过中国,是根据《马可波罗游记》;否定马可波罗来过中国,也是根据《马可波罗游记》。如果以记载不准确,或者该记而未记为论据,是缺乏科学标准的。任何游记都是主人公的主观记忆,而不是科学考察报告。一个再过目不忘的旅行家,也不可能把目击的一切写进游记之中。旅行家总是对他感兴趣的事物印象最深。《中国国家地理》曾经发表过一篇文章,题目是《袁枚为何看不到"阳元石"》。文章说,广东仁化有一处名胜丹霞山,其标志性景观是所谓"阳元石"和"玉女渊",也就是很像男性和女性的生殖器官的一块巨峰和一个岩缝。如今这两处景观游人络绎不绝,但是清代著名诗人袁枚游历了丹霞山之后,在《游丹霞记》中偏偏没提这两处景观。按今日的说法——"没见阳元石,未到丹霞山",难道我们可以说袁枚没到过丹霞山吗?原因其实很简单,这两处地方虽然早就存在,但是在袁枚的时代,它们没有成为人人必看的景观。资料表明,这两处地方是二十世纪九十年代才开始成为景观的。阳元石早在上世纪六十年代就被丹霞镇黄屋村的村民发现,村民们称之为"马卵石",意思是像雄马的性器官。至于形似女性生殖器的岩壁,到1998年才发现。这样,我们就可以理解,为什么袁枚会对所谓的"阳元石"和"玉女渊"视而不见。合理的解释应该是,袁枚没有提到阳元石与玉女渊,和马可波罗没有提到长城一样,都是时代精神所致。袁枚所处的时代不欣赏和不关注像阳元石、玉女渊这样的形似性器官的景观,同样,马可波罗所处的时代也不欣赏和不关注像长城、茶叶这样今人以为代表中国的物事。在元代,人们并不认为长城代表中国,因而马可波罗没听说或没提到长城是正常的。

  《马可波罗游记》是否记载今人觉得重要的某些东西,并不是推断马可波罗有没有到过中国的充足条件。越来越多的人认识到,不能仅仅依靠文献来认识历史,也许我们需要在游记之外去寻找证据。一些人正在迈开双脚,寻找马可波罗的足迹。

  这里我想讲几件事情。

  1999年10月4日到11月5日,上百万美国中小学生参与了沿丝绸之路进行的一次考察,想为马可波罗究竟来过中国没有寻找证据。沿着马可波罗的足迹去探索,无疑是个好主意,但是怎能作到成千上万的人都能参与呢？美国的一个专门辅导中小学生学习的网站ClassroomConnect利用现代技术,将课堂与远隔重洋的现场连接起来。他们按照马可波罗进入中国的路线,组织了一次"探索亚洲"的考察,穿越塔克拉玛干沙漠,经过河西走廊、黄土高原,然后到达北京。马可波罗从喀什到北京走了三年,考察队从北京到喀什只用了八小时。上百万的学生在自己的课堂里,通过网络观看收听,随时了解到考察队的活动,并随时提出他们的意见与要求。考察的目标和路线,都根据多数受众的意见来确定。

考察队将自己的见闻和《马可波罗游记》比较,证明许多记载是真实的。如《马可波罗游记》说,喀什是一个都会,城市繁荣,商业兴盛。考察队发现,今天的喀什仍然熙熙攘攘,一大早赶集的人群就来到了。市场上摆着精美的丝绸、地毯、服饰、刀和帽子,正如《马可波罗游记》的记载。《马可波罗游记》说叶尔羌的居民,因饮水带来的疾病使腿和喉咙肿胀而苦恼。考古学家福克斯在今天的叶尔羌,真的看到了这样的大脖子病人,现代医学告诉我们这是缺碘引起的。《马可波罗游记》还说,沙漠深处有精灵发出奇怪的声响,或如音乐,或如战鼓,或如军队在行进,等等。考察队在骑骆驼穿越沙漠时,没有遇到精灵,却了解到敦煌附近有一座鸣沙山。当然,考察队也感到《马可波罗游记》中的有些记述,不一定是他自己的亲历。如穿越塔克拉玛干沙漠非常艰辛,当年马可波罗遭遇的困难肯定比今天更多,理应大书特书,但《马可波罗游记》仅有两百字篇幅。

年轻的网民在收看了考察的全过程后投票,65％的人否定马可波罗到过中国,35％的人仍肯定他来过。当然,马可波罗究竟来过中国没有,不是用投票的方法所能解决的。

美国《国家地理杂志》记者爱德华兹和摄影师麦克·三夏,也曾沿马可波罗的足迹进行了考察。爱德华兹说,在中国的见闻令人难忘:"马可波罗的书里描写了很多奇特的民族和生活习惯,欧洲人看了以后会觉得这不可能的,比如他描写过吃生肉的民族。当时我和摄影师三夏在云南的时候参加了一个白族的婚礼,人们真的吃生猪肉,而且我还真的尝过了。"通过旅行,爱德华兹坚信马可波罗到过中国。他说:"人们都说马可波罗把面条带到了意大利,这是长久以来普遍流传的说法。也有人说,这不太可能,因为面条的发源地在中亚某个地方。不过我的看法是,意大利人对他们的意大利面条感到非常自豪,所以他们才可能不太愿意接受这种说法吧?"

摄影师三夏认为,《马可波罗游记》是本不错的"旅行指南",至少一些风土人情需按照马可波罗的指点才会留意。例如,马可波罗曾描述新疆"这里有很多体形庞大的野生羊,头上的角能长到六个手掌长"。新疆提孜那甫的居民向三夏证实了这种帕米尔盘羊的存在,不过现在数目已经很少。越来越多的发现使三夏坚信,《马可波罗游记》来自第一手材料,现实场景与他的描述完全吻合,而且恰恰都是在他所说的地方找到的。《马可波罗游记》有一节在敦煌的经历,文字与现实极为相似,马可波罗是描述的一场杀羊的仪式,其目的是保佑儿女平安,与三夏在婚礼上看到的情景竟然一模一样。重走马可波罗之路的三夏说:"人们或许可以坐在伦敦的某个图书馆里,反复思索马可波罗究竟去过哪些地方。可是一旦踏上他曾走过的道路,你就会不由自主地对马可波罗深信不疑。因为,他的描述太准确了。"

中国探险家协会副主席、《中国体育报》资深记者翁一从上世纪八十年代初开始,自费行走了《马可波罗游记》所记述过的中国的每一个地方。他行程两万六千多公里,跨越十八个省,经过一百四十六个市县,拍摄一万余张图片,被公认为走遍马可波罗中国之旅的第一人。有人问他,在国外的马可波罗研究中,对马可波罗关于西南丝绸之路的描述疑问最多。比如那时大理已有苍山洱海三塔,他为何没有提到。翁一回答说,西南丝绸之路上的风物,确实有很多东西《马可波罗游记》没有提到。但是当时中国州州有塔、县县有塔,塔是太寻常之物。因此,《马可波罗游记》不提大理三塔没有什么奇怪。但他提到了蟒蛇,可是现在蟒蛇却没有了。

旅居美国的中国音乐家谭盾,以其创作的歌剧《马可波罗》获得世界音乐界最高荣誉——格威文美尔奖。谭盾说,在我的心目中,马可波罗就是我自己。因为我当年从北京到纽约的那种感觉,就跟几百年前马可波罗从意大利到中国那种感觉一样:从一个遥远的文化到另一个遥远的文化,从一个遥远的地方到另一个遥远的地方,包括其间身体、文化以及各种东西的差异以及到后来的整个的融合。很多人说,马可波罗没有到过中国,为什么能够写出这样的书?我觉得这个争论很愚蠢。你知道为什么吗?但丁从来没有到过地狱,他为什么写出了《神曲》呢?

马可波罗之谜也许在相当长的时期内不会有公认的定论。

建立马可波罗纪念馆的目的,与其说是给观众以现成的、明确的、最终的答案,不如说是引起更多的人关注马可波罗,关注东西方交往史,关注中国人民和世界人民的友好关系。

而扬州,在马可波罗的研究与宣传方面,可以说是义不容辞,责无旁贷。

别宝回子

江淮一带的人把精于识别宝物的人，戏称为"别宝回子"。"回子"古称"回回"，所以"别宝回子"亦称"别宝回回"。

"回回"现在是指回族，但是"回回"这个名称的原始含义，与回族还有些不同。"回回"一词最早见于宋人沈括的《梦溪笔谈》，原先指的是回鹘人，即今维吾尔族。在元代文书中，把信奉伊斯兰教的维吾尔族和中亚、西亚的穆斯林都称为"回回"。明代的《回回馆杂字》与《高昌馆杂字》，把"回回"一词都写作 musulman(穆斯林)。自然，在这些穆斯林中，不乏从事珠宝交易的阿拉伯商人，他们也就是所谓"别宝回子"或者"别宝回回"。

"别宝回回"之称由来已久。例如明人罗懋登《三宝太监西洋记》第三十八回有一段话云：

> 内中又有一个军士，是三宝老爷朝夕不离亲随的队伍。原是个回回出身，本家开一爿古董铺儿，专一买卖古董货物，车渠、玛瑙问无不知，宝贝、金珠价无不识。因此上，人人都号他是个"别宝的回回"。

清初尤侗在《外国竹枝词》注中也写道：

> 回回识宝,附舶香山濠镜澳贸易。正德中,进献房中秘方。

"别宝回子"的历史渊源,与古代来华从事珠宝交易的波斯商人有密切的关系。扬州人有一句俗语,叫"波斯献宝",常用来讥讽那些喜欢搬弄、炫耀自己宝物的人,语气略含贬义。但在这句俗语的背后,却隐藏着一段中外交往的佳话。

波斯即今伊朗,汉代已与中国通商。唐时的扬州多波斯商人,许多波斯人甚至以扬州为家,在此生儿育女。有一方扬州出土的唐人墓志铭,上面记载一个中国小孩取名为"波斯",大约那时取这样的名字很时髦,犹如今日中国人取名安娜、威廉一样。《集异记》中说,唐代开元年间,有一位"波斯胡"在扬州生子,又去睢阳经商,忽然得了重病,在病中还念念不忘回扬州去。这位"波斯胡"说:"异乡子抱恙甚殆,思归江都。"江都即是扬州。今扬州东郊尚有一个波斯庄。据说波斯人能识宝物,故世传"波斯献宝"一语。曾见扬州的出土文物中,有一跪姿胡俑,双手高举托盘,盘中有宝物,正是"波斯献宝"的形象化说明。

但是"波斯献宝"的文字出处,至今未见有人考证。偶见清初徐述夔所著《八洞天》卷四有云:"那婴儿颈项下一团毛,又像献宝的波斯。"表明当时已有了"波斯献宝"一语。徐述夔是东台人,一作泰州人,旧时都属于扬州管辖,故徐述夔了解"波斯献宝"一语并不奇怪。

最先出现"波斯献宝"四字的,可能是乾隆间扬州人浦琳所著的话本《清风闸》。该书第四回写道:"小继自恃其能干,时刻将银子叫人代他秤,如波斯献宝一般,秤过他又收起来,如此不止一次。"孙小继的银子本来是可以自己去秤的,他故意"时刻将银子叫人代他秤",实际上是为了炫耀富有。书中形容他"如波斯献宝一般",其用法与今天完全一样,含有讥讽之意。

"波斯献宝"一语是否为扬州一带所特有,还很难说。民国初年有一本名为《海市人妖》的通俗小说,作者为"百花同日生"。其书第三十回写一个姓李的人,"流浪到了上海,因为会说几句湖南京话,连北京土著都说得不像他,上海人便都当做波斯进贡来的异宝"。照此看来,当时上海或者也流行着"波斯献宝"或类似的俗语。后来见到《民国旧派小说名家小史》,才知道"百花同日生"正是扬州作家张秋虫:"张秋虫,笔名有沨公、一沤、百花同日生等。原来他诞生于旧历二月十二日,世俗称这天为百花生日,一称花朝。他生得其时,才有这隽雅的别署。"看来,"波斯献宝"乃是江淮一带人爱说的俗语。

波斯多出宝物,在西汉时已有"玻璃珠"之类物品沿着丝绸之路传入中华。南北朝时,波斯人远道携来的玻璃壶、玻璃盘等物,奇形怪状,光怪陆离,使国人大开眼界。关于这些"波斯胡"善于识宝的故事,古代稗官小说尤其津津乐道,而其中又与所谓"广陵宝肆"多有干系。据报载,扬州的漆器和玉器在中国工艺美术博览会上连续获得最高奖,显示了扬州工艺的雄厚实力与深厚底蕴。有关人士建议,扬州可以趁此势头,举办工艺美术博览会,让历史上的"广陵宝肆"再现于世。经营珠宝、文物的行业,过去称为古玩业。这一行业总是集中在文化发达而且经济繁荣的城市里,如北京、杭州、上海、成都、苏州、扬州等地。

"广陵宝肆"之名曾经盛传于天下,唐人小说中常常写到关于"广陵宝肆"的故事。如李朝威在传奇《柳毅传》中说,龙女遭夫家虐待,书生柳毅替她送信给洞庭龙君,因而拯救了龙女。龙君为感谢柳毅,赠给他碧玉箱、开水犀、红珀盘、照夜玑等无数宝物:

> 洞庭君因出碧玉箱,贮以开水犀;钱塘君复出红珀盘,贮以照夜玑,皆起进毅,毅辞谢而受。然后宫中之人,咸以绡彩、珠璧投于毅侧,重叠焕赫,须臾埋没前后。毅笑语四顾,愧谢不暇。洎酒阑欢极,毅辞起,复宿于凝光殿。翌日,又宴毅于清光阁……宴罢,辞别,满宫凄然。赠遗珍宝,怪不可述。毅于是复循途出江岸,见从者十余人,担囊以随,至其家而辞去。毅因适广陵宝肆,鬻其所得。百未发一,财已盈兆。故淮右富族,咸以为莫如。

柳毅携带着这么多宝物,却要从洞庭不畏劳顿,长途跋涉,"适广陵宝肆,鬻其所得",说明当时只有扬州才能进行如此大宗的珠宝交易。这虽是神话故事,反映的却是唐代的社会现实。

"广陵宝肆"不仅是国内珠宝交易的市场,也是国际珠宝商人云集的地方。唐人张读在《宣室志》里讲过一个神奇的故事,说杜陵书生韦弇,字景昭,开元年间举进士第,游于蜀中。蜀中本多胜地,一日与友人出城南十里,来至郑氏亭。既入,见亭上有神仙十数,皆极色也。群仙自称"玉清之女也,居于此久矣,此乃玉清宫也"。旋即命斟酒张乐,宴韦弇于亭中。酒既酣,群仙曰:"吾有三宝,将以赠君,能使君富敌王侯,君其受之。"乃命左右取其宝。始出一杯,其色碧绿,光莹澄澈,曰"碧瑶杯";又出一枕,质地似玉,颜色微红,曰"红蕤枕";又出一小函,其色紫,亦似玉,而莹澈则过之,曰"紫玉函"。这三件宝物都赠给了韦弇,韦弇于是拜谢别去。文章最后是这样写的:

> (韦弇)遂挈其宝,还长安。明年下第,东游至广陵,因以其宝集于广陵市。有胡人见而拜曰:"此天下之奇宝也!虽千万年,人无得者。君何得而有?"弇以告之,因问

曰:"此何宝乎?"曰:"乃玉清真三宝也。"遂以数千万为直而易之。弇由是建甲第,居广陵中为豪士,竟卒于白衣也。

这也是小说家言,同样印证了唐时扬州不但是国内珠宝的集散地,而且是国际珠宝的交易中心。扬州人至今流传的"波斯献宝"、"别宝回子"等说法,可谓其来有自。

扬州的古玩业到清代依然名闻遐迩,以至四方珠宝必欲到扬州来卖,方能获得善价。清凉道人《听雨轩笔记》说,绍兴人陶小峦,雍正间在滇南做官,曾携了两大箱名为"碧霞髓"的宝石回到故乡。当时绍兴珠宝店集中在城里千秋巷,只肯以每块八十金至百余金的价钱收购,而苏州、杭州、扬州则数倍于此。后来其子携带"碧霞髓","陆续至苏州、杭州、扬州、南京、汉口、广东诸处售之……时碧霞髓价日增一日,箧中物去未及半,计所获已万余金"。由于扬州古玩市场货源充足,所以只要有雄厚的财力,在扬州做个古董收藏家并不是一件难事。吴其贞《书画记》记载,康熙间扬州通判王延宾,字师臣,"见时俗皆尚古玩,亦欲留心于此……忽一日对余曰:'我欲大收古玩……其值——如命。'"因为他囊中充盈,居然在几天之内,"所得之物,皆为超等,遂成南北鉴赏大名"。

扬州古玩市场上出现过许多稀世之珍。诸联《明斋小识》记了这么一件事:有人"居维扬,抗敝,抱书画癖。于市见店悬古画,装潢华美,知为唐宋人手笔,不敢问价。晨夕往视之,行思坐筹,几忘寝食"。除夕快到了,他家中柴米尚无着落,却决定把房屋典给人家,得二十金,终于买下那轴古画。回到家中,喜形于色,不料被妻子劈头骂道:"举家嗷嗷待哺,而犹贸无用物,穷措大终无发迹时矣!"于是将画用力掷于地下。画碎轴落,竟从轴内滚出一串硕大的珍珠来。细看轴边一行小字,原来是明代权阉魏忠贤家中的藏物。

桐西漫士《听雨闲谈》也记了这么一件事:"扬州玉肆有项圈锁一具,圈式,海棠四瓣:当项一瓣弯长七寸,瓣梢各镶猫精一颗,掩搭钩可脱;当胸一瓣弯长六寸,瓣梢各镶红宝一颗,掩机纽可迭;左右两瓣各弯长五寸,皆錾金为榆梅,俯仰以衔东珠。两花蒂相接之处,间以鼓钉。金环东珠共三十六颗,每颗估重七分;各为一节,节节可转。白玉环九,上属圈,下属锁;锁横径四寸,式亦海棠,翡地周翠,刻翠为水藻,刻翡为捧洗美人。其背镌'乾隆戊申造赏第三妾院侍姬第四司盥'十六字。锁下垂珠九鎏,各九珠,蓝宝坠脚,长当脐。"原来这是从清宫中散出的旧物。

民国年间,扬州的古玩业也十分兴旺。当时知名的古玩店,就有砖街的鼎彝斋、新胜街的古善记、北牌楼的马庆记、得胜桥的敏求山房,以及左卫街的古欢斋、正德斋、古物商店等家。这些古玩铺也有过一些珍品。例如,有一家古玩店曾收购过一方背面刻着元代大旅行家马可波罗像的古砚,对于研究这位东西方文化交流使者的生平,是极有意义的。可惜这方古砚被当时扬州美汉中学的校长韩忏明购去。据《江都县新志》卷三载:"美汉中学,清光绪三十三年(1907)开办,校址便益门街。校长美人韩忏明,名鲁杰,以字行……经费由美人美翰式捐助巨款为基金,兼收学费。(民国)十四年(1925)秋季停办。"也就是说,那方刻有马可波罗像的古砚在这以后,可能流落到了美国。那方砚台是何处而来,何时制作,何人使用的?它是不是马可波罗本人用过的东西?这一切都是谜。今天如能重新发现这方古砚,那不仅会为马可波罗在中国、在扬州的活动提供物证,而且将是世界马可波罗研究史上一个重大事件。

关于"波斯献宝",我曾作过一些考证,后来裴伟先生对此做过补充。他举出《初刻拍案惊奇》卷一《转运汉遇巧洞庭红,波斯胡指破鼍龙壳》、《二刻拍案惊奇》卷三《王渔翁舍镜崇三宝,白水僧盗物丧双生》等例,说明"波斯献宝"在明清时已得到民众的广泛认同。《初刻拍案惊奇》卷一有一段对"波斯胡"的描写是:"众人到了一个波斯胡大店中坐定。里面主人见说海客到了,连忙先发银子,唤厨户包办酒席几十桌。分付停当,然后踱将出来。这主人是个波斯国里人,姓个古怪姓,是玛瑙的玛字,叫名玛宝哈,专一与海客兑换珍宝货物,不知有多少万数本钱。众人走海过的,都是熟主熟客,只有文若虚不曾认得。抬眼看时,元来波斯胡住得在中华久了,衣服言动都与中华不大分别。只是剃眉剪须,深眼高鼻,有些古怪。""波斯胡大店"兼营饮食与珍宝。为了与海客兑换珍宝货物,波斯胡一上船就发现了文若虚带来的那个大龟壳,于是问道,这是哪个客人的宝货,要不要卖?文若虚答道,只要你愿意买,当然愿意卖。波斯胡一听喜笑颜开,只要肯卖,价钱不是问题!众人面面相觑,心想这难道真是个宝贝,又不好随便开价。张识货在一旁伸了个指头说,文先生说过好像要卖一万两。波斯胡摇了摇头,说敢情是先生不愿割爱吧?众人这才知道这个不起眼的大龟壳,真的是宝贝!波斯胡表示,文先生若愿意割爱,小弟愿将我这里的一个绸缎铺,大小楼房百余间,另外纹银四万五千两买这龟壳怎么样?众人这才相信这个龟壳是真正的宝贝了。至于这是一件怎样的宝贝,书中有一段海客与波斯胡的对话:

众客人多道:"交易事已成,不必说了。只是我们毕竟有些疑心,此壳有何好处,值价如此?还要主人见教一个明白。"文若虚道:"正是,正是。"主人笑道:"诸公枉了海上走了多遭,这些也不识得!列位岂不闻说龙有九子乎?内有一种是鼍龙,其皮可以幪鼓,声闻百里,所以谓之鼍鼓。鼍龙万岁,到底蜕下此壳成龙。此壳有二十四肋,按天上二十四气,每肋中间节内有大珠一颗。若是肋未完全时节,成不得龙,蜕不得壳。也有生捉得他来,只好将皮慢鼓,其肋中也未有东西。直待二十四肋完全,节节珠满,然后蜕了此壳变龙而去。故此是天然蜕下,气候俱到,肋节俱完的,与生擒活捉、寿数未满的不同,所以有如此之大。这个东西,我们肚中虽晓得,知他几时蜕下,又在何处地方守得他着?壳不值钱,其珠皆有夜光,乃无价宝也!今天幸遇巧,得之无心耳。"众人听罢,似信不信。只见主人走将进去了一会,笑嘻嘻的走出来,袖中取出一西洋布的包来,说道:"请诸公看看。"解开来,只见一团绵裹着寸许大一颗夜明珠,光彩夺目。讨个黑漆的盘,放在暗处,其珠滚一个不定,闪闪烁烁,约有尺余亮处。众人看了,惊得目睁口呆,伸了舌头收不进来。主人回身转来,对众客逐个致谢道:"多蒙列位作成了。只这一颗,拿到咱国中,就值方才的价钱了;其余多是尊惠。"众人个个心惊,却是说过的话又不好翻悔得。

据说在明代,"波斯献宝"还是一种舞蹈。《明宪宗行乐图》中有一组"胡人献宝":一个胡人牵着一头人扮的狮子,四个胡人随后,其中有两个胡人头发卷曲,脚上着靴,手捧宝盘,上有珊瑚、象牙,另一人肩扛珊瑚,一中年胡人捧手鼓边敲边舞。胡人献宝象征国力强盛、四海来朝,这些胡人中应有波斯人在内。至于"波斯献宝"的文字出处,除了浦琳的《清风闸》之外,另在《建中靖国续传灯录》、《三国演义》、《肉蒲团》诸书也都有所提及。这些说明,"波斯献宝"在明清时代确已成为民间习用之语。

"别宝回子"之说不仅流传于江淮,甚至中原也有类似说法。如在开封,流传着《识宝回回樊楼追珠》的民间故事。樊楼位于宋都御街北端,又名矾楼,是开封最大的仿宋娱乐中心。相传樊楼曾是北宋东京最繁华的酒楼,徽宗曾亲临此楼,与李师师相会。《水浒》第六回写陆谦设计骗林冲出来喝酒,以便让高衙内到林府调戏林冲之妻,就是去的樊楼:"林冲和陆谦出了门,在街上闲走了一会儿。陆虞侯说:'兄长,咱们别回家去,就在樊楼内吃两杯吧。'两人就上了樊楼,占了个阁儿,吩咐酒保,叫取两瓶上色好酒,稀奇果子按酒。"《醒世恒言》第十四卷的标题,叫《闹樊楼多情周胜仙》,开头写道:"如今且说那大宋徽宗朝年东京金明池边,有座酒楼,唤作樊楼。"可见其名之盛。

北宋年间,开封称为东京,各国客商云集,樊楼是商家洽谈生意和寻欢作乐的场所。传说有一天,樊楼来了个碧眼虬须、深目高鼻的胡商,他穿一身奇装异服,尤其是一顶高高的帽子最引人注目。他是从波斯贩运香料来换取中原的奇珍异宝的,明天就打道回国,今天特地来樊楼消遣。正当他开怀畅饮时,忽然脸色苍白,瘫倒在地。堂倌赶来,摸摸胡商的鼻息,知道大事不好,意欲把胡商送回馆驿。但掌柜以樊楼的信誉为重,当即让伙计请来东京名医"神医刘"来诊治。神医刘对胡商诊断之后,也徒唤奈何。此时胡商回光返照,缓缓睁开眼睛,掌柜赶紧问他有何要事交待。胡商吃力地用手指了指腰间的锦袋、囊中的木匣和头上的帽子,掌柜正要细问,胡商已经断气。一年后,胡商之妻来到东京樊楼,当场清点遗物,对照账目,分毫不差。倒是同来的波斯特使问道:"请问店家,还有什么遗忘的重要物品没有?"掌柜一愣:"客官的遗物全在这里。"胡商之妻大哭:"我的传家宝不见了!"原来胡商的祖辈是位航海家,在唐时就驾船来过中国,波斯国王将一颗鹅卵石大的珍珠赏赐给他。据说此珠有避妖驱邪、延年益寿的功能,一直传到胡商手中,视为传家之宝。樊楼掌柜脸色苍白,喃喃道:"如果客官真的在本店遗失什么物品,我一定按价赔偿。"波斯特使拍案而起:"此珠乃无价之宝,你们赔得起吗?"只见波斯特使怒气冲冲而去,要求觐见大宋皇帝。眼看事情闹大了,变成两国纠纷,宋皇立即下令开封府限期破案。开封知府深知樊楼店风,但现在出了这件大案,他也不敢怠慢,立即将掌柜、神医、堂倌、歌妓等一干人等缉拿归案。一连几天审讯,并无丝毫结果,这天夜里掌柜忽然想起胡商那顶帽子形状奇特,要求立即面见知府。

第二天,开封知府亲自出马,打开胡商坟墓,取出那顶高帽,发现帽里藏着一颗珍珠,正是胡商妻子所说的传家宝。至此,"樊楼"之名益盛,"识宝回回樊楼追珠"的故事也越传越离奇。

在中国历史上,有三个富于传奇色彩的外国人群落。一是来自南海的"昆仑奴",以忠勇闻名;一是来自中东的"别宝回子",以识宝传世;一是来自印度的"红头阿三",以威猛著称。在正式的国际关系史上,往往没有他们的地位,但在民间的稗官野史中,记载着他们大量的传奇。

我认为,在广义的中外交往史中,应该为他们保留一席之地。

波斯献宝铜像

王徵
——中德文化交流的先驱

明天启七年(1627),也即将近四百年前,由德国传教士邓玉函与扬州推官王徵合作编译的《奇器图说》一书,在扬州城首次刊刻问世。这部书以图说的超前方式,第一次向中国人介绍了西方的力学与机械知识,书中引用了多种欧洲文献,并将阿基米德传统力学理论与机械知识合编在一起,在全世界从无先例。

王徵编译的这部《奇器图说》后来被称为中国机械工程学的开山之作,它的出版成为中德文化交流史上划时代的事件。

然而,让我们感到愧疚的是,王徵的名字几乎从未被当代扬州人提起过。我花了半天时间,才在清人编撰的《重修扬州府志》里,找到一行早被遗忘的小字:"王徵,泾阳人,进士。"

王徵这个人

最近,考古工作者在陕西泾阳发现一座明代著名科学家的故居。故居位于泾阳县龙泉乡王家村,现存东西厢房两座,坐南朝北,明代风格,现为其第十二代嫡孙居住。

故居的原主人是谁呢?

他就是中国明代杰出的力学与机械学家、中国历史上第一批学习和推广西方科学技术的先行者、中国最早学习拉丁语并用西方语言知识分析汉语音韵的研究者、中国最先皈依西方基督教的士大夫,同时也是中德文化交流的先驱者、《奇器图说》的编译者、明代末年的扬州推官——王徵。

王徵这个名字,无论是在中国科技发展史上,还是在中外文化交流史上,都具有特殊的意义。他译著的《奇器图说》、《西儒耳目资》、《圣经直解》等书,对于传播西方科学、促进中外友好作出了卓越贡献,故与同时代人徐光启被学界誉为"南徐北王"。

然而关于王徵其人,在《明史》里只提到一笔,说他因李自成农民军攻克西安,于是他"抗节死"。关于王徵的科学活动和勤政事迹,《明史》只字未提。

王徵(1571—1644),字良甫,又字葵心,晚号了一道人,陕西泾阳人。明代天启、崇祯年间,他先后任广平府推官、扬州府推官、山东按察司佥事等职。王徵的父亲是个擅长数学的私塾先生,舅父通晓兵法,善制器械,这对他后来热衷于西方科学技术的研究和推广,产生了直接的影响。

王徵在做官之前,以著书讲学为务,精研理学,并从事一些农具和日常用具的改良和发明。他这一时期的科学成就,后来被收入《新制诸器图说》一书。天启二年(1622),年过半百的王徵考中进士,旋即担任直隶广平府(今河北永年)推官,继而改任南直隶扬州府(今江苏扬州)推官。明代的推官,相当于地方法院院长兼审计局长之职。他在做官期间,注意发展生产,体恤民情,保持平易节俭、廉洁奉公的作风。

王徵在扬州期间的政绩甚多,他毁祠开坝,裁减盐课,严禁盐商虚报数字,贿买官吏。尤其重视工程技术,修筑了高邮湖堤、泰州水闸和天长石桥,兴利除弊。当时,全国各地的官僚为了趋附权阉魏忠贤,纷纷为其立生祠。扬州的"瞻恩祠"建成后,大小官吏都前往拜谒,惟独王徵对魏忠贤阉党的倒行逆施深恶痛绝,并大胆抗争。他与兵备副使来复两人,不避风险,拒不朝拜魏忠贤生祠,因为他们二人均为关中人士,时人称为"关西二劲"。他这种刚直不阿的精神,在晚明官吏中难能可贵。

王徵在扬州为官大约两年。后来,王徵因父亲去世,回乡守孝。又经御史孙元化的奏举,王徵在历任广平府推官、扬州府推官之后,走上了他仕途的最后一站——山东按察司佥事辽海监军。这时的王徵,积极拥戴徐光启等维新派的主张,呼吁以西洋枪炮加强关防。面对关外满人的强劲崛起,王徵等人企图在登州建立炮兵基地,以图收复失地。他从澳门购得西洋兵器,装备明军,与清兵作战。但结果受到保守派的阻挠,又因将领叛变,作战失败,王徵遭到流放,后遇赦归乡。

晚年的王徵报国无门,以经算教授乡里。他在家乡陕西创立天主教民间团体——仁会,以救济战乱中的难民。李自成军队攻陷西安城后,胁迫王徵为之效力。王徵不从,引佩刀自尽未成。后闻北京失守,朱明亡国,王徵绝食七天而死,学者私谥为"端节先生"。

作为一位科学家,王徵一生仕途坎坷。他五十二岁中进士,同年做广平府推官,五十六岁做扬州推官,六十一岁才升迁山东按察司佥事,又因战争失败受贬。他最后以身殉明,与史可法可谓同工异曲,殊途同归。

王徵有著作数十种,惜多散佚。现在知道的有《士约》、《兵约》、《两理略》、《了心丹》、《百子解》、《学庸解》、《天问辞》、《山居咏》、《元真人传》、《圣经直解》、《历代发蒙辨道说》以及译著《诸器图说》《奇器图说》《西儒耳目资》等。他对科学技术的矢志不渝的追求,对西方文化的虚怀若谷的接纳,在今天仍有重要的现实意义。

结交传教士

生于明末的王徵,之所以成为中西文化交流的先驱,和他结交了许多外国友人有关。

明朝后期,西方传教士来华传教者渐多。一部分思想开明、胸襟宽阔的中国士大夫开始接受西方科学文化知识,代表人物就是徐光启和王徵。

王徵因多次入京赴试,得以与教士金尼阁、汤若望、龙华民、邓玉函等交往。他不像一般陋儒那样固步自封,而是满腔热情、虚怀若谷地向他们学习拉丁文和西方科学知识,这使他在晚明那种动荡昏暗的时代独能放眼世界。

学者陈垣先生曾经说过,王徵是中国第一个学习拉丁文的人。王徵协助从法国来华的传教士金尼阁完成了《西学耳目资》一书,并为之作序。《西学耳目资》是第一部研究用罗马字母为汉字注音的著作,如果王徵不懂拉丁文则无法完成工作。王徵又和从德国来华的传教士邓玉函合译了《奇器图说》,被学术界评为中国第一部机械工程学专著。《奇器图说》所用的某些科学术语,一直沿用至今,影响深远。王徵还积极参加明末维新运动,力倡以西方火器保卫国防。王徵在他生活的年代,尽一己的可能追求先进科学、先进文化,他算得上是时代的先行者。

王徵在与西方传教士的交往中,对天主教教义产生了浓厚的兴趣。他最终受洗入教,取教名斐理伯(Philippe),并撰写了《畏天爱人极论》以阐发天主教教义。据《中国天主教史人物传》载,青年王徵本是一个充满入世精神的儒生,常以范仲淹以天下为己任的精神自勉。他对天主教发生兴趣,是因为母亲病逝,使他开始探究生死问题。儒家只重视伦理,回避谈生论死;道家和佛家企图解决灵魂的轮回和永生,也各有自己的不足。这时,从西方来华的天主教,使王徵获得了新的人生观。

《明泾阳王徵先生年谱》说,王徵其实既是天主教徒,又是儒生本色。他和明末许多教徒一样,走的是中西文化互补之路。天主教对王徵产生的深刻影响,是让他把博爱精神带到了仕途之中。王徵在短暂的仕途上,时时以"畏天爱人"四字警醒自己。他曾自书一联,作为座右铭:"头上青天,在在明威真可畏;眼前赤子,人人痛痒总相关。"这种"畏天爱人"的情怀,既来自天主教信仰,也源自儒家思想。

友人邓玉函

与王徵合作完成《奇器图说》的邓玉函,是一位德国人。他的德文名字叫 Johannes Schreck,拉丁文名叫 *Terrentius*,中文名叫邓玉函,字涵璞。

邓玉函生于德国的康斯坦茨(今属瑞士),父亲是律师。他先在阿尔特道夫大学学医,后来就读于意大利的帕多瓦大学,与大科学家伽利略结识。邓玉函精通哲学、数学、医学、力学、天文学、机械学、博物学,通晓德文、英文、法文、葡文、拉丁文、希腊文、希伯来文、迦勒底文。1611年加入耶稣会。同年,在伽利略成为灵采研究院第六名院士后,成为该院第七名院士。

1618年4月,邓玉函随法国传教士金尼阁等离开里斯本,乘船前往东方的中国。第二年7月,船抵澳门,邓玉函因病在澳门疗养了一年多。1621年5月,邓玉函进入中国的内地,先入广东,后辗转于江西、杭州、南京,于1623年到达北京。《奇器图说》是1626年的冬天,邓玉函和王徵在北京共同编译完成的。

1629年9月,经徐光启奏请,明廷诏请邓玉函协助修撰历书,使其成为第一个在中国政府机构任职的西方人。邓玉函参加《崇祯历书》编纂工作,非常用心,可惜书未编成,第二年病逝于北京,享年五十五岁。邓玉函葬在北京,今北京行政学院内尚存他的墓碑。

邓玉函在华仅九年时间,但留下的业绩却是多方面的。一是天文学方面,他在中国译著了几本有关天文学方面的书,制作了许多观察及测量天文的仪器。他的被召入明朝历局,被认为是耶稣会传教士在中国"最富有神话般时代"的开始。二是生理学方面,他在杭州完成了《泰西人身说概》一书。此书讲骨骼、神经、脂肪、经脉、皮肤、躯体、血液、感官、视觉、听觉、嗅觉、舌头、触觉、发音等原理,是最早向中国介绍西方解剖学知识的书。三是力学和机械学,也即由他口授、由王徵译绘而成的《奇器图说》。这本书,被视为给古老的中国带来西方力学和机械工程知识的第一抹曙光。

珍贵的遗产

明代的科技成就常常被人忽视,实际上明代是世界科技文化迅猛发展的前夜。明人留下了大量世界级水平的巨著,如李时珍《本草纲目》、朱载堉《律学新说》、潘季驯《河防一览》、徐光启《农政全书》、宋应星《天工开物》、徐霞客《徐霞客游记》等。其数量之多和水准之高,在中国历史上是空前的,比起西方来也不逊色。同样在明代,西学东渐成风,熊三拔和徐光启的《泰西水法》、利马窦和徐光启的《几何原本》、邓玉函和王徵的《奇器图说》等都是中西文化交融的丰碑。这比清代只有南怀仁的《坤舆全图》、穆尼阁与薛凤祚的《天学会通》等寥寥数种,差距明显。难怪有人假设,如果没有清人入关,中国还会落后于西方吗?

明末的译介活动,主要有两种方式。一种是外国传教士口述,中国学者用汉语书写,如《几何原本》是"利玛窦口译,徐光启笔授"。另一种是外国传教士口述,中国学者用汉语编译,在原著内容外加进译者的发挥和引申,如《奇器图说》是"邓玉函口译,王徵笔述并绘图"。

王徵是一个学以致用的科学家。他曾根据力学原理,设计过一件可以起重七千多斤的机器。又根据物理学、机械学原理,设计过弩机、火机、水铳、龙尾车、恒升车、自行车、自转磨、自鸣钟等五十多种机械。他还根据声学原理,在居室四周钻了不少孔眼,每遇婚丧大事,他在大厅中一说话,各屋的人都能听到。

但与《几何原本》相比,《奇器图说》并不知名。直到光绪三十一年(1905),才有人发现王徵的伟大价值。黄节先生在《王徵传》中详尽介绍了王徵在科学上的贡献,同时愤愤地写道:"今有言(王)徵者,举国将惊而疑之,且不知(王)徵之为何人……则其(王)徵之不幸,而中国之不幸也,后之人修史之罪也!"

回顾数百年来,王徵作为一个终身追求先进科学文化的科学家,《明史》只是在《忠义传》中简单地提过他一次名字,《四库全书总目提要》甚至轻率地批评《奇器图说》"荒诞恣肆,不足究诘",这都反映了中国统治者的迂腐。正如学者所说,像王徵这样的人物不为国人所知,不但是史家的失职,也是国人的耻辱。

《奇器图说》先后被收入《古今图书集成》、《四库全书》、《守山阁丛书》、《中西算学集要》、《丛书集成初编》,但它最早是在明天启七年(1627)首刻于扬州的。《奇器图说》之所以首刻于扬州,我想至少有三个理由:一是王徵本人做过扬州推官,二是扬州自古有雕版印刷传统,三是晚明扬州已有开放的风气。作为西学东传的见证和中德交流的结晶,《奇器图说》在问世将近四百年之后,再次引起国际科学史界的关注,理应更要引起扬州人的关注。而王徵留给扬州人的遗产,不仅是历史的荣誉,而且是现实的反思。

王徵告诉我们:扬州文化并不限于人文科学,也包含自然科学;而扬州早在明代,就站在了世界科技交流的最前沿。

扬州推官王徵画像

德国传教士邓玉函墓碑

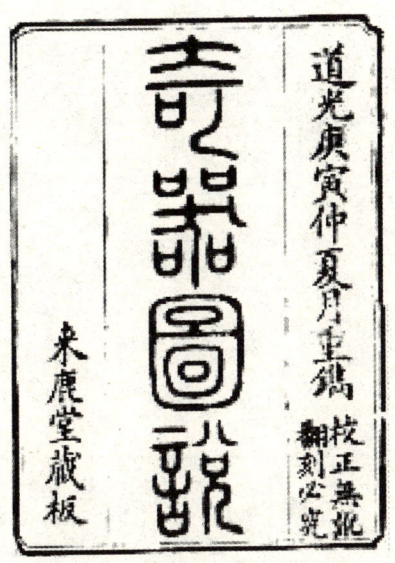

《奇器图说》书影

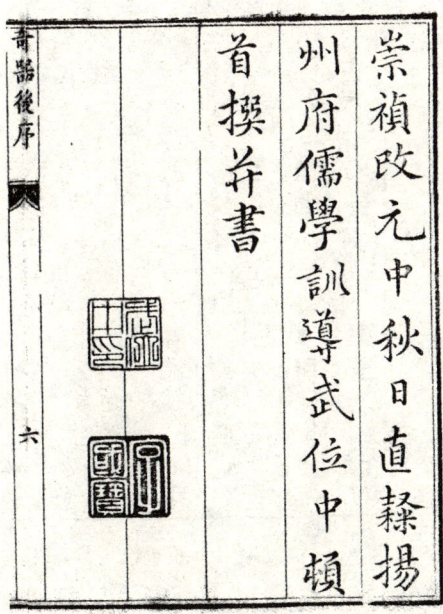

《奇器图说》序于扬州府

《奇器图说》插图

《扬州府志》中的王徵

近代日本人的扬州缘

因为鉴真大师的关系,扬州在中日关系史上一直享有特殊的地位。但是,人们往往对于古代扬州的中日佳话谈得较多,而对近代扬州的中日轶事关注较少。其实在近代,也有不少日本友人与扬州结下了缘分。

五亭桥的娇姿

扬州的风光,一直是日本人寻访的目标。

近代访问扬州的日本哲学家,第一要算宇野哲人。宇野哲人(1875—1974),号澄江,是当代研究中国哲学最有成就的日本学者。他 1900 年自东京帝国大学毕业后,历任东京高师、东京文理大学教授,后任东京帝国大学文学部部长。为学严谨,处事温厚,素有中国儒家之风。1929 年曾来华研究二年。1939 年应聘为北大名誉教授,经常赴北大讲学。他以西方研究方法,整理中国儒学,著有《孔子教》、《东洋哲学大纲》、《支那文明史》、《支那哲学史讲话》等。

宇野哲人曾来扬州游历,他在《中国文明记》一书里谈到了他对扬州的印象。与其他人爱乘画舫游湖不同,他是从天宁寺骑驴游小金山的:"自此雇驴,连骑往奔郭北,走四五里,到小金山。小金山高五六丈,正名长春岭。山上有木兰亭,梵境闲静,红叶盖满青苔。绕山有九曲池,少妇荡桨,送迎行客。隔池可见法海寺塔,池上架桥,名五亭桥,道通法海寺。"瘦西湖的景色,给宇野哲人留下了美好的印象。他认为,游览扬州郊景,如果要增加游兴,当以坐船为好;但如果为节约时间,还是以骑驴为好。"雇驴往复,有三小时即可,而僦舟船,则费时为其二倍。"

访问扬州的日本名作家,应数芥川龙之介(1892—1927)。芥川龙之介本姓新原,生于东京,他在中小学时代喜读江户文学和《西游记》、《水浒传》等。1913年进入东京帝国大学英文科,学习期间与久米正雄、菊池宽等先后两次复刊《新思潮》,使文学新潮流进入文坛。龙之介的小说始于历史题材,继而转向明治文明开化题材,最后写作现实题材。1927年7月由于健

芥川龙之介

康和思想情绪上的原因,服毒自杀,年仅三十五岁。在二十世纪的日本文学中,芥川龙之介的文学影响深刻而久远。他对中国文化有浓厚的兴趣,写过一些中国题材的作品,如《黄粱梦》、《杜子春》等。

1921年春夏之间,芥川龙之介来中国访问了上海、杭州、苏州、扬州、镇江、南京、芜湖、九江、庐山、北京、大同、汉口、长沙、郑州、洛阳、天津、沈阳等地,事后写成一本《中国游记》。芥川的访华是他第一次出国,他对这次访问本来是抱有很大的期望的。但是,中国当时现实状况显然不如芥川想象的那样美好,因此总的来说芥川有些失望。在他的印象中,中国到处是肮脏、疾病、荒芜,惟有苏州和扬州有些例外。扬州给芥川的第一印象,是"破旧寒酸"。

他认为在扬州,"二层楼房几乎看不见",这与易君左的说法相同。但当他在扬州游历了盐务署、绿杨村、大虹桥、徐园、五亭桥、平山堂之后,终于发现了扬州的美,最美的是五亭桥。他说:"从总体的感觉来说,此桥把中国式的风雅推向了极致。""西湖、虎丘、宝带桥——这些精致自然也不能说不好,但让我感到幸福的首先是扬州。至少从离开上海以来,其他地方皆无法相比。"

还有一位戏曲学家青木正儿也访问了扬州。青木正儿(1887—1964),别名迷阳,毕业于京都大学,获文学博士学位。曾任立命馆大学教授,是日本现代中国文学家。他专攻中国古代戏曲与中国文艺思想史,著有《支那文学艺术考》、《清代文学评论史》、《支那文学概说》、《支那文学思想史》。他曾多次向王国维求教,并游学北京、上海,观摩皮黄、梆子、昆腔,写成《自昆腔至皮黄调之推移》(1926),《南北曲源流考》(1927)两文。在此基础上,他又用一年的时间,写成《明清戏曲史》,即《中国近世戏曲史》。

他在散文《扬州梦华》中,记录了1922年访问扬州的情形。当时他行经的路线,是东关街、天宁寺、小金山、平山堂。他在东关街凭吊了昔日盐商的豪宅,特别是马氏小玲珑山馆的遗址,这使他很为伤感。他说:"小玲珑山馆在靠近扬州新城东北隅、从东关街进去的巷子深处,已成空地,徒留一段荣华之梦。为我引路的古董店主指着地面一块凹处说:'那是小玲珑山馆的北石墙根',转身向南,又指着地面另一块稍大的凹处说:'那是园子的正身玲珑石的遗迹',我不觉一股悲凉袭上心头。再听到'直到近年玲珑石还在,被段师长买去了,紧接着他二十八日就被罢了官,破落了'这段凄凉因缘,我的心情如果用中国式的夸张形容的话,那就是凄怆久不能止。"青木正儿常用《扬州画舫录》里的记载来对照当时的扬州,因此不免感到处处碰壁。使他感到欣慰的是五亭桥:"不过我看到了五亭桥美丽的娇姿,让我感到安慰。中国特有的石拱桥上,那白石红柱黑屋顶色彩上的和谐,弯曲的桥洞,倾斜的台阶,直立的亭柱,曲线的屋顶,非常调和。"另一个使他惊喜的事情,是听到有人唱道情。当他乘坐画舫到达绿杨村时,他忽然听到渔鼓和简板的声音,同时传来低沉舒缓的曲调,他以为"那是我在苏杭一带没有听到过的,幽静流畅,具有民间歌谣的情趣"。于是青木正儿问别人唱的是什么,有人便在他的本子上写下"唱道情"三个汉字。"啊,这是多么激动人心的事情!因为那正是我盼望已久的啊!""从前板桥道人科举落第,闷闷不乐,作《道情十首》以泻胸中块垒;今日迷阳山人在绿杨村听道情,追怀扬州梦华。"扬州风物,就这样留在了他的心中。

扬州的旧书肆

扬州吸引日本人的地方,除了风光,就是书肆。

长泽规矩也(1902—1980),日本学术界称其为"书志学家"、"图书学家",也即中国人所说的"版本学家"、"目录学家"。他曾先后为日本三十多家藏书单位整理和汉古籍,堪称日本近代文献学第一人。从1927年到1932年,长泽或是得到外务省文化事业部的资助,或是受静嘉堂文库的派遣,每年都有两三个月或近半年,前往中国,盘桓北京,跋涉于扬州、南京、苏州、上海、杭州等地,调查书业行情,以专家的眼光大批购买中国珍籍善本。由于他熟悉中国古书版本,每次赴中国都有友人托他代购某种珍籍。

1930年,长泽规矩也在由苏州至南京途中,从镇江下车,乘汽渡过江到扬州。那时扬州给他的第一印象是:"扬州城内的街道一如旧时一般的狭窄,即便是最繁华的教场街,也丝毫没有大马路的感觉。"他在扬州下榻的地方,是绿杨旅社。而他最关心的是书肆,特地来到教场街西的邱氏文富堂,称它是"扬州屈指可数的旧书肆"。在文富堂,他看到了日本版的《通鉴》。除了文富堂,扬州还有文海楼、文枢堂、会文堂、自信书社、同文余记等书店,他都一一走访,但收获不多。他说:"想不到扬州的旧书肆竟如此萧条。我久仰江都、广陵之名,然而此行却深感沧海桑田、世易时移的凄凉。"他后来在文章中提到了"吴氏测海楼卖书的情形,好像大部分书籍都与本地书商无缘,由于扬州等地不似往年学者云集,稍有新异的书,书商一经买到就直接送到上海。"这从一个侧面反映了扬州的历史。

另一个为了寻书而来扬州的日本学者,是吉川幸次郎。吉川幸次郎(1904—1980),号善乏,日本神户人。1923年考取京都帝国大学,选修中国文学,师从著名汉学家、"京都学派"创始人狩野直喜教授。吉川幸次郎是文学博士,国立京都大学名誉教授,东方学会会长,日本艺术院会员,日本中国学会评议员兼专门委员,日本外务省中国问题顾问,京都日中学术交流座谈会顾问,日中文化交流协会顾问,中国文学和历史研究家。1928年,吉川幸次郎留学向往已久的北京大学,专攻中国音韵学。平时喜逛琉璃厂,成了古书铺的常客。1931年回国后,常用中国语朗读,并穿中国服装。著有《吉川幸次郎全集》,多有关中国学术之论著。

吉川幸次郎在中国留学时,曾游历江南。他也是从镇江过江到扬州的。后来,他在《高邮旧梦》一文中写道:"由镇江过江北上,乘汽车到达扬州市区,我寻访的第一站就是南牌楼的古书店。书店名不记得了,店主的名字则记着,叫邱绍周——一个留着络腮胡子,穿着马褂的矮小老人。"邱老板先请客人吃点心,那是一家小茶馆的二楼,可以听见胡琴声从对面飘进来。吉川幸次郎说,点心就

吉川幸次郎

是包子,是扬州名产,确实好吃。吃完包子,他就回到书店看书,"书价非常贵,但不负包子的好意,买下了两三种"。他在书店里看到一种《吴梅村诗笺注》的原刻本,因为太贵,没有买。分别时,吉

川幸次郎给书店留下了日本京都的地址,当时邱老板读出声来,吉川幸次郎觉得"是最接近北方口音的"。

永远的鉴真缘

日本人对扬州最感兴趣的,还是鉴真。这里可以列举两人,一是把鉴真搬上舞台的作家井上靖,一是用丹青彩绘鉴真的画家东山魁夷。

井上靖(1907—1991),日本作家,历任日本文艺家协会理事长、日本笔会会长、日中文化交流协会会长,曾获日本政府颁发的文化勋章。井上靖出生在北海道旭川的一个军医家庭,从中学起就酷爱文学。大学毕业后,他在大阪每日新闻社任记者、编辑,后来辞职专心从事文学创作。1949年,井上靖以短篇小说《猎枪》和中篇小说《斗牛》名噪文坛,后者获芥川文学奖。井上靖的才能是多方面的,出版过诗集、剧本、电影脚本、美术评论等。井上靖的历史小说蜚声艺苑,尤其是《天平之甍》(1957)、《楼兰》(1958)、《苍狼》(1959)、《敦煌》(1959)等以中国古代历史为题材的小说多为人们所称道。

井上靖的历史剧《天平之甍》十四场,以鉴真东渡为题材,在日本公演数百场。他在《扬州雨》一文中回忆了1963年访问扬州的情形:"那天,我们由南京出发,渡过长江到浦口,从那里乘汽车,一路颠颠簸簸,约摸跑了四小时以后便进入了扬州市。""如今,昔日的繁华已经消失,也没有什么东西十二衢和二十四桥了。它变成了一座幽静的古城,运河的支流布满了城市四周。"他感到欣慰的是大明寺仍在,一千多年前日本留学生走过的山路还在。"这次演出《天平之甍》,舞台上出现了大明寺。这是全剧中重要的一场,表现了鉴真为日本青年僧人的热情所激励,发愿度日的动人场面。"

东山魁夷(1908—1999),日本画家,原名新吉,画号魁夷。1931年毕业于东京美术学校。1934年留学德国,在柏林大学哲学系攻读美术史。其早年绘画作品《冬日三乐章》、《光昏》分别获得1939年第一回日本画院展一等奖和1956年日本艺术院奖。1969年获文化勋章和每日艺术大奖。其代表作有1968年创作的《京洛一四季组画》,及1975—1981年创作的《唐招提寺障壁画》等。他还长于散文写作,有《东山魁夷文集》。东山魁夷是当代日本画坛泰斗。自1971年开始为奈良唐招提寺鉴真和尚"御影堂"绘制障壁画,前后耗费了十一年的时间,这使他登上了战后日本画坛的最高峰。

东山魁夷

在现代日本画家中,东山魁夷以画过大量与鉴真有关的画闻名,他还画过《扬州薰风》、《扬州观感》等画。他对扬州极有感情,在《中国纪行:水墨画的世界》一书中说:"昭和五十一年(1976),我加入日本文化界代表团,先后访问了北京、大寨、西安、南京、扬州等地之后,我与妻子能有机会单独去太湖、桂林写生。这次旅行到处都有给我留下深刻印象的东西,但是作为唐招提寺槅扇画的题材,我认为最合适的莫过于扬州和桂林的风景。扬州是鉴真和尚的诞生地,同时也是来自日本的留学僧人荣睿、普照二人探访当年正在大明寺讲授律学的鉴真和尚,并提出希望他东渡日本请求的值得纪念之地。第二期创作槅扇画的三个房间的中间那间,安置着供奉鉴真和尚的佛龛,因此我想在这间房间里画象征着扬州的水乡风景。"他的水墨画《扬州观感》,描绘了扬州城北一带风光,画面优雅,意境深远,是中日两国人民友好的见证。

外国人眼中的扬州运河

自从春秋时代,一道邗水沟通江淮,邗城就不再是蜀冈上顾影自怜的孤城了。

到了隋朝,千里碧波贯通华夏南北,大运河从此成为联结扬州与天下的长虹。

一位名叫德富苏峰的日本人在访华时咏道:"六朝金粉水悠悠,南北风云今亦愁。独立金山寺边望,淡烟一抹是扬州。"写出了千百年来外国人眼中如诗如画、如梦如幻的运河与扬州!

扬州——东方的明珠

承和六年二月十八日……请益、留学僧等出(扬州)开元寺,往平桥馆候船。

廿日……未时,出东郭水门……诸船到禅智寺东边停住,便入寺巡礼。

廿二日……亥时,到路巾驿宿住。

> 廿三日……辰时，高邮县暂驻。北去楚州，宝应县界五十五里，南去江阳县界卅三里。

这些日记见于唐代来华的日本僧人圆仁所著的《入唐求法巡礼行记》，是圆仁随日本船队从扬州至淮安的逐日旅程。圆仁是鉴真大师的再传弟子，日本天台宗高僧。唐开成年间，他随遣唐使入唐求法，在经历两次渡海失败之后，第三度西渡，经风浪颠簸，九死一生，才到大唐扬州。他的《入唐求法巡礼行记》卷一忠实地记录了在扬州运河航行的情况，其中"开元寺"、"禅智寺"是唐代名刹，"东郭水门"是罗城东门，"路巾驿"即江都境内的露筋驿。

扬州在唐代已是中外交流的要道，运河给唐代扬州带来的繁华举世瞩目。美国学者爱德华·谢弗在《唐代的外来文明》第一章里，充满激情地写道：

> 八世纪时，扬州是中国的一颗明珠。当时的人们竟至于希望能死在扬州，从而圆满地结束自己的一生。扬州的富庶与壮美，首先要归功于它处于长江与大运河的结合部的优越地理位置。长江是中国中部众水所归的一条大江，而大运河则是将全世界的物产运往北方各大城市的一条运河。正因为如此，唐朝负责管理国家盐务专营的朝廷代理商（这是一个权势非常显赫的角色）将其衙门设在了扬州。扬州是唐朝庞大的水路运输网络的中枢，由唐朝和外国商船运来的各种货物都要在扬州换船，装入北上的运河船。所以这里也是亚洲各地商贾的聚集之所。从广州运来的盐、茶、宝石、香料和药材，从四川沿着长江航道运来的珍贵的锦缎以及织花罩毯等，都集中在了扬州，然后再转输到各地。作为重要的商品集散地

的居民，扬州人的生活在当时也很富足。而且扬州还是重要的金融中心和黄金市场，就扬州地区而言，金融家的重要性一点也不在商人之下。简而言之，扬州是一座钱货流畅、熙熙攘攘的中产阶级的城市。扬州还是一座工业城市，扬州以精美的金属制品（尤其是青铜镜）、毡帽、丝织物、刺绣、苎麻布织品、精制蔗糖、造船、精良的细木工家具等特产而著称于世。扬州的毡帽当时在长安的年轻人中曾盛行一时。著名的扬州蔗糖是在七世纪以后根据从摩揭陀传入的工艺制作的。扬州是一座奢侈而放荡的城市，这里的人们衣着华丽，可以经常欣赏到最精彩的娱乐表演。扬州不仅是一座遍布庭园台榭的花园城，而且是一座地地道道的东方威尼斯城，这里水道纵横、帆樯林立，船只的数量大大超过了车马的数量。扬州还是一座月色融融、灯火阑珊的城市，一座歌舞升平、妓女云集的城市。虽然殷实繁华的四川成都素来以优雅和轻浮著称，但是在当时流行的"扬一益二"这句格言中，还是将成都的地位放在了扬州之下。

谢弗认为，大运河之所以有力促进了扬州的繁荣，是因为唐室不得不从江南将谷物运送到北方。换言之，是漕运使运河的功能产生质变，从而带来了扬州的辉煌。

扬州——水运的枢纽

扬州运河的繁忙景象，在明代来华的日本人策彦周良所著的《入明记》中有真切的记载。

策彦周良是日本京都天龙寺妙智院高僧。他博学多才，通晓汉文，于明嘉靖年间先后两次作为日本副使与正使入明。他多次航行于运河,后来把在华经历写成《初渡集》、《再渡集》,合称《入明记》。在他笔下,广陵驿、邵伯驿、盂城驿、安平驿等明代扬州运河驿站的风光,如在目前。

《初渡集》对运河重镇邵伯和宝应留下了浓重的笔墨。有趣的是,他还提到宝应城里有"混堂",这是明代扬州沐浴业发达的有力证据。策彦周良一行是在十二月廿一日这一天泊船宝应的。船上使者因多日不下船,人人疲倦不堪,于是上岸洗澡、买酒、逛街。策彦周良对宝应的叙述是:"斋前入混堂,盖以大光催也。市里卖酒家多多,帘铭或以异常酒肆,或以'闻香下马'四字,或以'过客停骖'四字,或以'四时佳酿'四字。又有门横揭'科第名家'四大字,又揭'金榜题名'四大字。知县门楣竖颜'宝应县',左胁插小木牌,牌上书'立春'二字。又驿门横揭'安平驿腰站'五字;其额上又有额,竖贴'传命'二大字,金字也。"这些都是明代扬州运河风光的第一手材料。

扬州是运河的枢纽,日本学者吉川幸次郎在《我的留学记》中说,他民国年间曾沿着运河"去了扬州,去了高邮,去了宝应。去高邮是为了见王念孙的子孙,去宝应是为了见刘宝楠后裔的家"。他的出行路线是"沿着大运河,扬州的北面是高邮,高邮往北是宝应,宝应再北是淮安"。

另一位日本作家芥川龙之介,游历了中国东南的很多城市,包括杭州、苏州、扬州、镇江等地。大运河显然勾起了他的思古之情。他在《中国游记》中感慨道:"啊,听说炀帝曾叫人在这堤上种植万株杨柳,每十里建一亭子。堤是昔日之堤,而炀帝今何在?""大运河之水不分今昔,悠悠然南北相通。可隋朝却如一场春梦般,顷刻间土崩瓦解了,不是吗?"这些感慨,都是在看到扬州运河之后发出的。

扬州——繁盛的商埠

扬州人在谈到马可波罗的时候,最引以自豪的是这位外国人曾经做过三年扬州总管。那么,《马可波罗游记》是怎样谈到扬州的呢?打开本书第一百四十三章《扬州城》,原文写道:"扬州城很大,它所属的二十七座城市,都是美好的地方。扬州很强盛,大汗的十二男爵之一驻扎在此地,因为这里曾经被作为十二行省之一。我要向诸位说明的,是本书主人公马可波罗先生,曾奉大汗之命,在扬州城治理达三年之久。扬州的居民是偶像教徒,使用纸币,倚靠工商业为生。这里制造骑兵装备的工匠与作坊很多,因为在城里和附近驻扎着大量皇帝的士兵。"从马可波罗口中,我们看到了一座实力强大的商业城市。

但很少有人知道,罗马天主教修士鄂多立克,是继马可波罗之后来华的著名旅行者。鄂多立克生于意大利小公国弗尤里,少时入圣方济各会修道,终年打赤脚、穿褐衣,以面包、白水度日。他于元延祐年间,从威尼斯起航,开始其东方之旅,游历了广州、泉州、福州、杭州、南京和扬州等地,并从扬州沿运河北上到大都。《鄂多立克东游录》专门谈到作者眼中的扬州,说:"当我在这条塔剌伊河上旅行时,我经过很多城镇,并且来到一座叫做扬州的城市,吾人小级僧侣在那里有所房屋。这里也有聂思脱里派的教堂。这是座雄壮的城市,有实足的四十八到五十八土绵的火户,每土绵为一万。此城内有基督徒赖以生活的各种大量物品。城守仅从盐一项上就获得五百土绵巴里失的岁入;而一巴里失值一个半佛洛林,这样,一土绵可换五万佛洛林。"鄂多立克指出,"此城有大量的船舶"。他特别有兴趣地谈到扬州人待客的热情,说扬州人如果请客,一定要在专设的酒店里预定丰盛的筵席,并且事先对酒店说明"我打算花多少钱"。而"老板一如他吩咐的那样做,客人们受到的招待比在主人自己家里还要好"。这表明了元代扬州餐饮业的高度发达。

利玛窦是明万历年间来中国的意大利耶稣会传教士。他在有名的《中国札记》中谈到,他从南京到北京,沿途经过了许多运河城市。第四卷写道:"这次旅行沿途经过的主要地点是:南京省的扬州,纬度32度;淮安,约34度;徐州,经充分测定为34.5度。"作为科学家,利玛窦对大运河的运输方式和运输技术特别关心。他说:"从扬子江来的私商,是不允许进入这些运河的,但居住在北面这些运河之间的人们除外。通过这项法律,是为了防止大量船只阻碍航运,以便运往皇城的货物不致糟蹋。然而,船的数量是如此之多,经常由于互相拥挤而在运输中损失许多时日,特别是运河水浅的时候。为了防止这种情况,就在固定的地点设置木闸来节制水流,木闸还可以作为桥来使用。当河水在闸后升到最高度时,就开放木闸,船只就藉所产生的流力运行。"这是说的明代河运的技术状况。

罗马尼亚人尼古拉·斯伯达鲁·米列斯库,曾作为俄国沙皇的使者,于清康熙年间来到北京。异国的山川,异样的土地,使他归国后撰写了《中国漫记》一书。在该书第四十三章,米列斯库用欢快的笔调写到他眼中的扬州:"本省第七大城,名扬州府。顺大江而上,可以望见一个大洲,从这里有一条大运河直通这座美丽的城市。所以,这座府城是一个重要口岸,可为皇帝征得可观的税收。不过,这座府城的主要财源还在于制盐,这里的居民用海水熬盐,方法和欧洲相同。居民靠这个行业发了财,建造了大批豪华的房屋。"米列斯库用诗歌一般的语言写道:"这里自然景色优美,空气新鲜,土地肥沃。府城下辖十八个小城镇,离城不远挖掘了一条六十华里长的运河。运河两岸一律用白色大理石块铺砌而成,工艺精美,无与伦比。"这是说的清代河堤的保护情况。

近代访问扬州的日本哲学家,第一要算宇野哲人。他在《中国文明记》里谈到他对扬州的印象,首先是经济繁荣:"广陵是中原东南之重镇。直至最近,扬州因当运河之冲,船舶辐辏,为货物之一大集散之地,繁荣至极。"

扬州——诗意的田园

清乾隆五十八年(1793),大英帝国派遣以马戛尔尼为首的庞大代表团,以给乾隆祝寿的名义出使中国。这是华夏帝国和大英帝国的第一次正式接触。英国的本意是为了通商贸易,清廷却以为是弱国来朝,造成了戏剧性的矛盾冲突。但从英国人濮兰德留下的《乾隆英使觐见记》中,可以看到扬州在英国人中的影响:"二日,礼拜六……渡黄河后,仍循运河曲折南行,预计不出数日可抵扬州。松大人曰,吾等至扬州后,当休息数日。""五日,礼拜二,至扬州。其地商业堪盛,吾等本拟在此略作休止,兹以松大人已经改换计划,拟抵杭州后始命停船,故此间并未耽搁。扬州名胜之区,仅在吾眼帘中一闪而过也!"字里行间,充满了向往与遗憾之情。

过了大约七十年,在清同治五年(1866),另一个英国人呤唎在他的回忆录里又写到了扬州。呤唎是参加过太平天国活动的"洋兄弟",太平天国失败后回国,写了《太平天国革命亲历记》一书。在该书第十三章,呤唎写他从镇江到扬州去,为天京采购大米,其中描绘了扬州运河沿岸的田园风光,令人感动:"我们顺流而下,航行一个多钟头,到达了金山下游的一个河口。我们离开了大江的浑浊激流,驶入河内,叫水手上岸背纤,顺着缓缓流动的河水前进。我们的目的地是仙女庙。仙女庙为此处一带的大市场。两岸的乡间全都是肥饶的耕地。农民的耕种方式和农民的房舍,较其他中国地方更接近英国的样式。大麦、小麦、裸麦、燕麦——映入眼帘,不像中国其他乡间,大多尽是一望无际的稻田。田间有一堆堆的干草堆,房舍高大宽敞。林木稀少,斑鸠甚多。"呤唎说:"这里的乡间极为完美。可是居住在这里的人民是有缺点的,或者毋宁说他们的统治者是邪恶的,因为我相信中国人本身是具有改进自己的力量的。我在到仙女庙的沿途,特别注意到清政府的可恶的勒索行为。从运河口到这个大市场,不满三十英里,而我所见到的厘卡竟不下十五处之多。"

民国初年,日本人德富苏峰游历中国。据他的《中国漫游记》说,他是从镇江雇小汽船过江到扬州去的。他眼中的扬州运河,一派和平景象:"今天早晨起来,天是阴的,风很冷。小汽船经过瓜洲驶进了淮南的运河。瓜洲的情形真的就像王荆公在'京口瓜洲一水间'中所说的那样。……坐在船上,我不由得觉得这里像苏伊士运河。""运河上有各种各样的人来来往往,有往上游走的人,有往下游走的人,有正在收帆的人,有正在扬帆的人,有运芦苇的人,有运苦力或猪的人,有运蔬菜谷物的人,还有摇着桨手里抓着帆网的人,而且其中还有不少妇女。"

相比之下,同时期的芥川龙之介的《中国游记》写得更有诗兴:"我小睡了一会儿之后,再向船舱外望去时,汽船不知何时或已过了瓜洲。只见一条草色青青绿带般的长堤,就在眼前移动着。这里已不是长江,而是隋炀帝开凿的、全长二千五百英里的、世界第一的大运河了。但从船上望去,这运河并不怎样雄伟。在淡淡日光照耀着的土堤上,有时闪过蔬菜的青色,有时看见农夫的身影。此情此景,有点儿像开往铫子(日本利根川河口城镇)的汽船船舱里,眺望葛饰的平原。甚至有一种平淡无奇的感觉。我又衔上了一支香烟,想酝酿一下怀古的诗情。"

"淡烟一抹是扬州"——这就是镶嵌在运河涛声和舟楫帆影背景中的古扬州。

汉学家在扬州

金秋十月,天高气爽,近十个国家和地区的十几位汉学家欢聚扬城,悄悄地进行着一场关于扬州的国际采风活动。活动的正式名称叫做"扬州生活风情与休闲文化研讨会",听着就教人兴趣倍增。研讨会的内容,包括参观园林,品尝美食,欣赏戏曲,交流论文,以及同当地文化人士见面。日程安排得非常紧凑而务实,但主办者很低调,基本上没有媒体报道。我因为有幸被邀和他们见面交流,才知道与会者中有不少是世界第一流的汉学家。

活动的发起者,是著名的捷克汉学家包捷女士和丹麦汉学家易德波女士。包捷是捷克查理大学教授,在汉学方面极有名声。她的研究论文,我知道的就有《吸菸文化与清代社会》、《十八世纪中国社会暨妇女》,光听题目就觉得有趣。她显然对扬州抱有浓厚的兴趣,一见面就从包里拿出我的两本书请我签名(两本书是《扬州文化谈片》和《绿杨梦访》),然后她十分热情而又不无遗憾地说,她下午参观了新的扬州博物馆,感觉展品很丰富,但是翻译问题较大。例如"陈恒和书林",译成英文时意思变成了"'陈恒'和'书林'",如此等等。包捷个子不高,人很精干。她对中国特别友好,被中国人称为"布拉格捎来的春天"。

易德波是丹麦学者易伯克·卜尔达娜给自己起的中国名字,算是扬州的老朋友。她年轻时在法国巴黎大学读中文,附近有一家扬州人开的小餐馆,老板说一口地道的扬州话。这偶然的际遇,使得易德波与扬州方言和扬州评话结下了不解之缘。多年来,她无数次往返于丹麦与中国之间,考察扬州文化,访问说书艺人,终于著成了《扬州评话探讨》、《中国说唱文学》和《扬州评话选集》等书。易德波现任丹麦哥本哈根大学、挪威奥斯陆大学研究员。她是一位沟通中西方文化的友好使者,也是一位让扬州评话走向世界的有功之臣。这次来扬州,她还是要听扬州评话《武松打虎》。一位台湾朋友告诉我说,易德波曾在台北说过扬州评话《武松打虎》,使台北人大为惊讶。

与会者中,年龄最长的是捷克著名的老一辈汉学家何德佳女士。何德佳身材瘦小,今年八十多岁了,1950年毕业于查理斯大学,获得博士学位,现为查理斯大学名誉教授。她主要研究敦煌变文,撰有《有关敦煌变文的几个问题》等,同时她也是最早向西方介绍中国说唱艺术的人。他的丈夫何德理先生也是捷克著名汉学家、中国人民的老朋友,已于1999年去世。当年何德理先生向人作自我介绍,总是说:"我的中文名字叫何德理,这是我夫人何德佳女士。"何德理身材魁梧、谦和率直,而何德佳则娇小清秀,慈眉善目,两人都能讲一口流利的汉语。他们的中文名字是郭沫若给起的。据何德佳回忆,1950年秋,捷克第一个政府文化代表团回访中国,代表团中有三人是汉语学者——捷克汉学鼻祖布鲁谢克教授和年轻的何德理夫妇。从1951年开始,她的丈夫何德理先生被外交部派往中国,成为捷克驻华大使馆首任文化参赞,由此开始了他长达二十年之久的外交生涯。在职期间,他们夫妇与中国文化艺术界建立了广泛的联系,与郭沫若、茅盾、老舍、艾青、丁玲、戈宝权、徐悲鸿、齐白石、华君武等文化名人交往频繁,友谊深厚。1990年,他们与几位友好人士共同努力,成立了捷华协会,何德理夫妇分别当选为主席和副主席。

吃饭时我意外地发现一个高大而熟悉的身影,原来是澳大利亚著名汉学家马克林先生。他是澳大利亚格里菲斯大学国际商业与亚洲研究学院教授,后在北京外国语大学执教。由于澳洲许多大学都制定了倾斜亚洲的政策,亚洲研究学院的发展因此方兴未艾。马克林教授曾在澳大利亚国家电视台主持过中文节目"北京的胡同",并出版过许多有关中国的专著,是有名的中国通。我最早知道他,是因为他的中国京剧史研究。在纪念"四大徽班"进京的时候,曾有一些学者提出,作为"四大徽班"之一的春台班可能和扬州康山草堂的那个春台班不是一回事。马克林在《京剧的兴起》一书中说:"名称问题对当时的剧团来说,是一个很一般的事情,比如安徽也有一个著名的春台社,因此不必要像有些学者那样得出结论说,名称相同说明是同一个剧团。"所以我们一见面,就谈起春台班在扬州的地点——康山街。当他听说康山街还在,并且正在整修时,两眼放出兴奋的辉光。

最年轻的与会汉学家,要算是美国的梅尔清女士。大约十年前,我们在扬州见过面。不久前,她的新作《清初扬州文化》译成中文出版。这本书以清初扬州文化为主题,从文人、文学和名胜之间的联系入手,叙述了明清鼎革之际江南士大夫群体的复杂经历,以及文人社会网络在遭受创伤之后的重建过程。她围绕红桥、文选楼、平山堂和天宁寺等扬州名胜,在书中细致入微地展示了王士禛等代表性人物触景生情、借古喻今的文学创作活动,并对扬州名胜的文化内涵和数量众多的文人作品展开了论述。《清初扬州文化》不仅兼跨地方史、文化史和社会史等研究领域,而且讨论的时间段在"扬州十日"至康乾盛世之间,选择了学术界以往较少关注的特殊时期课题,因此是近年来海外学者讨论清初地方文化的一项富有创意的新成果。梅尔清 1989 年毕业于耶鲁大学,1998 年获斯坦福大学博士学位,现为美国约翰·霍普金斯大学副教授。她关于扬州的论文,还有《1600年至今的扬州遗址考察》、《清代早期扬州的建筑文化》等。此番重逢,格外高兴。

同样来自美国的李林德教授,是一位已经退休的昆曲研究家,在美国致力于昆曲的传播与弘扬。据美国《世界日报》报道,昆曲艺术一直因为其"阳春白雪"而"曲高和寡",主要原因是因为昆曲的词藻过于典雅抽象,而能读懂昆曲古传工尺谱的人少之又少,加上昆剧表演身段十分复杂,令学习及欣赏昆曲困难倍增。为了普及昆曲,美国加州旧金山湾区成立过一个"采韵昆曲社",对昆曲有五十年学术研究素养的李林德教授被推举为昆曲社社长。现在,她又主持着一个名叫"玉茗同期"的昆曲社。吃饭时,李林德教授和我正好同桌,她特地问到扬州的昆曲现状,还谈起她在美国看到我的《扬州瘦马》一书的有趣情况。我答应她,如果有时间,一定带她到扬州苏唱街走一走,那里曾是昆曲艺人的大本营。

徐澄琪女士是来自美国柏克莱加州大学的艺术史博士,也是一位年轻的中国书画艺术研究者。北加州华文作家协会曾经举办过她的"闺范与闺怨之外:中国画里的仕女"讲座,她以自己多年研究收藏的宝贵资料,由画中展现中国历朝历代的女性生活,包括宫闱内幕和平民百姓的日常作业,既有趣味又富于知识。她对扬州画派有独到的研究,曾写过《新安方士庶:扬州绘画的区域色彩》等论文。她和我谈到,八怪之一的华嵒与扬州员果堂有密切的关系,她询问员果堂的确切地址有无考证,可见其研究相当细致深入。

台湾也有学者参加会议。一位是个子矮矮的庄素娥女士。她是台湾"国立"艺术大学教授,几年前召开扬州八怪国际研讨会时,她在会上发过言,我们有一面之缘。她最擅长的是扬州八怪研究,她的《扬州八怪对台湾早期水墨画的影响》、《扬州八怪画风对朝鲜末期画坛的影响》以及《高凤翰绘画研究》等著作,大大开阔了大陆学者的眼界。

还有一位来自台湾的李孝悌先生,是美国哈佛大学博士,台湾"中央"研究院历史语言研究所研究员。会面时他正好坐在我旁边。他自我介绍说,他早期的研究以民国社会史和思想史为主,后将研究范围逐渐转向二十世纪及明清的文化史和社会史,着重探讨知识分子与下层民众和庶民文化的互动,上层理念向下传递的媒介形式和策略,以及当代民粹主义的起源。目前的研究重点,一个是"明清时期的士大夫与宗教",另一个则是"清代扬州的文化与社会"。他对我说,他最近的兴趣,是王士禛、郑板桥等人在南京、扬州的活动。当我告诉他,在他下榻的西园对面有模仿冒辟疆水绘园的"水绘阁",而西园就是当年郑板桥常常暂住的"枝上村"时,他极为感慨地说,真是和扬州有缘啊!

扬州已经引起了越来越多的汉学家的关注。

图书在版编目(CIP)数据

玉人何处教吹箫/韦明铧著. —南京:南京师范大学出版社,2011.12
(文化人生丛书)
ISBN 978-7-5651-0634-7

Ⅰ.①玉… Ⅱ.①韦… Ⅲ.①文化史—扬州市—文集 Ⅳ.①K295.33-53

中国版本图书馆 CIP 数据核字（2011）第 274315 号

书　名	玉人何处教吹箫	
作　者	韦明铧	
责任编辑	向　磊　王欲祥	
出版发行	南京师范大学出版社	
地　址	江苏省南京市宁海路 122 号（邮编:210097）	
电　话	(025)83598077(传真)　83598412(营销部)	
	83598297(邮购部)	
网　址	http://www.njnup.com	
电子信箱	nspzbb@163.com	
照　排	南京理工大学印刷照排中心	
印　刷	江苏淮阴新华印刷厂	
开　本	787mm×1092mm　1/16	
印　张	20.75	
字　数	250 千	
版　次	2011 年 12 月第 1 版　2011 年 12 月第 1 次印刷	
印　数	1—3 000	
书　号	ISBN 978-7-5651-0634-7	
定　价	28.00 元	

出 版 人　闻玉银

南京师大版图书若有印装问题请与销售商调换
版权所有　侵犯必究